汉字探微与汉字教学

张一清 著

人民教育出版社

·北京·

图书在版编目（CIP）数据

汉字与汉字教学探微 / 张一清编著 .—北京:人民教育出版社，2017.10
ISBN 978-7-107-31595-4

Ⅰ. ①汉… Ⅱ. ①张… Ⅲ. ①汉字—教学研究 Ⅳ. ① H12

中国版本图书馆 CIP 数据核字（2017）第255877 号

汉字与汉字教学探微

出版发行 人民教育出版社
（北京市海淀区中关村南大街 17 号院 1 号楼 邮编：100081）
网 址 http://www.pep.com.cn
经 销 全国新华书店
印 刷 北京盛通印刷股份有限公司
版 次 2017 年 10 月第 1 版
印 次 2018 年 3 月第 1 次印刷
开 本 787 毫米 ×1 092 毫米 1/16
印 张 16.75
插 页 8
字 数 236 千字
定 价 60.00 元

【作者序】

从甲骨文诞生至今，汉字已走过三千三百多年的历程。古老的汉字在漫漫历史长河中，承载着同样悠久、灿烂的中华文化，被泽万物，字养民众。

识文断字，自古就是读书人的追求与标志，从“三仓”到“三、百、千”，传统蒙书启迪了一代又一代求知若渴的幼童，斫朴为器，育人成材于无声。当今社会，汉字教学依然是整个义务教育的重要基石，承担着传递知识、以文化人的历史使命。面对如此宏大的主题，要想比较全面和深入地铺陈与探讨，我自知才疏学浅，力有不逮。因此，我采用了较为取巧的方式，那就是立足于识字教学展开讨论，但是尽量多视角地触及与识字教学相关的领域，每一章的最后一节都力求分析相关领域与识字教学之间的关系。如此编排行文的意图无他，只是想通过梳理、审视包括汉字源流、文化内涵、启蒙教育、认知研究和教学评估等在内的理论研究与实践，汲取其中能够滋养汉字教学与汉字学习的养分，使汉字的教育者和学习者可以尽可能多地获得一些讲授汉字、理解汉字和记忆汉字的线索与策略，从而促进教学效果和学习效率的提高。

写作本书的过程中，我从无数先贤、前辈和同代学者的思想与著述中汲取了取之不尽、用之不竭的营养和精华，感念之情无以言表，尤其是由于不能将他们的大名与成就一一尽列于书中，我只有在此向他们深深鞠躬致谢。另外，拙稿能够献丑于各位读者眼前，人教社魏运华、陈先云等先生投注了大量心血。承蒙他们雅爱，我才能够把窥斑之作、一隅之见和各位读者交流。在此，谨向他们表示真诚的敬意与谢意。

最后，我还要感谢能够耐着性子翻看拙著的读者，由于疏漏之处不可避免，因此，诚请读者朋友拨冗提出宝贵的意见与建议。

【目录】

第四章　汉字整理与标准化

第五章　认知理论与汉字认知研究

第六章　识字教学的目标、理念及主要流派与方法

第七章　识字教学与写字教学

第八章　识字教学评价与识字教学的未来

第一章

汉字的本质特征与演进

第一节　汉字的字形特征与字形演变

汉字是形音义的统一体，其中字形具有显性、具像、可被视觉感知等特性，是联结字音、通达字义的一种书写符号。

汉字形体的定型是约定俗成的产物，从古汉字造字、用字方法“六书”来看，汉字既有通过本身图形化、线条化的拟物、寓意等方式承载语义的一面；也有结合语言中其他要素表示语义的一面。这两种不同方式决定了汉字既有自身直接表意的概念化图形符号属性，比如象形字“日、月、犬、豕”，会意字“明、休、及、孕”等字的甲骨文和金文形体；也有作为语言要素间接表意的语言符号属性，比如借音达意的假借字“丙、亦、云”分别表示“天干第三位、也、说”等，另外，用来音译外来语词的汉字也属于这种类型，如“米”表示长度计量单位，“迈”表示速度计量单位等。这两种属性始终伴随着汉字漫长的历史演变进程，一方面，汉字按照本身的规律和轨迹发展、演进，比如由篆书到隶书这种形体上的系统改变；另一方面，汉字也作为整个语言系统的一部分，必然地跟随着整个系统的需要或变化而发展和演进，比如同一符号承载的意义产生引申、扩大乃至改变，或者被借用表示新的意义等。

从古至今，汉字在形体方面大致经历了甲骨文、金文、大小篆、隶书和楷书等发展阶段。其历史演变既反映了文字本身的发展和变化，也体现了呈现文字的书写工具、印刷工具的发展和变化，最终形成了今天我们看到并使用的现代汉字。

从甲骨文到现代汉字，按照汉字字形的主要特征，可以把汉字分为古汉字和现代汉字两大时期，其中古汉字又可分为甲骨文、金文和大小篆两个主要阶段；现代汉字则可分成隶书和楷书两个主要阶段。

根据目前考古发掘的文物出土情况及相关研究，甲骨文有殷墟甲骨文和周原甲骨文，分别产生于公元前14至前11世纪和公元前11世纪前后，距今已有3000多年历史。这是目前为止公认的最早的成系统的汉字。此处要特别强调“成系统”，因为从本质上说，文字也是一种符号，但之所以成为文字，一是每个符号的含义确定且稳定，二是不同符号依照一定规则可以组合起来表示所对应的言语意义。甲骨文完全具备了这两种特征，也可以说具备了这两种条件。

甲骨文的产生对中华民族和中华文化具有非常重要的意义，也在人类文化历史上写就了辉煌的篇章。从甲骨文的形体上看，可以说它奠定了汉字用点、直线、弧线、封闭圆等几种不同形状的线条及其相对关系，还有以线条构成的组件以及组件之间的结构关系来构建文字符号的基础，使汉字字形的根本特征初具雏形。例如：“一、七、日、休”的甲骨文形体分别为

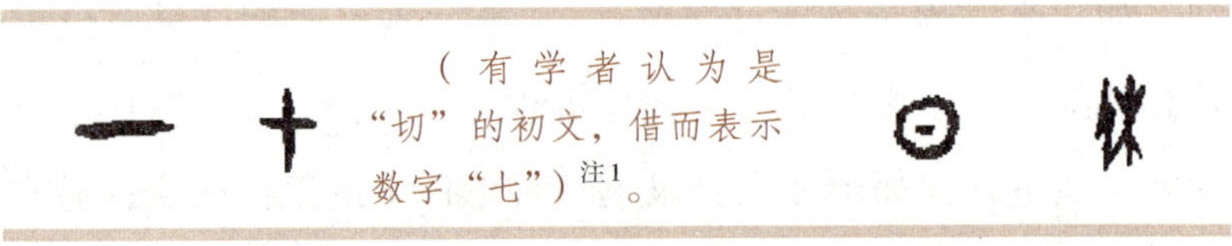

金文自商周时期产生而至春秋战国，其末期正值诸侯割据、战乱频仍，所以不同时期和不同诸侯国的文字形体呈现出一定的差异，整个文字系统从整体上看稍微复杂一些。当然，这种差异相比于各诸侯国在同一时期产生和使用的汉字的其他形体，如盟书、陶文、帛书、籀文和玺印书等，可以说是微不足道的。当然，也正是这些差异的存在，反而从客观上促成了秦始皇统

注1　古文字形体来自网站http://www.chineseetymology.org/，下同。

一六国后立即推行统一文字的举措。

金文从形体特征上看与甲骨文的承继关系十分明显。当然，由于呈现文字的介质不同以及汉字形体上的演变，二者也存在着一定的差别，比如由于金属铸造的特点，一些表示某种动物的金文，形体上有很多呈现为实心图案的情况，例如：

小篆一般认为是秦统一六国后官方强令推行的标准文字形体，因此也称秦篆；而对于大篆则尚未形成统一认识，一般的说法是“小篆的对称”或“甲骨文、金文、籀文和春秋战国时通行于六国的文字的总称”。

小篆与甲骨文、金文在形体方面最大的不同是，由于呈现文字的介质的改变以及汉字自身的形体演变，构成文字的线条开始向笔画转变并定型，点、直线、弧线继续保留，但封闭圆消失，文字形体拟物的图形感也基本消失，只留存极少的成分，例如：

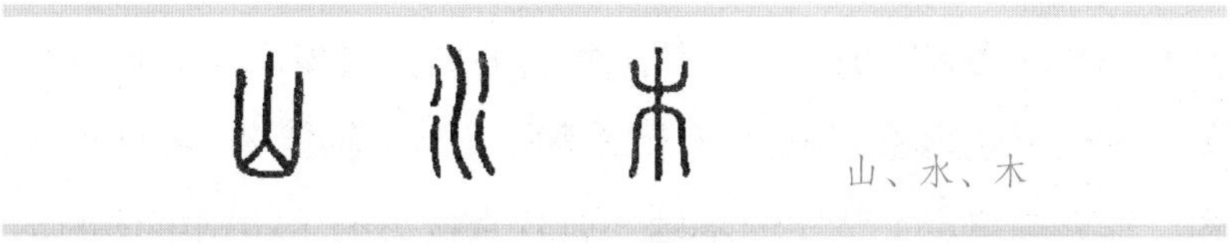

小篆是汉字由古汉字向现代汉字过渡的桥梁，它使汉字的笔画形体、笔画在字中的位置关系以及长短比例、部件及其在字中的位置关系和大小比例都基本确定，从而使整字的结构类型也大致固定，并使字的大小趋于一致，结构趋于匀称和均衡。小篆现在仍然在日常生活中有所应用，如个人治印、

对联用字等。

隶书始于战国，盛于东汉末年至魏晋时期。按其历史发展，又可粗略分为古隶、汉隶和八分。关于隶书的起源说法不一，有认为起源于民间的，也有认为起源于官方的，但是，大多数意见都认为隶书并非一人、一时、一地之作，而是在广泛试用过程中经过众人努力而逐渐定型的。学界一般认为，与正统身份的小篆相比，隶书最初是以俗体入世的，后来逐渐扩大影响并取代了小篆的官方文字地位。

隶书在我国文字史和书法史上都具有里程碑式的重大意义，是现代汉字的发端和汉字的第二大书体。它脱胎于小篆，但是与篆书相比，形体上有三点显著差异：一是字形由瘦长变为扁阔；二是复合笔画以方折取代弧形过渡；三是先后出现了波撇、蚕头燕尾和线条的粗细变化。另外，只有隶书才真正是以书写成字，改变了之前文字成形一直以锲刻为主要手段的方式。毫无疑问，书写或成字手段是隶书区别于其他古文字形体的根本特征。

楷书又称真书、正书，形体方正，笔画平直。“楷”可作楷模、标准之意，萌于汉而盛于隋唐，造就了颜真卿、柳公权等楷书大家。楷书的起源目前尚难确定，但可以肯定的一点是，那个时代的一些书法大家，如魏晋时期的锺繇、王羲之，唐初的虞世南、欧阳询、褚遂良，中唐的颜真卿，晚唐的柳公权等都对楷书的定型起了十分重要的作用，他们的楷书作品均为后世所重，并奉为习字的模范。清人黄自元集先贤楷书字帖的结字法则及经典要义，成就了包含书写楷书九十二法的《书学辑要》，可以说为楷书的字形结构、笔形等奠定了坚实的基础，而且直接影响了印刷楷体的定型。楷书的定型标志着现代汉字字形体系的基本建立。

楷书与隶书的显著差别是字形整体由扁阔又回归长方，但其长宽比例比之小篆更趋均衡。另外，隶书一般都是横笔细而竖笔粗，而楷书则基本趋于一致；隶书有的“点”似乎是先顿笔后提笔，收笔处可见笔锋，而楷书的“点”则基本上就是顿笔的轨迹，由轻到重，例如：永、永；其他如钩和带钩的复合笔画、捺等，两种书体也都存在着一定差别，特别是楷书中带钩的复合笔画，在隶书中往往并不带钩，如“也／也”等。这些差异与书写用具和字形本身的演变都有关系，从总体上反映了汉字演进的规律。楷书所对应的印刷楷体是现今印刷字形的基础和母体，其衍生字体宋体是目前书面文献中汉字印刷体的主流，为绝大多数报刊书籍所采用。

汉字由古文字向现代汉字演变，其形体特征主要表现在几个方面：

首先，拟物的图形化表示法逐渐演化成非拟物的线条和笔画组合表示法。甲骨文、金文中，象形、指事、会意等造字法可以说是造字方式的主流，大多数字都有描摹事物及其关系的影子，尤其是金文，其中许多表示动物的文字符号基本就是图画或图形，或是线条和图形的组合体，如前面提到的例子“犬、象”等。而从小篆开始，结字方式明显向线条和笔画以及按一定规则对其进行组合的方向转变。

其次，同一个汉字由同时存在尚无规范的多种形体逐步向统一规范的形体演变。例如：古汉字中，同一个字正写、反写、倒写的形体并存，如

左右结构、上下结构、内外结构的构件可以随意变换位置，如

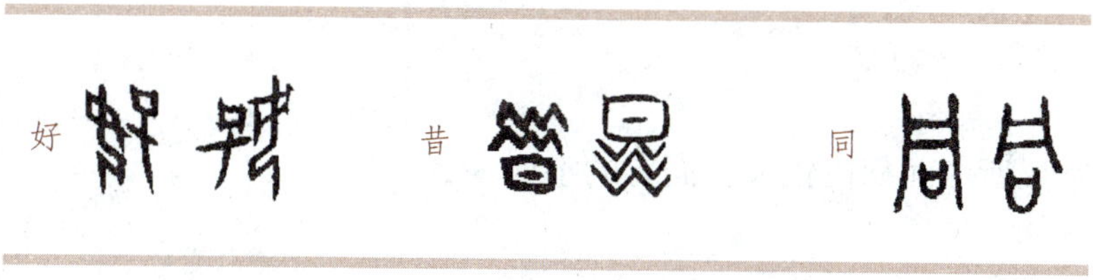

同一个字的表义、表音符号存在着一定的随意性，如古文字“鸠”左边从“九”不变，但右边从“鸟”还是从“隹”并不固定，“受”的上面也是既可以从“手”，也可以从“爪”，两者并存，

鸠

受

还有“麓”的下面既有从“鹿”的形体，也有从“录”的形体，等等。

从“鹿”

从“录”

再次，字与字之间由大小不一逐渐过渡为大小匀称、一致。古文字中有些字由于表义复杂，如“导”，

导
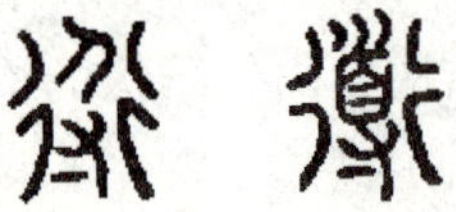

字形所占面积比较大；而有的字如

人、手、上、下

等，字形简单，所占面积相对较小。

其四，呈现汉字的方式由图画式向线条化过渡，然后再向笔画化发展并定型。古文字以刻画为主，故线条的粗细、平直度和倾斜度、转折角度、位置关系以及长短比例等都不稳定和不一致，而逐渐过渡到现代汉字的书写后，在书写过程中逐步确定和统一了基本笔画的固定形体及其在字中的相对位置和长短比例。例如现代汉字楷体“人”只有一种标准字形，而甲骨文和金文的“人”则是

等多种形体并存。

最后，从总体上看，汉字的字形从古至今的演变趋势是由繁及简，即所谓的“省变”，比如“车”等字，小篆之前的古文字往往是几个单体的叠加，而到了小篆则只保留了一个；还有“吾”一类字，曾经也是结构部件更多、更复杂，像石鼓文中，该字就是左中右结构，左边是“辵”，中间是上下相连的两个“五”再加“口”，右边是“午”（“杵”的初文）；再如：

等等。当然，也有些字从甲骨文到小篆反而变得复杂了，那主要是采用不同书写工具和书写方式等原因造成的，同时也有些字通过增加形符来达到表义更加明确的目的，如：

等等。但是，这些个例并不影响汉字字形由古文字向今文字演变的大趋势，也就是以追求书写过程的方便与简便为目的，总体上趋于简化。

当然，上述几个方面仅仅是粗略的概括，并不系统和全面。另外，在汉字字形演变过程中，讹变现象时有发生，其频率和幅度虽然有限，但也足以给字的溯源以及字理分析等带来一定的困扰和阻碍，例如："幽"的古文字形本从火，里面的两个"幺"合在一起读若yōu，从"丝"省，训微，表音兼示义，与火形结合在一起表示火灼细丝，意为昏暗，但由于古文字中火形与山形近似，故其后"火"讹变为"山"，完全失去了会意作用。其他像"莫"本为"暮"之初文，古文字形上下均从草，讹变后下部变为"大"，也失去了会意作用。还有"造"原本从"舟"或从"舟"从"宀（音miǎn）"，表示（在屋宇中）造小船，"告"为声符，但"舟"讹变为"辶（辵，音chuò，是'彳、止（趾）'的合体，表示有所行动）"之后，也失去了制造意。

如今的汉字被称为方块字，这是汉字区别于其他文字形体的一个重要特征，表明每一个汉字都居于一个正方形的二维空间内，或者说形成了一个二维的近似矩形轮廓的结构。

四四方方的汉字由若干种笔画按照一定的配伍规则组合而成。汉字大家族中的每一位成员在形体方面基本上都是通过不同的笔画数量、不同的笔画形状，或者不同的组合规则相区别，如“二”和“三”、“冼”和“洗”的笔画数不同，“天”和“夭”、“干”和“于”则是某一个笔画形体上有差异，而“甲”和“由”、“开”和“井”彼此间的区别则通过笔画之间相对位置关系的不同来体现。同时，还存在着少量成员通过细微的笔画之间的相对长短来区分，例如“士”和“土”、“未”和“末”，等等。可见，笔画是构成汉字的最基本单位，而笔画的数量、形状、相对位置关系和相对长短，则体现了汉字字形方面最根本的区别性特征。

现代汉字中，笔画数最少的只有一笔，如“一、乙”；笔画数较多的有数十笔，如“爨（30画）、齉（36画）”等。《GB13000.1字符集》中笔画最多的字是“龘”，共48画，读dá，古同“龖”，表示龙腾飞的样子。据说日本汉字里还有一个字，是在“龘”上面叠加了一个“品”字型的三个“雲”，共84画。就内地所通行的简化字而言，国家语委所公布的7000通用字，笔画数在8—12画的汉字数量比较集中，占了通用字的一半以上，其中数量最多的是9画汉字，所占比例11%强。下面就是7000现代汉语通用字以笔画数作指标的分布情况：

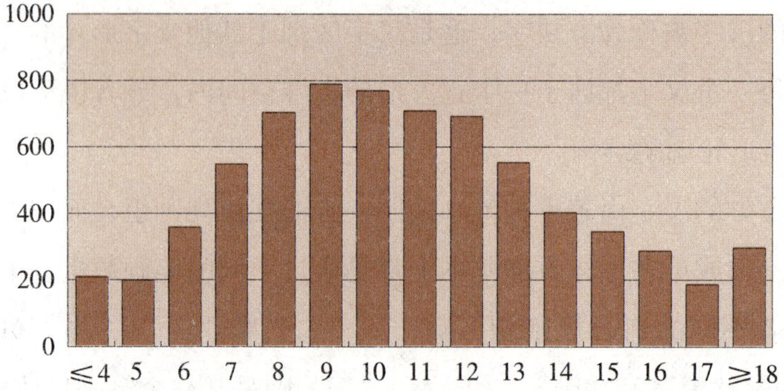

图1　现代汉语通用字笔画数分布注2

笔画数对于汉字的排序、检索、字形分析和书写都具有十分重要的作用。例如："阶、这、凸、鼎"，这几个字的笔画数在工具书的编排、查阅以及汉字教学中都是很重要的指标和内容，然而有不少人对这些字的笔画数并不确定或者判断错误。读者朋友们，这四个字的笔画，你数的是6、7、5、12吗？

汉字的笔画按形状可划分为基本笔画及其变形两个层面。根据相关部门发布的国家通用语言文字的相关规范和标准，现代规范汉字的基本笔画有横（一）、竖（丨）、撇（丿）、点（丶）、折（乛）五种。这五种主笔形各自的附笔形以及变形加起来则有几十种，比如"提（㇀）"属于"横"的附笔形，"捺（㇏）"归为"点"的附笔形，而"撇"则还有"横撇、竖撇、长撇、短撇"等变形，如"千、风、左、牛"。内地小学语文识字教学中，也有出于教学需要把汉字的基本笔画分成八种的情况，除了上述五种，又增加了"钩、捺、提"三种。实际上这种说法应当来自"永"字八法注3，

注2　纵坐标是字数，横坐标是笔画数。
注3　"永"字八法规定的楷书笔画名称及其与汉字笔画现代名称的对应：侧（点）、勒（横）、努（竖）、趯（音tì）（钩）、策（挑）、掠（长撇）、啄（短撇）、磔（音zhé）（捺）。

其主要目的是指导写字，与分为五种的分类方案的目的不尽相同。前面提到的有关标准把现代汉字的基本笔画划分为五种，主要是为了便于汉字的分类、排序及索引。汉字的基本笔画及其变形对于分析字形、为汉字排序、研究设计基于字形的汉字输入方案，特别是指导写字训练都具有非常重要的作用。

汉字的基本笔画及其变形是构成整字的最小零部件，它们按照一定的规则或者说一定的方式组合在平面化的二维空间里，就形成了一个个具体的汉字，同时也通过特定汉字呈现出笔画之间的相对位置及关系。在汉字中，笔画之间最根本的相对位置关系有相离、相接和相交三种基本形式，例如："八、人、乂"（"刈"的古字）、"儿、几、九"，这两组字就分别体现了汉字笔画之间离、接、交的大致情况。可见，笔画之间相对位置关系的不同一方面决定了整字的不同，另一方面也决定着写字和用字的对错，比如"八"的撇笔和捺笔如果写成相接或相交关系就成了别字；而"卜"字的竖和点两笔，它们之间的相对位置关系是点在竖的右边，并在竖的中偏上位置与之相接，如果把点和竖变成相交，或者把点移至竖的左侧或底部，就成了错字。

此外，汉字笔画之间的相对长短既关系到整字的美观，有时也起到区别不同字的作用。例如："临"的左偏旁如果写成两竖等长，或者写成前竖长于后竖就比较难看了，类似的例子还有很多，如"三、川"等等。而像"士"和"土"、"末"和"未"、"日"和"曰"等，则完全是通过笔画之间长短比例的不同来加以区别的。

汉字笔画之间的相对位置关系及相对长短在字形分析和写字训练中作用非常显著，是必不可少的教学内容。而且，究其实质，笔画实际上就是汉字的书写单位，是以正楷等非连笔字体书写汉字时，诸如笔一类的书写工具，在接触纸张等显示媒介后从起笔到止笔的运行轨迹，这些轨迹通过运笔方向、角度、相对长短等有区别性的差异表现为不同笔画。

按照更加规范和严格的要求，在汉字书写过程中，笔画组合成整字的时候，每一个笔画出现的先后次序一般都是有法可依的，这就是汉字的笔顺。汉字的笔顺首先是为了保证把字写得正确、工整、美观，同时也为识记、再现汉字提供了记忆线索，也能成为基于字形的汉字输入方案的重要设计依据。采用笔画输入方式的使用者对此最有切身体会，笔形和顺序都影响搜索目标字的准确性和效率。

综上所述，笔画在字形分析中的作用是显而易见的。同时，如前文所述，有些汉字所包含的笔画相对较多，如果字形分析都以笔画为单位则十分繁杂，也会把字拆分得七零八落。幸运的是在笔画与整字之间，汉字还存在着部件这一层构件，比如古汉字的会意、形声等构字法就是以两个或以上构件合成组字。一般说来，部件是由笔画构成的汉字构字单位，它大于等于笔画，小于等于整字，例如："旦"由"日"和横笔构成，"红"由"绞丝旁"（纟—糸 糸，音mì，细丝）和"工"构成。这样，笔画数再多的汉字也都可以先分析到部件这个层面，例如："鼻"由"自、田、丌（音jī，器物的坐垫）"三个部件构成；"谢"由"讠、身、寸"三个部件构成。由此可见，部件在字形分析中所起的作用十分重要，它对于合体字而言是连接整字和笔画的桥梁。另外，部件也是研究设计基于字形的汉字输入方案的一个重要基础。

谈到部件，就不得不谈与此相关的另外两个概念——偏旁和部首。偏旁是字形分析，特别是语文教学中最常用到的一种对汉字构件的称说，如"说、话、讲、谈、谢"这些字的偏旁都是言字旁（讠）；把"谢"的言字旁换做木字旁，就成了楼台水榭的“榭”。根据目前的文献，“偏旁”一说最早见于唐宋时期一些学者的著述，如宋代欧阳修《集古录跋尾》卷一：“古文自汉世知者已稀，字之传者，贾逵、许慎辈多无其说。盖古之事物有不与后世同者，故不能尽通其作字之本意也。其不传者，今或得于古器，无所依据，难以臆断。大抵古字多省偏旁而趣简易。”只是应当注意的是，古文字所谓的偏旁一般指暗含字义线索的意符或称形符，还有表示读音的声符，这些符号本身如果追溯字源俱能独立成字，而现代汉字的偏旁除了包括形符和声符，还包括一些既不表音也不表意的纯记号，如“亢、享”等字中的“亠”，“春、奉”等字中的“𡗗”等。另外，由于字形演变，现代汉字的一些偏旁也已经不能独立成字了，如前面提到的绞丝旁（纟）和宝盖头（宀）等。

部件这个概念出现得比较晚，一般认为是伴随着汉字字形的演变和整理，由于出现了一些既不表音也不表意的构件，如“难、鸡、圣”左边和上边的构件“又”等，因此就从机械工程等领域借用了称说此类构件的术语，然后又推及一切汉字构件。由此说来，要严格区分部件和偏旁这两个概念殊为不易，似乎只能根据现实情况在操作层面简要描述：偏旁是历史沿革而来，是对合体字各个组成部分的概括，主要在汉字研究、语文教学等领域使用；而部件则是上世纪中后期产生的对汉字构件的一种称说，主要在汉字标准化研究、计算机中文信息处理等领域使用，稍后又进入汉字教学领域。前者着眼于文字本体，后者则侧重于应用层面的字形解析和技术标准的研制。当然，这种区分并不是绝对的，例如部件的概念出现后，就对语文教学产生了一定的影响，以至还出现了部件识字法。

部首是与偏旁密切相关的一个概念，具体指的是为了便于汉字的分类排列和检索，而将某个笔画（绝大多数为起笔笔画）相同或某个偏旁相同（包括在整字中由于位置不同而产生的偏旁变形）的一些字归并在一起，并取其相同部分列于归并后的字组之首，这些列于字组之首的构件就称之为部首。

部首始创于东汉许慎的《说文解字》，但该书并未出现“部首”一说，而是“分别部居，不相杂厕”“此十四篇，五百四十部，其建首也，立一为端”这样的语句。因此，有学者认为“部首”一词是后人合“部居”和“建首”而形成的。此外，历史上也有一些学者提出或使用过“部目”这样的概念，用来表示与“部首”相同的含义。当然，真正为大众接受并通行的还是“部首”。

偏旁与部首之间的差异大致体现在这样几个方面：首先，偏旁着眼于汉字的字形分析，而部首则着眼于汉字的检索，而且某些偏旁的变形虽然在字形分析中是不同的，但是却属于同一个部首，例如“刀”和“⺈、刂”都属于刀部，“乙、乚、乛”都属于乙部，“火、灬”都属于火部。其次，偏旁是对合体字各组成部分的统称，而且究其来源均为独体字，因此偏旁只针对合体字；而部首着眼于检索所有汉字，所以既针对合体字，也针对独体字。可以这样说，合体字既有偏旁，也可以归入某个部首；而独体字则不能拆分出偏旁，但是却能归入某个部首，例如：“丁、中、乃、之、也”“人、大、土、力、夕”等字虽然不能分解出偏旁，但是工具书中却分别编排于不同部首下面。这两组字的不同是前一组字均分别归于某一确定部首，如“丁”只归入“横部”；而后一组字传统上往往可以分别归入不同部首，如“人”既排在“撇部”，也排在“人部”。可见，有些汉字归部时会出现多种可能。后面第四章还会专门介绍汉字归部的相关规范与标准。

如前所述，汉字有独体、合体之分。独体字基本源自象形和指事两类字，这些字在汉字总体中数量有限；合体字则主要来源于会意、形声两类字，这些字是汉字的主体，但是绝大多数都以前两类为基础。独体字由笔画直接构成，合体字一般则由笔画和偏旁（如“旦、旧”等）或两个以上偏旁（如“祈、分、树、算、国、这、晶”等）构成。如果采用部件概念，它们则都是由两个或两个以上部件构成。

由若干偏旁或说部件构成的合体字，每个偏旁或部件在特定的汉字中的相对位置都是基本固定的，大小比例也有一定成规，这就形成了合体字的基本结构类型。关于合体字的结构类型，学界的意见大同小异，其差别主要表现在分类的粗细上，例如：半包围结构，有些意见就又划分成上三半包围，如“闪、冈、风”等；下三半包围，如“凶、幽”等；左三半包围，如“匠、匡”等；左上半包围，如“历、庆、眉”等；左下半包围，如“建、魁、旭”等；右上半包围，如“司、式、氧”等。另外，对于“品、晶、森、淼”“爽、乘、坐、巫、噩”等字也有“品字结构”和“对称结构”或“嵌套结构”等说法。应当注意的是，有些人把“斗、头”等分析为右下半包围结构，此说不妥，这几个例字按独体字处理更合理。另外，品字结构说也有需斟酌之处，因为“羁、蒜、聂”等从结构形式上看基本与此同类，更何况还有“坚、鸷、琴、燹、瞿”等，那么，是否意味着还要分出“倒品字结构”一类？显然，此类字按上下再左右两层结构模式分析可能更妥当。

从字形分析的操作层面看，汉字的结构具有明显的层级体系，概括起来大致如下：

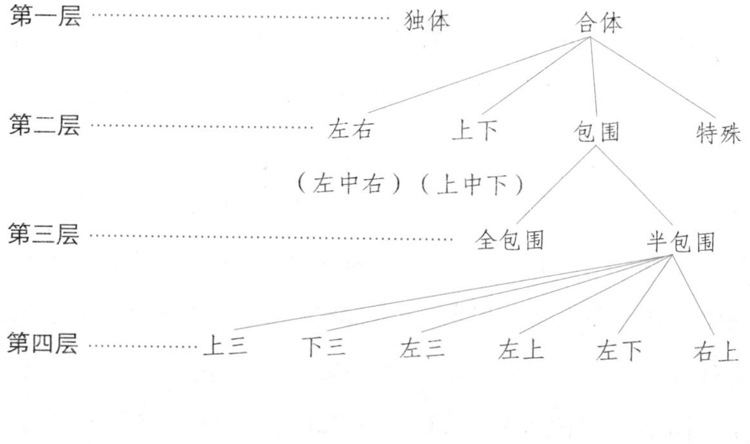

由此可见，解析或讨论汉字结构问题可以采用两种方式：一种是上面这种剥笋式的层层展开；另一种是平面化的平行处理，不论层级，直接把所有类型放到一个平面上。当然，采用哪种方式关键要看教学实际，要根据教学对象、教学过程以及教学目的等做出决定。另外，更加重要的是在教学过程中分析字形结构要结合特定的汉字，尤其对小学中低年级学生而言，规则的讲授并不是重点，而且他们理解规则也有一定困难，因此，就字论字显得更有必要。当然，就字论字也要依照一定的原则，特别是左中右结构类型是否跟左右结构类型并列，上中下结构类型是否跟上下结构类型并列，因为遇到具体的字可能处理方式有别，如“谢、寄”等可以采用两次二分法：谢——讠+射——身+寸；寄——宀+奇——大+可。当然，这样分析的前提是“射、奇”在“谢、寄”之前已经学过。但是，如果碰到“柳、鼻”等，可能一味采用上述方法就不一定行得通，因为“卯、畀”与“柳、鼻”相比，在常用度方面差距很大，起不到以熟带新的作用。此外，还有像“狱、莫、衔、裹、幕、囊”这样的字，用三分法恐怕也不能一以贯之，因为有的字，特别是部件排列方式为上下结构的字，其构件往往超过三个。总而言之，在大原则下，教学过程中进行一些必要的变通处理恐怕是不得已而为之的方式，当然这样的变通也一定要适合教学实际。

偏旁或部件在整字中的相对位置既关系到字的美观，也关系到字的对错，例如“另、加、叻”三个字都由“口”和“力”两个构件组成，但是它们由于在整字中的相对位置不同，就形成了不同的字。类似的例子还很多，如“呆、杏、困”等。也有些偏旁或部件在整字中的相对位置一般比较固定，例如：“扌、礻、讠”一定是跟其他构件构成或首先构成左右结构，并出现在左边，如“把、浙、神、让、蔼”；而“刂”则基本出现在左右结构的右边，如“到、罚”等；“罒、艹”和“灬”一般作为上下结构的构件分别位于上面和下面，如“罢、寰、草、慌、然、墨”等。当然，也有些偏旁或部件在合体字中的位置并不固定，比如“木、子、夂”等，如“桃、李、杏、果”、“孙、好、孕”、“处、备、复”等。这些在合体字中位置不固定的偏旁或部件，当它们出现在整字中不同位置的时候，有的构件形体上也会呈现出不同程度的变化，例如“木”充当左偏旁时，最后一笔就由捺变成了点；“子”充当左偏旁时，最后一笔则由横变成了提。类似的例子还有

“刀、⺈”，如“分、色”等；“八、丷”，如“公、典、兽”等；“足、⻊”，如“促、蹩、跟”等。另外“羊、女、身”等字在某些位置充当偏旁时，笔画之间的相对位置关系也会发生变化，如“羔、妇、躯”等。“艮”充当合体字的左偏旁时除了形体发生改变，笔画也减少了一笔，如“恳、根；既、即”等。当然，从字源上看，“艮”和“即”的左偏旁来源并不相同。

汉字形体上的这种条件变体，对于汉字印刷字模的制造、中文信息处理字库的建立和汉字书写教学都具有非常重要的作用，业已成为此类工作和活动的必然要素。

汉字在字形方面，除了上面提到的某些构件的形体会随相对位置的不同而出现某些变化外，由于历史演变、用字差异以及对汉字进行的整理等，汉字的整字往往也存在着历时变体和共时变体，比如从甲骨文到现代汉字，不同历史时期就存在着不同的汉字字形体系。再说当今社会，简化字和繁体字也在不同场合分别使用；另外还存在着为数不少的异体字和异形词，如“准、凖”“村、邨”“按语、案语”“芒果、杧果”，等等；通行的主流印刷字体也有宋体、仿宋体、楷体、黑体等若干种，同一个汉字的不同字体往往存在着笔画形状、笔画在字中相对位置关系不尽相同的情况，以宋体和楷体为例，如“这、这；小、小；雪、雪；家、家；女、女注4”，等等。除此之外，现行简化字与繁体字之间往往存在着字形上并非一一对应的情况，比如“后、後——后”“里、裹、裡——里”；而异体字还有广义、狭义的差别，也就是字义完全重叠的异体字和部分重叠的异体字，比如“泪——淚”属于前者，“雕——鵰；雕——琱、彫”属于后者。这些现象对汉字应用、汉字教学、出版印刷、工具书编纂以及中文信息处理字库的建立等都产生了很大的影响。因此，也就出现了第四章将提到的对汉字字形的整理工作以及有关规范。

注4　“这”的差别在外面的走之，比较明显；“小”的差别是左边是撇还是点；“雪”的差别是雨字头里是短横还是点；“家”的差别是最后两笔撇和捺的位置关系；“女”的差别是横和撇的交接关系。

第二节　汉字的读音演变与读音特征

汉字像所有文字或其他一切书面符号一样，在产生之初，其主要功能应当是记录事件、事物或其某方面特征，比如某类物品的数量等。同源字

史、事、吏

的古文字形及其意义，实际上就显示了我们祖先对田猎所获的记录等情况。因此，可以推断，一些书面符号最初是由于记录的需求而产生的，一开始它们还只有记号意义上的属性，各自的独立性都很强，彼此间鲜有组合使用的情况，还不能说是严格意义上记录语言的符号，因此也谈不上具有读音方面的属性。这种情况或许可以称之为前文字或类文字时期。后来，随着这些符号的系统化，特别是它们和语言相结合，成为有声语言的书面表达形式，每个符号都可以对应于特定的语音单位，并具备了组合功能和递归性，这时它们才成为真正意义上的文字，因而也就开始具有读音方面的属性。

汉字成为记录汉语的书面符号后，它的发展就呈现出若干条路径：一条是字形的演变；另一条是读音的演变；还有一条是下一节将谈到的字义的演变。汉字读音的演变实际上就是汉语语音的演变，这方面的情况比较复杂：一是很久以前的语音并没有可供录制的载体予以真实的记录，因此现在只能借助韵书和其他文献等构建不同历史时期的古汉语语音系统，甚至对距离当

代社会更遥远的上古时期的语音系统只能说“构拟”，无法形成定论；二是汉语和汉字使用范围广，人口迁移、地域辽阔和山川阻隔等原因使得它们在使用过程中产生了地域变体，虽然字形方面自秦代“书同文”之后基本稳定，但是，“语同音”却是一个遥不可及的梦想。更何况随着汉字文化圈的扩大和形成，有相当一批汉字已经进入了其他国家和民族所使用的文字系统，如日本、韩国所使用的汉字，它们在这些国家就具有了非汉语系统的读音。就是在当今社会，有些汉语方言地区也有一些特殊的“方言字”，如吴方言的“覅、哦、汏”，粤方言的“唛、孖、餸”等。因此，谈论汉字的读音首先需要限定范围和条件，我们在这本书里谈的是汉字的普通话读音。

汉字的读音由上古音系发展到如今以北京音系为代表的普通话，期间经历了上古、中古、近代和现代等几大历史时期。在语音史和音韵学等研究领域，一般认为汉语的上古音指的是魏晋之前，也就是公元四世纪以前的汉语语音系统；随后经南北朝短暂过渡期，演进到以陆法言《切韵》（公元601年）为代表的隋唐至宋代的中古音时期，即公元四世纪至十二世纪；接着再发展到以元朝周德清《中原音韵》（公元1324年）为标志的近代时期；最后大约在公元十七世纪满清时代开始进入现代汉语语音时期。

汉语语音演变是一个很庞大、专业性很强的研究领域，在此我们只能简要地就声韵调演变的几种主要趋势与特征略做讨论：第一，汉语的声母系统从上古一直到现在的普通话，总体趋势是简化的，其中经历了浊音变清、尖团合流等过程。据王力、李方桂等先生研究，上古时期汉语声母数量约30多个，王先生认为是33个，李先生认为是31个；中古时期一般认为有35或36个；演变到现代汉语，声母的数量减少，目前普通话的声母为22个（包括零声母）[注5]。第二，韵母的简化趋势更加明显，据王力先生研究，上古时期汉语韵母约有151个，《广韵》为142个。如此复杂、数量较多的韵母系统，也

注5　《汉语拼音方案》定为22个声母，而语文教学中一般把半元音y、w也处理为声母，则又增加了两个。

使得许多学者推测,《广韵》并非反映一地之语音，而是一时之语音，即融合多地语音的雅言，其地位为所谓读书音。而演变到普通话中，韵母只剩下39个（《汉语拼音方案》中，除韵母表所列单韵母、复韵母35个之外，还包括特殊韵母er、ê，与平舌声母“z”组相拼的单韵母-i和与翘舌声母“zh”组相拼的单韵母-i，共计39）。汉语韵母从古至今的变化主要有鼻音韵尾[m]、入声韵尾[p][t][k]的消失等。第三，声调系统从调型、调类的数量上看没有变化，由平、上、去、入四声演变为阴平、阳平、上声、去声四声，但是调值方面可以推测一定有变化。而且古音的平、上、去、入俱分阴阳，阴声韵和阳声韵的调值应当有细微差别。再者，根据目前的一些方言调查资料，许多方言尤其是南方方言的声调都比普通话多，其中声调最多的是广西玉林市博白乡地老话，其声调多达10个。根据方言，尤其是南方方言，保留古汉语特征一般比普通话多的情况，可以从侧面旁证古汉语的实际声调类型或许也多于普通话，也就是说从古至今汉语的声调演变也是由繁趋简的。

总而言之，汉语的语音从上古经中古、近现代，一直到普通话，趋简是演变的主流。演变的主要方式一般都是合并，演变的途径一般是声韵母的某个成分改变或者脱落等，致使本来有差别的音节变得相同了。从数量上看声母的变化小于韵母，它们在演变过程中合并多而分化少这一规律性特点，对汉字的最大影响就是同音字越来越多，因为语音单位变少了，而汉字的数量却并没有减少。虽然有的汉字随着时代变迁不再使用，但是一方面会有新的字不断产生，另一方面，就常用汉字来说从古至今基本保持一个常量。从汉字的微观层面看，有些字的读音很稳定，从古至今声母、韵母基本保持不变，如“公、木”等；而有些字的读音则显得比较活跃，或者声母改变、或者韵母改变，表现出活动性大于稳定性的特征，如“鸡、白”等。

声调的演变，尤其是入派三声之后，同音字也大量增加，特别是导致了汉字平仄特征的改变，而这一点对汉语文化的影响是非常大的，诸如诗文、对联等文学形式均受其影响，现在用普通话读古诗、楹联的时候，往往会出现找不到韵脚、体会不到平仄变化与对仗的情况，例如：“白日依山尽，黄河入海流。”其中的“白”“黄”除了字义、词性的对称，由于“白”在古汉语里是入声字，其平仄也刚好是“仄”对“平”，但普通话中已经读不出平仄相对的意味了。又如：“宝剑锋从磨砺出，梅花香自苦寒来。”其中的“出”和“来”也与上例类似，原本读入声的“出”由于音变，“仄”对“平”的意味也读不出来了。这种现象给现代人吟古诗、读楹联，特别是作古诗或属对子等，都带来了新的难题。汉语声韵母的演变也同样带来了类似的结果。历史上的等韵学家们留给今人的那些鸿篇巨制，如唐末、五代时期名僧守温所著《三十六字母图》（今已散佚）、著者不详的《韵镜》和宋代郑樵所著《七音略》等，都在汉字的今音与古音之间架起了一道桥梁，有助于我们细研汉字的古音，进而体察古代诗书、楹联等传统文化精髓的音韵奥妙。

就普通话与汉字的关系而言，与汉语音节化或者说以音节为单位的特质相辅相成，汉字记录的就是汉语中的一个个音节，个别负载几个音节的汉字，如“瓩”（读“千瓦”）、“吋”（读“英寸”）、“浬”（读“海里”）等，其字形表示度量衡单位的义项在内地已经废止。

汉语普通话音节不计声调有410多个，包括声调则是1300多个，还有个别声化韵性质的特殊音节，如“嗯（[n]、[ŋ]）、呣（[m]）”等。与此相对的是，汉字数量却远远不止数千。静态地看，GB13000.1字符集收录汉字20902个，国家语委颁布的《现代汉语通用字表》收录汉字7000个。简单算术除法计算可得：不计声调每个音节负载两份字表的汉字数量分别为51和17；把声调也包括在内则是16和5。动态地看，汉字在音节的分布上很不均匀，有的带调音节只有很少几个字，如lěng、māo等在《现代汉语词典》（第7版）中只收录了一个字；而有些音节却负载着数十个汉字，如bì、yì等。不同音节的同音字数量，最少的和最多的相差几十倍。

普通话音节（字音）的动态统计数据也表明了同样的趋势。我们曾经以四千多万纯汉字语料为基础，截取累积频率达到95%的高频词语，经过统计加工，不带调音节shi和zei对应的汉字数相差几十倍，而它们的累积频次则相差3193倍多。这就说明，从静态着眼，汉字的读音分布很不均匀，有些读音对应的汉字相对较多，而有些读音对应的汉字则较少；从动态角度考察，字音分布的不平衡性更加显著，使用度方面差异更大。

上述情况还从一个侧面表明，汉字的同音现象比较普遍，同音字很多，就算把范围限制在常用字，有些同音字组的成员数量也相当可观，如“是、事、室、市、试、式、示、士、世、柿、拭、誓、势、逝、嗜、侍、释、饰、视、恃、仕、适、氏……”正是基于此，赵元任先生才创作了名篇《施氏食狮史》，不仅体现了他深厚的语言功底，也突显了汉字的同音现象。

> 石室诗士施氏，嗜狮，誓食十狮。氏时适市视狮。十时，适十狮适市。是时，适施氏适市。氏视是十狮，恃矢势，使是十狮逝世。氏拾是十狮尸，适石室。石室湿，氏使侍拭石室。石室拭，氏始试食是十狮。食时，始识是十狮，实十石狮尸，失食。试释是事。[注6]

另一方面，与汉字同音现象同时存在的还有汉字的多音现象，也就是我们经常提到的多音字。绝大多数汉字都是一字一音，而有些汉字则依照语境和字义的不同读不同的音，如“长远、成长”“朝代、朝气”“互相、相貌”，等等。据统计，《辞海》(1978年版)收录的多音字所占比例最高，达到了22%，其他工具书或词表收录的多音字一般占总字数的10%上下。多音字中，比较常见的是有两个不同的读音，但也有些多音字的读音超过了两个，如“和”有hé、hè、hú、huó、huò五种读音。据粗略统计，有三个及三个以上读音的多音字约占全部多音字的10%强。另外，《辞海》收录的多音字中包含

注6　转引自郁乃光编著《汉字的故事》，北京：中央编译出版社，2006年10月。

通假字音，如“那”有八种不同读音，其中五种都是通假所致。

多音字除了不同的字所承载的读音数量不一致外，其他方面也存在着一定差别。首先，有些多音字的不同读音独立性相对较强，而有的则较弱，例如上面提到的“和”，它的五种读音或者可以称之为音项的独立性就比较强，而像“薄（bò）荷、拾（shè）级而上”中的“薄、拾”在此处的读音对语境的依赖性就比较强，其独立性相对就要弱一些。

其次，多音字的不同读音往往表达不同的意义，或者是词性不同和语境差异，如“供给、供认”“臭味相投、乳臭未干”“静悄悄、悄然”等。再次，有些多音字的某个音项只是依照名从主人的原则在姓氏、人名和地名中使用，如姓氏用字“区（ōu）、仇（qiú）”等，人名用字“秦桧（huì；读guì为一种乔木）、李颉（jié；“颉颃”中读xié，鸟上下翻飞。）人”等，地名用字“番（pān）禺、筠（jūn）连”等等。当然，也存在着一些比较例外或更加复杂的情况，像有些多音字充当姓氏或地名用字时，依照名从主人原则还存在着不同读音，如“盖（gài、gě）、乐（lè、yuè）”等的两个音项都可以用作姓氏，堡（bǎo、pù、bǔ）的三个音项都可以在地名中出现，国学大师陈寅恪（què）名字的读音更为特别，一般辞书中均未收录。

最后，还有些多音字的某些音项只是用于表达方言语义或古汉语意义，如“叉（chá，方言，动词，纵横交错而阻塞）、裂（liě，方言，动词，物体的某部分向两旁分开）、衣（yì，动词，穿）、王（wàng，动词，古称君王统治天下）”等。更复杂的问题如“靓”，读liàng标注为方言，但是相关的词语如“靓丽”却被收入普通话语词。也有些多音字的几个音项类似于自由变体，并不区分语义，如“血（xiě、xuè）、谁（shéi、shuí）、露（lù、lòu）、那（nà、nèi）”等等，它们由于文白读、书面语和口语的差别、出现于不同词语等原因，逐渐形成了不一致的读音。

与上述最后一种情况相类似，有些汉字由于种种原因，在历史演变过程中不同程度上出现了不区别意义或区别作用不大的多种读音，这就是大家知道的异读现象。异读现象从某种意义上说与字形方面的异体现象相似，都是表示相同意义的符号出现了变体，只不过一个表现在字形方面，一个表现在字音方面，如“癌（ái、yán）、凹（āo、wā）、呆（dāi、ái）、阐（chǎn、shàn）”[注7]等。有关异体字、异读现象产生的原因以及各自的类型等问题，后面第四章将会专门探讨。

最后，谈一谈普通话的语流音变现象。虽然这种现象属于普通话语音研究领域，但是它对汉字读音有着不可忽略的影响。

首先谈轻声问题。众所周知，纯粹的轻声字（只有轻声一种读音）在现代汉字中只有为数不多的几个，它们或为词缀，如“么”，或为连绵词的后面一个字，如“肋腻”的“腻”，或为语助词，如“嘛、嘿”等。而绝大多数读轻声的都是多音字，它们读轻声有以下几种情况：首先是在表示某种语气或情状时，也就是充当助词承载一定的语法意义时读轻声，如“啊、吗、呢、了、着、过”等。它们读轻声时，有的只是声调和其他读音不同，如“啊、吗、过”等；有的则是韵母和声调都不相同，如“呢、了、着、的、地、得”等。虽然看上去这类轻声现象似乎属于语流音变和语法层面的问题，但是由于具体语境中轻声字和该字其他读音的差异跟多音字情况十分相似，因此也涉及到使用汉字的准确性。其次，普通话中还存在着一定数量的轻声词语，它们或者是约定俗成读轻声的，如“月亮、窗户、结巴”等词的最后一个字，并且其中还有些属于同形异音词，如“地道/地道（读轻声）、大方/大方（读轻声）”等；或者是充当词缀成分读轻声的，如“孩子、一下子、馒头、里头、姑娘家”等词的最后一个字。最后还有一类，是名词、动词等重叠构词或使用中重叠时后面一个音节（字）或中间嵌入的“一、不”等读轻声，如“妈妈、看看、想一想、去不去”等。由此可见，就算包括纯粹的轻声字，轻声现象也是不能脱离语境而独立存在的。因此，第一，结

注7 《普通话异读词审音表》规定这几个字的第一个读音为统读。

合语料进行轻声现象动态统计非常必要，统计结果可以告诉我们哪些音节（字）在哪种语境中应当读轻声；第二，对存在读轻声情况的汉字进行一定的分析与归纳之后，可以对相关汉字形成具有针对性的标注或说明，以便提高使用者掌握汉字读音的准确性。根据我们的普通话音节（字音）动态统计数据，从韵母来看，有34个韵母在累积频率占四千多万纯汉字语料95%的词语中出现了读轻声的情况，而总体上轻声音节（字）在这些词语的总字频中累积频率达到8.1%。

下面再来谈儿化和变调。儿化作为一种音变现象，其功能和作用学界尚未形成共识，但是在某种情况下，儿化能够区别它和非儿化词语的意义，这一点是毋庸置疑的，如“白面儿／白面、铁棍儿／铁棍、亮儿／亮、水儿／水”等。此外，在普通话里，有几个字出现在特定词语中的时候习惯上都要儿化，如“一会儿、一点儿（表示少量）”等；与此相对的是，有几个字独立用作词的时候，习惯上儿化，如“花儿、玩儿”等，而出现在词语中时，往往不儿化，或者可以不儿化，如“鲜花、桃花、游玩、把玩”等。对于儿化问题，从朗读以汉字为媒介的书面材料着眼，有两点需要注意：一是“儿化”的读法，除了最基本的要把“儿”同它所附着的汉字读成一个音节，不能读成两个音节之外，读音收鼻音韵尾的汉字“儿化”时还要在音节的主要元音后“儿化”，鼻音韵尾脱落不发音，如“撒欢儿”中的“欢儿”与“花儿”的读音基本相同；二是有些书面文献中，常见的口语中读“儿化”的词语，常常并不在书面上写出“儿”字，这就要求朗读者根据某些约定俗成的规则、表意准确性的需求和上下文语境作出相应的判断与处理。

普通话中的变调现象除了上面提到的轻声外，还有几种情况：一是上声连读变调，二是形容词重叠式变调，还有一种就是大家经常听到的“一、七、八、不”变调。

先说最后一种。“七、八”的变调现在已经相当不稳定，基本可以忽略。“一、不”则相对稳定，但需注意的是，“一”在某些语境中是否变调，可能关系到表意的差别，如“一连战士都负伤了。”其中的“一”若读本调，则意味着所表述的对象是某部第一连，与二连、三连等相对；而若读作变调，则意味着所表述的对象是任意一个连队。前者的“一”用的是表示基数或序数的含义，而后者用的是表示周遍性、总括性的含义。上声连读变调指的是两个读上声的字连在一起读的时候，前一个字的声调变成类阳平，如“保（读若‘雹’）险、领（读若‘零’）导”，等等。比较复杂的是当两个以上上声字连在一起时，如“你请老领导理解找保险单的意图”，如何变调大概就要根据语法结构、停连节奏等多种因素来确定了，而且现实情况也不一定稳定。形容词重叠式变调也是个令人挠头的问题，其原因是规则不统一，尤其是ABB式，工具书标注以及现实情况的确是有变的、有不变的，而且也不稳定，如“白茫茫、血淋淋”中重叠字的读音均变作阴平；而“雾沉沉、黄灿灿、黑茫茫”中重叠字的读音则维持本调不变。四字格式的AABB式情况稍好，同一个字的重叠式读音比较一致，如“慢慢腾腾、别别扭扭、结结实实、漂漂亮亮”等重叠结构中的第二个重叠字都读作阴平，但也不是铁板一块，如“轰轰烈烈、松松垮垮、堂堂正正、高高兴兴、安安静静”等结构中第二个重叠字的读音则维持本调不变。单音节重叠式也不一致，其中有变的，如“慢慢走、好好写”等；但同样也有不变的，如“死死咬住、紧紧围绕”等。此外，类似“慢慢走、好好写”的变调情况还常常伴随儿化，实际读作“慢慢儿走、好好儿写”。这些结构同类，但内部读音规则不一致的现象虽然给准确使用带来了一定的困扰，却也正是语文教学中最应当关注的内容之一。

语流音变是语言应用和言语活动中的一种必然现象，它首先表现在动态层面，继而影响静态系统和规则，一旦沉积稳定，必然引起语音变化。但是，语流音变往往表现出过程性的特征，活跃而不稳定，而且在很多情况下变或不变并不涉及对与错，因此也就更加给语言的教学与学习带来了一定程度的困扰，需要我们在教学与学习过程中妥善应对与处理。

第三节　汉字的字义演变与字义特征

如果说字形和读音是汉字能够被人感知的两种属性，那么字义则完全属于一种抽象的，附着于读音和字形的，并且只能被人主观理解和建立的隐性属性。

从“六书”角度看，转注显然是由于声韵相近而在字义方面循环注释，也就是训诂学界所说的互训的一种，如“老，考也；考，老也”等。但是学界对于转注与互训之间的关系看法并不一致，以清代小学（指文字训诂之学，非当今基础教育阶段之小学）大家戴震、段玉裁为代表的一派基本上认为转注即互训，如“禛，福也；祥，福也”“奉，承也；承，奉也”“宫谓之室，室谓之宫”，等等。而另有一派意见认为广义的转注确实等同于互训，但是从“六书”本源以及造字的正统观点着眼，存在声韵关系的互训是转注的正例，如“老，考也；考，老也”“追，逐也；逐，追也”等，而不存在声韵关系的互训并非“六书”中转注的正例，只能看作是广义的转注。其实，转注之法除了声韵相近而循环注释，字形相近也是其中的一个要素，比如“宫、室”“祥、福”之类均分别属于同一部首，即所谓“建类一首，同意相受”；再如

考、老

承、奉

之类，其金文字形的相似程度更是非常高。

假借则纯属音近所致的与意义无关的借用，如“巳”本为童子之形，与“子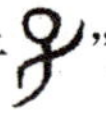”形似，但其被借为干支名称后，本义已失；再如

七、八

等数目字，前者本为“切”的初文，表示以刀分物，后者则表示将物分为两半，但假借为数目字后，其本义也已经消失。语言学家王力先生在《古代汉语》中曾说：“假借字的产生，大致有两种情况，一种是本有其字，而人们在书写的时候，写了一个同音字……第二种是本无其字，从一开始就借用一个同音字来表示。”但是，随着学界对清代考据学家钱大昕提出的“通假”概念的探究，特别是由于对学科术语定义得越来越严谨和明晰，相近概念的区分越来越细致、明确，王先生所说的第一种情况现在一般用“通假”来称说，即专门指两个都存在的字在特定语境中的临时替换。而对本无其字，完全由于读音相近而借用已经存在的其他字并赋予其新的意义这类现象，才使用“假借”予以称说。例如：“战夜（亦）胜，不战夜（亦）胜”“旦日不可不蚤（早）自来谢项王”就属于通假现象，即“‘夜’通‘亦’”“‘蚤’通‘早’”。也有人戏称“通假”现象其实是古人在写文章时使用了同音别字。仅从表层用字事实看，这样的戏谑并不为过，但是，事实上造成“通假”现象的原因很复杂，有的是由于传抄致讹，有的则是用字习惯所致。当然，它们与“巳、七”等假借字在文字学领域应当属于不同的情况与性质，这一点学界业已形成基本共识，正如清代文字训诂学家朱骏声所言，“通假”的实质是“本无其意，依声托字”，而东汉许慎在《说文叙》里对“假借”的定义却是“本无其字，依声托事”，二者差异昭然已现。

“六书”中，除了转注、假借两种主要依存于语音、语义而赋予汉字具

体含义的方法，其余四种，字义的表示方式各有特点。对此，许慎在《说文叙》里已有十分精当的概括："一曰指事，指事者视而可识，察而见意，上下是也。二曰象形，象形者画成其物，随体诘诎，日月是也。三曰形声，形声者以事为名，取譬相成，江河是也。四曰会意，会意者比类合谊，以见指撝，武信是也。"当然，这主要是就古文字而言的，尤其是以描摹事物轮廓的方式赋予汉字意义的象形和以抽象符号显示具体所指而赋予汉字意义的指事，更是基本上限于甲骨文和金文。而随着汉字的演变，字形方面曾经具有的一些通达字义的特征已经越来越弱化，几乎完全消失。与古汉字相比，现代汉字从根本上更加具有与语言相互依存的属性，而古汉字直接与事物相关联的属性，即见形知物的特性已经被形音义三位一体的本质所取代。

"六书"对古汉字系统的概括，虽然被认为是厘定造字之法（也有意见认为转注与假借其实是用字之法），但是从某种意义上说，也是试图厘清汉字形音义之间如何联结，字形和字音如何彰显字义等问题。而就汉字字义本身的演变和现代汉字及汉字应用现状看，汉字的字义可以从以下几个主要方面概述与探究。

首先，汉字所负载的语义有本义、引申义之别，此外，还有一些字通过假借等方式被赋予了新的意义，或者被用作象征性的比喻义，例如"黄"，在用于"扫黄、黄书"中的时候，所承载的就是"色情、淫秽、堕落"等比喻义。以历时视角考察，汉字的本义是字义的本源，是汉字最早、最初的语义内涵，其后一切意义皆由此派生而来，是为引申义。根据文字学领域的研究，字义引申有三种模式：

一为纵向直线式，可图示为：本义 ⟹ 引申义1 ⟹ 引申义2……如"奥"，本义指"屋子的西南隅"，引申指"屋子的深处"，再引申表示"深、深奥"。

二为平行辐射式，可图示为：

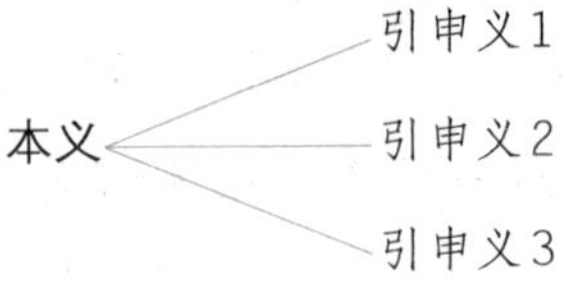

如“办”的本义为“致力处理”，相关的词语有“办理”等，后呈辐射状引申为“创设经营（办工厂）；采买置备（办年货）；惩罚（首恶必办）”等。

三为交互融合式，可图示为：

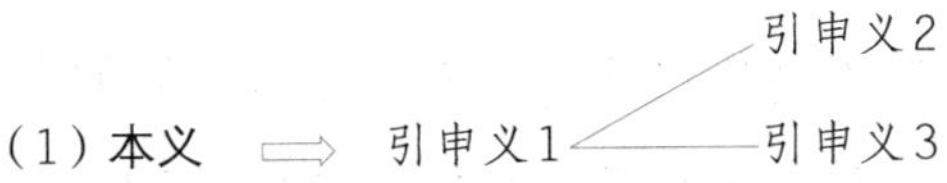

如“报”的本义指“判决罪人”，后引申指“呈报”，再分别引申为“报答”和“报复”等；

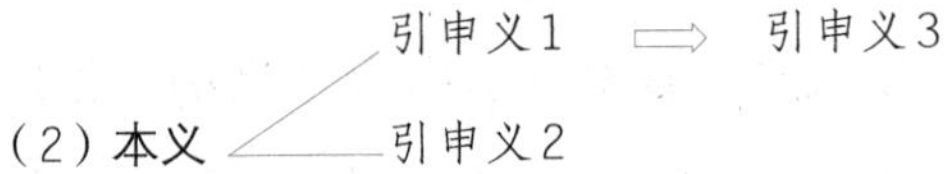

如“比”，本义是“靠近、并列”，相关的词语有“比肩”等，后分别引申为“比较”和“勾结（朋比为奸）”，然后由“比较”再引申为“比喻”。

从上述现象可以推知，有些汉字随着字义的引申，它们所承载的语义要素可能越来越多。这些字除了字的本义外，一般还派生出若干引申义，派生的形式或为递进式的逐级推进，或为辐射状的平行推进。

其次，汉字字义由本义不断派生或演化出新的意义，这是汉字字义发展的必然规律。其中的主要原因是，一方面随着特定汉字不断扩大使用环境，出现在不同语境中，其原始意义与语言中的不同成分相组合，必然产生细微的渐变与分化，慢慢就沉积出新的意义；另一方面，当语言中产生新的表意需求时，除了创造新字这一途径，延展和扩大现有符号的表意范围也是一种有效途径，特别是考虑到创造新字的复杂程度以及文字总量的限制，现有符号意义的派生也就成为一种必然。

再次，不论汉字字义演变发展的方式是上面提到的哪一种，其演变趋势之一，或者说结果之一便是汉字的意义负荷越来越重，新的意义不断产生，但原有意义不一定消亡。另外，自多音节合成词成为汉语的主流之后，字义大都与词语相结合，单个汉字独立充当语素使用的情况大为减少。在这两种趋势的共同作用下，不同历史时期汉字的流通总量也趋于缩小。因为有的汉字衍生引申义或表意范围扩大后，可能触及其他汉字的表意范围，由此引起同义合并，导致某些字成为历史遗迹或文字中的“化石”，基本退出了应用舞台，如“隹”原本指短尾鸟，与本来专指长尾鸟的“鸟”分工明确，但是“鸟”的表意范围扩大后已经涵盖了长尾和短尾，因此，“隹”基本上就不再独自使用。同时，有些概念由于可以通过复合词语表示，因此也就不需要专门使用一个独立的汉字来表示了，例如古文字中原本有许多表示不同丝织品名称的汉字，而采用复合词之后，这些表示特定事物专有名称的汉字就不再使用了，如“绡，生丝”“绂，系印章或佩玉用的丝带”“缙，赤色帛”，等等。当然，字义演变过程中有时也由于表义的专门化等原因引起字形分化，从而产生新的汉字。比如某些字的初文后来增加形符产生了后起的新字形，而初文则引申或假借为专门表示其他意义的符号，如“文”本来是“纹”的初文，当形声字“纹”产生后，“文”表示“花纹”的含义只保留在词语“文身”中了，其基本字义已经转而表示“文字、文章”等。再如“其、队”本来分别是“箕、坠”的本字，当后者产生后，前者的本义就逐渐消失了，转而假借为其他含义的符号。但是与汉字字义不断扩大和增加的趋势相比，这种情况显然不是字义发展的主流。有学者曾通过统计分析得出结论：多义字在现代汉语常用字中占大多数。

如果不谈汉字本义与引申义之间的时间序列，而是从共时角度考察字义问题，那么，首先我们可以发现汉字义项的多寡极不平衡。虽然不同工具书、不同学者对一些具体问题存在意见分歧，有些字整理出的义项在数量和具体内容方面不尽相同，但是义项多寡的不平衡状态是不变的。在现代汉语通用字范围内，或者一般收字量在10000以下的中型工具书中，有的汉字只有一个义项，如“肾、厩、癌、铀、邓、猝、馥”等；而有的汉字则负载着十几个甚至更多的义项，如“打、点、开、生、下”等。其次，通过进一步考察可以发现，同一个汉字的不同意义的使用频率也有参差，有的意义比较常用，有的意义不太常用，还有些只在某些特殊场合出现，用例很有限，例如：“事”，作名词用的若干意义都比较常用，如“办事、出事、谁的事谁担”；而作动词用时的意义相对就不太常用，如“不事农活”；至于作“问题”讲，则只用于“无事生非”。再次，在现代汉语中，一些汉字最常用，或者说最主要的意思不一定是字的本义，反而是某些引申义占了主导地位，比如“程”的本义是度量衡的总称，但是这个意思现在已很少用到了，只是在“计日程功”这样的成语中还能看到一点影子，而若干引申义反而主导了该字的使用。类似的例子还有“世（本义为表示数目三十）、寸（本义指距离手掌与手腕结合部一寸长的部位，也就是中医切脉的部位）”等。除了比较罕用的义项，汉字的字义中还有一些现在根本不再使用的意义，也就是说这些字的本义已经在演变过程中停用或消失了，它们是古代社会经济、文化等方面的烙印。例如：“丙”从字形看本义指鱼尾，现在这个意义已经消失；“物”本指杂色牛，后引申指什物，本义仅存于古代的一些文献中；“商（五音之一，商调）”所承载的音律含义、“若”所表示的第二人称含义、“好、肉”分别表示玉质或金属等环状物中间的孔和环体本身等意义，现在也只是保留在古汉语中。这种现象是社会发展和语言发展的必然产物。此外，有些汉字的义项中，包含着专门用于表达汉语方言语词的含义，如“肉”表示人的动作迟缓或性子慢，“炕”表示烤的意思，“倾”表示谈话、聊天等等。这种情况有的源自古汉语的遗留，有的则是反映了不同地域社会、经济、文化及语言演变、发展和使用的特殊性。

综上所述，汉字的多义现象既是一种常态，同时也表现出一些不同的类型，比如本义和引申义以及假借义的关系、常用意义和不常用意义、现代汉语意义和古代汉语意义、普通话表意范畴和方言语意范畴等。另一方面，与多义现象并存的还有汉字的同义或近义现象，也就是若干汉字所指相同或相近，表意方面具有一致性、重叠性或相似性，如“爹/爸、脖/颈、说/讲、拉/拽、宏/弘、沉/重”等，它们由于语义交叉、表达色彩有别，或与语言中其他成分组合条件不同，形成了语言中相同或相近意义的表达形式多样化的局面。

汉字及其所对应的语素的多义现象和同义、近义现象，既使语言表达更加丰富多彩，同时也在一定程度上给汉字的学习和使用带来了困难和不利影响。这一点后面还会有更多的阐述。

在现代汉字中，与字的多义、同义现象相对，还有一些汉字所承载的语义比较单一，也鲜有跟其他汉字表意重叠的情况。具有这种特征的汉字中，表意范畴或其他特征比较明显的主要有以下几类：一是纯粹的专有名称用字，例如姓氏、地名、动植物名称、各领域科学术语和特定物质名称等，如“瞿、邓、沂、涪、鲢、橘、烷、醛”等；二是古汉语遗留现象，如“兮、汝、哉”等；三是联绵字，如“耄、耋、蜻、蜓”等；四是专门用于音译外来语词的字，如“尼、啡、萨、迦、挝（音wō）”等。

从联绵字、音译外来语词用字等特殊类型的汉字身上，实际上我们已经能够感觉到，有些字义方面的问题并不仅仅停留在字的层面，或者说必须超越和跳出字的层面，进入语词的表意范畴。在此，我们无意，而且也不可能从根本上理清汉语的词汇问题，只能就字和词的表层关系做一点梳理和说明。

绝大多数汉字都有比较实在的含义，就连一些用作虚词的字也具有比较明确的语法内涵和意义内涵，如“的（助词）、而（连词）、吧（语气词）”等。这些特定含义或实或虚的汉字，有些独立性较强，可以直接进入词的层面做单音节词使用，如“人、我、树、看、高、啊、且”等；有些则需要和其他成分结合起来构成多音节词，而本身的字义或融入新构成的词，或不同程度地弱化，如“金箔、瑰丽、抨击、懒惰、低劣”等词语中的“金、瑰、抨、惰、劣”等；还有些则在多音节词中完全失去了原本的字义，或者本身就产生自或依存于多音节词，这类多音节词除了一般意义上的合成词，如“葫芦、马大哈、马上、世界”等之外，还有术语和音译外来词，如“余弦、原子、软件、沙发、吉他”等。有的时候，这三种情况可以在同一个汉字身上体现出来，这样的汉字一般都是多义字，或者具有较强的构词能力，如“他”，本身就可以独立成词，作为第三人称代词使用；还可以在“他日、他乡”等词语中充当构词成分，本身字义弱化；也可以出现在“吉他、维他命”等音译外来语词中，本身字义完全丧失。

谈到多音节词，就不得不涉及“汉字”的构词能力。之所以给汉字加上引号，是因为从本质上讲，构词属于语素层面，而并非文字问题。那么，我们仅就表层现象来看，有些汉字独立使用的情况很频繁，如“是、的、很”等等；而有些汉字则是与其他汉字结合使用的情况更普遍，反映出很强的组合能力，如“半、伏、器、言”和类词缀“老~、~性”，等等。当然，也有些汉字在这两方面都比较活跃，呈现出较高的使用频率，如“点、气、一”等；亦或哪一方面都不活跃，表现出较低的使用频率，如“镑、篝、蠕”等。

汉字的字义，无论是历时的变与不变、扩大与缩小、延续与消失，还是共时的多与寡、常用与罕用、活跃与沉寂，都有着重要的意义。一方面，它对识字教学会产生非常显著的影响；另一方面，作为汉字三要素之一，它的特征和演变过程与其余两大要素——字形和字音也是互相关联在一起的。

第四节 汉字形、音、义演变过程中的相互关联

前面分别简要概述了汉字的字形、读音和字义问题。相对而言，字形和字音尚具有一定独立性，比如非字、假字和错字，它们虽然性质并不完全相同，但都是汉字系统里不存在的“字”，基本上单从字形本身就可以得出“非我族类”的判断。“非字”指的是字形上就违反了汉字结字规则的假冒者，如将立刀旁（刂）用作左偏旁，“皿”用作上下结构的字头等；假字则是冒用规则，然后产生出汉字系统中并不存在的成员，如“女”和“小”构成左右结构的“字”，“木”和“寸”构成上下结构的“字”，等等；错字一般指的是违反了某个具体汉字的构形规矩，比如添加笔画、减少笔画、误用偏旁、部件移位等，这种情况后面还会专门讨论，在此不再赘言。除此之外，汉字由甲骨文、金文到小篆，再到隶变与楷定，形体上的系统改变也自成一体，其中很少牵涉到音和义。

汉字的读音也同字形一样，同样具有独立性的一面，比如有些声韵母组合就不符合普通话的读音规则，这样的“字音（音节）”，像ki、liai、dü等，仅从读音规则就可以断定它们在普通话音系中是不存在的或读错了的“字音”。另一方面，汉语语音系统从上古音系到中古音系，然后再到近代音系和普通话音系，它的演变过程从系统意义上看，基本也是限制在自身范畴内，并不触及形与义。这种情况与个别汉字在语音演变过程中与形义互动的现象并不矛盾。

但是，与字形、字音这种自给自足的特征和演变方式相比，汉字的字义虽然贵为汉字的灵魂，它本身却并不能独立存在，而是必须附着在特定的形

体和读音上。与此同时，我们也知道，即使是相对独立的汉字的形音要素也并不完全是孤立存在的，绝大多数情况下还是形音义三要素协同互动为主，它们彼此紧密结合，相互支撑，融合在一个个特定的汉字中，因此才构成了汉字这个大家族。下面我们就三者在演变过程中的相互关系做一些简单的铺陈与探讨。当然，三者在动态演变中的关系沉积下来，也就形成了某些静态的关联。

如前所述，汉字像其他一切自然产生的原始文字系统一样，在萌芽期更多体现出的是记号属性，即以一定的书面形体表示某些特定含义。在这个时期，形义的结合更紧密，读音的属性还未确定。但是，随着文字与语言的互动和结合，文字体系始具雏形，这时，文字的形音义属性已经齐备，并且初步形成了比较稳定的关系。

在汉字形音义三要素中，本性最活跃的当属字义。绝大多数情况下，为满足不断更新、不断变化的表意需求，字义往往闻风而动，或引申，或借音借形，持续不断地给语音符号和与之对应的文字符号赋予新的意义。关于字义引申，上一节已经谈及，现在重点看一看借音借形等情况。传统的假借字就是典型的借形范例，其途径是音义结合在前，然后借音同音近符号表示新义。大概是这种方式的便捷性使然，直到现在它仍然还在延续使用中。例如，一些音译外来语词的用字，均是音义结合在前，首先是借音，然后再借音近汉字，逐渐稳定后便赋予了汉字新的含义，像“吧（bar）、酷（cool）、秀（show）”等，现在已经分别具有了“小型餐饮、娱乐、休闲场所，冷峻、帅气，展示、表演”等含义，其中一些汉字作为语素还成为构词成分，如“吧台、网吧，酷炫，时装秀、才艺秀”等。

借形现象一般都不是单纯、孤立存在的，它往往发生在具体语境中，而且是形音一起借用。例如：“他的眉心皱成一个‘川’。”这个用例中，“川”完全只有字形含义，并且是临时性的，跟该字本身固有的所有语义均不相干。汉语书面表达形式中，还有一个借形的特例，这就是鲁迅先生首创的

“阿Q”的“Q”。借用这个字母，完全是因为它的形体恰似一个脑后留着小辫子的人的头像，非常符合创造人物文学形象的需求，其创意相当巧妙，现在已经沉积在汉语语词中了。

相对而言，与字义的活跃性不同，汉字形体和读音的系统演变是一个持续时间相当长的过程，其中固然有个别汉字的读音和形体在尚无规范化、标准化的久远年代曾经出现过一定程度的变化，产生了数量不等的变体，但是，一方面，这种变化本身表现在不同汉字上的稳定性往往存在很大差异，有些如流星倏忽而过，如某一历史时期在某些地域流传于民间的俗体字，有些则慢慢沉淀下来，形成了现在我们还能看到的异体字等；另一方面，这种变化或者对整个汉字系统的影响微乎其微，或者本身就是依存于系统性演变的前奏，成为系统演变的先头部队。总体上看，汉字的形体和读音在系统层面上的稳定性强于活跃性。

如果把目光从汉字形音义的稳定或活跃转向三者彼此间的互动，那么我们可以观察到，有些时候其中任何一个要素的改变都可以引起其余两个要素的变化。例如，“借”在上古汉语时期本来存在两种读音，一为子夜切，嗟去声，一为资昔切，入声，音积，分别表示借入、借出。而当它的借入、借出意合二为一后，读入声的jì音就停止使用了。红学家俞平伯先生在《说“借”字古今音读与〈牡丹亭·惊梦〉》一文中，曾对该现象做过详细的分析与阐释。再比如“凸”，《唐韵》一为“陀骨切，出貌”，一为“徒結切，高也”，表明该字有两读，前一种读音对应的意义是“突出”，后一种读音对应的意义是“高”。后来表示“高”的意义停用后，后一种读音也随之停用。另外，汉字“立”的甲骨文、金文均为站立的人形，表示站立的意思，后来引申指所占的位置，再后来就产生了一个新的会意兼形声字“位”，经历一番演变与互动后，形音义均有所分工、有所区别的两个汉字就各安其位了。

经过长期的历时演变，汉字形音义三要素相互牵制与协调，在共时状态下的静态对应关系也表现出一定的特殊性和多样性。

汉字形音义三要素之间的相互关系，最根本的表现是，如果脱离具体语境，几乎很少有哪个汉字的形、音、义关系是唯一的、没有歧义的。例如“字”，抛开它的不同字体、书体不论，也暂时忽略有些汉字存在的异体情况和多音情况，这时，我们唯一可以充分肯定的无疑只是它的读音。但是，它表示的是“记录语言的书面符号”，还是“一些人除了名之外的另一个别称”，亦或是“某种记数仪器上的刻度标志”，脱离了具体语境，在绝大多数情况下都不能确定究竟是哪一种意义。再如“间”，孤立地看，它应当读阴平还是去声根本无从确定，更别提表示何种意义了。造成这种状况的原因在于汉语本身的特殊性：字有多音、多义等现象，而多音节词语的多音、多义等现象则相对较少。在数以万计的现代汉语词语中，类似“公差 gōngchāi / gōngchā”“便宜 piányi / biànyí”“琢磨 zhuómó / zuómo”“地道 dìdào / dìdao”等同形异音词不过两百来条，它们在多音节词语中所占的比例，与多音字在汉字中所占的比例相比十分悬殊，差别显著。如此看来，汉字形、音、义三要素的联结既存于字的层面，更离不开词语等语境的限定。

书面语境最主要和最重要的作用就是发挥限制性，使语言符号连通并确定语义，并以此为据，提供确定读音等要素的条件。一旦语境不能提供连通语义的条件和基础，那么，要通过读音等确定一个字的形体，就只有借助其他途径了。比如确定人名地名等用字的时候，常常需要联系其他词语等语境，或者进行字形分析，如“立早章”“文章的章”“双木林”“久旱逢甘霖的霖”等。

当然，在通过语境连通语义过程中，汉字的形体也起了很大作用。我们都知道汉语里存在着大量同音语素，而这些语素所对应的汉字并不相同。正如朱德熙先生在《语法讲义》中所说，“汉字替我们做了分析语素的工作”。不过，汉字对分析语素所起的作用是有限的，因此才会出现只有联系语境才能确定诸如是形容词“多”还是副词“多”，是“书本”的“本”还是“本人、本钱”的“本”等情况。另外，由于多音字的存在，反而需要通过语境和读音线索来分辨同形符号所对应的不同语素。

在汉字能够帮助区分语素这一点上，不能不提到形声字。我们都知道，形声字一般由声符和形符构成，形符也称意符，基本规则是声符表音，形符表意。一般意义上的形声字，读音均与声符相同或相近，例如“葫、猢、湖、蝴、糊（指阳平一读）”，均读作“胡”，意义分别与“艹、犭、氵、虫、米”所表示的意义范畴有关。也就是说，五个汉字借助意符区分了五个同音语素。另一方面，五个汉字的声符也给它们的读音提供了线索。当然，按照训诂学的声训理念与方法，有些汉字由于读音方面相同或相近，彼此间也存在字义相近或交叠等特性，因此也可以以此释彼。例如，“夬，决也”“圜，环（環）也”“乾，健也”等等。这种方法又称“音训”，即所谓“因声求义”，如《同源字典》：“水缺为决，玉缺为玦，器缺为缺，门缺为阙。”

但是，对于形声字的基本规则——声符表音，形符表意，也应当辩证地看待。首先，声符的表音作用由于语音的历史演变等原因，已经大大弱化，就连《说文解字》中解说形声造字法的示例“江、河”在普通话里也几乎难以借助声符来表音了。据统计，目前形声字的声符完全具备表音功能，也就是声符的读音与整字的读音完全一致的形声字，大约只占形声字总体的30%左右，这其中还包括一些多音声符，如“辟（音bì：壁、璧；音pì：僻、譬）、分（音fēn：芬、纷；音fèn：份、忿）”等。

其次，形符表意本来就与声符表音性质不同，声符表音所表示的是相同或近似，而形符表意所表示的只是相近或有关联，形符只是对整字的字义范围提供了大致线索，也可以说给出了一定限制，但是却不足以显示整字的确切含义。如“艹、氵”只是表示包含它们的字大约与“植物”和“水”有关，而像“花、芽、苗”“汗、沥、港”等具体的汉字各自表示什么特定的意思，则是“艹、氵”本身力所不能及的了，只能通过结合字的读音与词语等语境予以确定。

再次，跟声符表音类似，形符表意也由于汉字的历史演变出现了表意效果减弱，以致表意作用完全消失的情况。如会意字“法”和形声字“校”，前者小篆字形为,《说文解字》曰：“灋，刑也。平之如水。从水，廌所以触不直者去之，从去，会意。”其中“廌所以触不直者”指的是“廌”这种传说中的神兽，它具有用角触抵不正直或理曲之人和事，维护公平公正等本领。“校”的小篆字形为，左从“木”，右为交叉双腿之人形，意为木制枷锁类刑具。但是到了现在，“法、校”两个字中的偏旁“氵、木”已经基本看不出它们对字义的提示作用了。

与这种基本属于字义引申发展而导致的形符表意作用减弱以至消失的情形不同，古汉字中还有些形声字，则完全是由于演变过程中有的部件发生了讹变，以致形符失去了表意作用，声符丢掉了表音作用，如第一节提到的“幽”和“造”。再如“重”和“庶”，

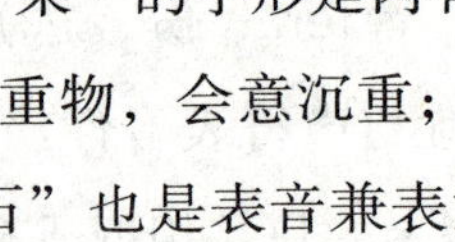
重、庶

前者从“手”从“东（東）”，“東”的字形是内有物品并扎了口的口袋，表音兼表意，整个字形表示手提重物，会意沉重；而后者从“石”从“火”，有人认为是“煮”的本字，“石”也是表音兼表意，意为以石取火。但是，“东”“石”讹变后，两个字均失去了读音线索。因此，这类表音或表意部件讹变了的汉字，在现代汉字中也就不能将其归入形声字或形声兼会意字了。情况类似的还有“省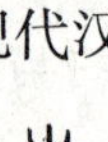”，古文字中上面原本是“生”，为该字的声符，可讹变为“少”之后，完全失去了表音作用。此外，还有字形演变使形符模糊

不清甚至引起误解的情况，如“梳”，乍一看，一般都以为左偏旁是形符，实际右偏旁才是字义的根源，其古文字形像小儿顺产形，表顺畅、通畅或使通顺意。另外像“勇、劲”两个字里面的“力”，也是讹变的结果，只不过误打误撞，貌似有理据，实际上古文字形分别为“戈”和“弓”。

关于形声字，有时还存在着声符或形符以省略形式出现在合体字中的情况，如《说文解字》中经常出现的“某省声”和“从某省”，例如“蹇，跛也，从足，寒省声”“寐，卧也，从（‘寐’中的‘未’换成‘夢’）省，未声”。

从汉字学习角度着眼，声符表音、形符表意对于学习者来说，是随着学习进程和汉字知识的不断积累而逐渐体会和理解的，特别是掌握通过此类线索探求读音和字义的策略更需要相当的过程，初学者一般很难做到。在这方面，心理学等领域的学者们做过很多实验和研究，取得了许多令人感兴趣的研究成果。

除形声字之外，审视现代汉字的多音现象，也可以从另一个侧面感知汉字音义演变过程中的牵制和协同情况。多音字的根源不外乎两种可能：一种是音变引起义转，另一种是义变导致读音分化，总之是演变过程中互相牵制或协同的结果。例如：“相”，金文字形为，从“木”“目”，本义是用眼睛注视、观察树木，即省视、细察，也即“相面”之“相”；后由于用眼观察树木需眼木交接，故引申指一切事物之交互，即“相互”之“相”。“长短”的“长”与此相类，甲骨文形体是，很明显的一个人形，脑后长发飘飘，彰显字的本义；后由于事物变长乃生长之故，随之引申为“生长”之“长”。当然，多音字也不排除造字之初不同读音和意义在字形上的偶合，但这种情况的可能性应该是微乎其微的。

最后谈谈新造字和字义扩展或表意范围扩大的问题。这两个问题看上去关联性不强，其实从某种意义上说实为一个来源的两种表现形式，其根源是：当语言中的某些新的表意需求需要用汉字记录时，如果在不影响汉字表意体系的前提下能够找到适宜的汉字，那么该汉字的表意范围扩大，如传统的假借字、现代的音译或兼意译用字，比如前面提到的“酷、吧、秀”等。如果找不到合适的字，则按照一定原则造新字。无论是古汉字还是现代汉字，新造的字绝大多数为形声字，如在小篆时期就已经产生的“昜（音 yáng，在合体字中简化作“扬”的右偏旁）——扬、杨、疡、炀”等；还有现代汉字中的化学元素或化合物等科技名词用字，如“钚、镭、氰、氡、酞、酚”等。当然，其他造字法也偶有造新字的用例，比如“歪、孬”这类结合语意的会意字，其中“歪”据考证本为民间俗字，《正字通》云：“《說文》竵訓不正，俗合不正二字改作歪。”可见，表示“不正”意思的正字，训诂研究认为是“竵”，只不过后来“歪”的势力太强大，逐渐取代了“竵”的正统地位。

近年来，还有一个特例需引起我们的关注和研究，这就是“〇”的出现。这个符号完全不同于现有汉字的构字法则，显得十分另类，以致目前书面文献中的形体非常不一致，基本处于临时性寻找近似符号替代的状态，而所替代的符号则五花八门，随意性很强，有的圆，有的椭圆，弧度全无统一规范和标准，起笔、止笔、运笔方向亦不固定，而且也无法有理据地把它并入现有的部首，因此工具书中一般都将其归入难字检索。

“〇”本来是作为表示“空位”概念的符号进入汉字系统的，如“二〇一〇年”等，读音上则借用了原本表示“没有数量，畸零、零余”含义的“零”，因为“零”在“壹、贰”这套专门用于财务、账务工作的汉字大写数字体系中也具有表示“空位”的作用，如“贰零壹零年”等。但是，现在“〇”在现实生活中的用法已经渐渐不再局限于“空位”，例如：“服务〇距离”、“购物〇风险”、“性能测试从〇开始。”姑且不论这类用法是否规范，只从系统性角度看，汉字的数字体系有两套：一套是“一二三四五六七八九十”，另一套被称为会计体数目字，据考是武则天钦准，后来明朝开国皇帝朱元璋接受户部尚书开济奏章，为“以防奸胥改窜”之由，令只用于“官私文书”的“壹贰叁肆伍陆柒捌玖拾”。作为数目字的“零”，不论是表示“没有数量”，还是表示“空位”，感觉上就笔画数来说，更加贴近、适合“壹”系列；与此相对，“〇”则更加贴近、适合“一”系列。因此，“〇”以初始的与“零”相同的“空位”义，是否逐渐扩展出与“零”等同的表示数目的其他含义，这是需要时间和实践来证明的。

另一方面，用圆圈“〇”表示“空位”据考来源于古印度数码。因为在印度北方城市瓜廖尔出土的公元876年的一块石碑上，清晰地刻着“270、50”两个数字。据说石碑位于一座花园里，上面刻着宽和长，预备每天供给当地庙宇的花环或花冠数。这是目前有出土文物考证的，人类最早使用圆圈表示数目符号的用例。英国自然史学家李约瑟博士推测，印度文化中的“虚空”概念是产生“0”的思想基础。印度人发明的“0”，并不完全等同于数字间的空位，而是在正数和负数之间的真实存在，也就是“没有数量”。而且更重要的是，依照印度的宗教和文化思想，“0”不是没有，而是真真切切的“有”，即虚空。因为印度文化推崇来世而轻视今生，强调人生的无常和虚空，采用精神上的、虚无的“悟道”，即“有”，来屏弃物质世界对财富的“拥有”，即“无”。我们姑且先搁置这种哲学意义上的思辨迷宫，就“0”最初所表示的“正数和负数之间的真实存在”而言，可以推知，“0”应当具有“没有数量”这种含义，而这种原由是否正是现在汉字中的外来者“〇”由“空位”概念扩展至“没有数量”含义的基础和源头？对此，我们可能还需要做一番更加细致和深入的研究。

除了上面提到的几种新造汉字的情况，在不同场合下还存在着一些根据各种需要而创造的形形色色的“汉字”，如汉朝女皇武则天造的“曌”，还有商家字号的吉祥帖（招财进宝）、民间婚嫁喜事的双喜帖“囍”等，由于它们基本不进入汉字的流通领域，或对汉字系统的影响微乎其微，在此不再赘述。

如上所述，汉字形音义之间的关系错综复杂，远非几条规则就可以厘清头绪，那么，汉字的理想状态是不是应当是一形一音一义呢？或者至少做到一字一义，以增强字义的确定性和唯一性，简化并密切形义的对应关系。这种想法显然是不切实际的，因为如果那样的话，汉字的总量将会达到令人难以想象的庞大程度，而从古至今，汉字的总量始终保持在一定范围内。

第五节　汉字源流与识字教学

汉字的总量有限，而且在某个特定历史时期的流通量，也就是文献中的基本用字量更加有限，这种性质有利于识字。否则，假如汉字一形一音一义，如果要掌握能够满足日常交际需求数量的汉字，恐怕就不是一般人所能够做到的了，大概需要超人一般的智慧和神力，拥有超大的记忆空间和超快的大脑运算速度。

与这种想象中的生字海洋相比，虽然有人认为汉字难认、难记、难写，总之就是难学，但是，我们还是应当庆幸，绝大多数人需要学习和掌握的不过三、四千汉字而已。而且，从我们祖先创造汉字起，形音义方面的诸多线索就已经为后人识字提供了学习和识记的基础及有利条件。

现代识字教学，基本都是以楷定以后的汉字为标准，内地和台港澳小学阶段的识字、写字教学都是以汉字的楷体做为教学用字。显然，汉字的现代字形、读音和字义是识字教学固有的内容范围。那么，从甲骨文一直到现代汉字，汉字的源流对于识字教学而言，究竟具有哪些作用呢？下面，就让我们从几个主要方面来探究。

先来看这样几个汉字“口、门、山、木、网”，它们的甲骨文、金文形体分别为

通过观察不难发现，这几个现代汉字与它们的古文字源头，在形体上完全是一脉相承的，从古至今，其轮廓与主体框架变化不大。因此，对此类汉字，识字教学中完全可以借助其形体特征，追本溯源，由形及意。当然，需要注意的是对字的本义的准确把握，比如“木”的本义为“树木”之“木”，而并非“木材”之“木”，后者是“木”的引申义。

很显然，上述根据字形传承近似性特征因形索义的方法是针对某些象形字而言的。这类汉字正如前文所说，一般均为独体字，且数量有限。下面再来看几个指事字“上、下、甘、丹、本、末、元”。它们在甲骨文、金文中的形体分别为

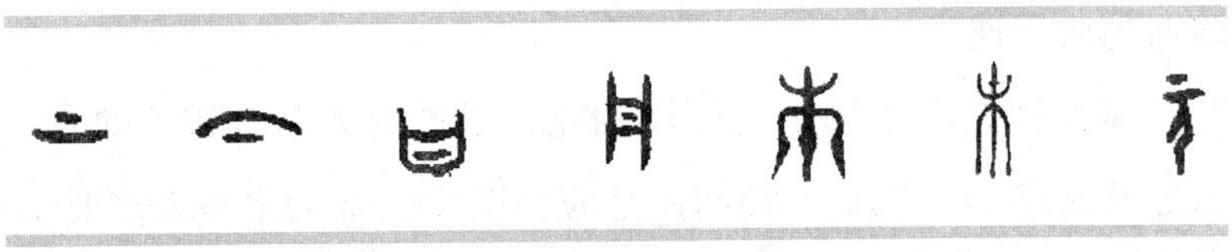

这些汉字的现代形体，与它们的古文字源头同样比较接近，也可以按照由形及意的方法进行分析讲授。其中“上、下”的横笔画均可以解释为参照物一类的界线，其余部分起指示符号的作用，表示与参照物是哪种相对位置。“甘”的外框则是人嘴形，内部的指示符号有说代表食物的，也有认为是指舌头的，但对于它表示“味道甘甜”的含义并无异议。“丹、本、末、元”的主体框架则分别是井形、树木形和人形，其指示符号分别表示丹砂、树的根部、树梢和人的头部。“丹”由丹砂本身的红色特性引申表示红色，如“一片丹心”等；“本、末”则由树木推及其他，引申指诸事的根本和末端，如“基本、原本”“岁末、神经末梢”等；“元”由表示人的头部的本义，引申表示为首的，如“元首、元帅”等，随后再引申指首先的、初始的，如“元月、元旦”等。对于这些指事字，借助字源明晰字义都是比较直观有效的识字途径，如果使用得当，和上面提到的某些象形字一样，在独体字教学

中都能起到事半功倍的作用，而且有助于学生掌握和记忆字形特征。当然，这类字于汉字总体而言只是一小部分，但它们往往出现在识字教学的开始阶段，而且对后面的合体字教学会产生深刻的影响和作用，其重要性是不言而喻的。

按照上述方法审视现代汉字中的独体字，有两个字很有意思，它们就是“凹”和“凸”。这是两个产生年代比较晚的字，根据目前文物出土及考古情况，甲骨文、金文中均不见它们的踪影，《说文解字》亦未收录，看上去像是汉代以后才产生的字。另外，目前对此二字的定性也存在不同意见，一曰指事字，一曰象形字。这两种意见实际上都有道理，也都不全面。言指事者，看到的是这两个字均不是画具体的物，而是用线条模拟一种带有普遍性的事物表征，故而无所谓随“体”诘诎；而言象形者，目力所及唯不见指示符号，因为字形本身无物可依，无物可参照，所以也就无从标示。由此看来，两个字无论归入哪一类都不具备充分条件。但是，此二字也并无充足的理由能够确定无误地归入其他造字法。因此，可以折中地将它们看作是后人创造时融合了两种造字法则，而更重要的是应当思考如何利用它们形体上的特点，通过直观形象地讲解，让学生能够更有效、更准确地把握它们的意思。

本章第一节曾提到，有些独体字出现在合体字的不同位置时，其形体往往会发生变化，而且变形之后也就不能独立成字了，如“刀”在合体字中充当上偏旁和右偏旁时变成“⺈、刂”等。另外，我们也提到过现代汉字的大部分偏旁，虽然现在都不能独立成字了，但是它们在古汉字中，除了作偏旁，同时也是作为独立的字存在的，如“宀（音 miǎn，表示屋宇）”。这些现代汉字中已经不能单独成字的偏旁，由于在古汉字中既能够作偏旁，也能够独立成字，因此它们都具有特定的含义，而这些含义如果能够结合其形体加以辨析，就像刚刚提到的由象形字演变而来的独体字，那么，其教学效果无疑也是令人期待的。例如：宀，表示屋宇，其古文字形体为，因此“宫、室、宅、穴”等均与屋宇有关，其中“穴”与屋宇有关，盖古人先学会筑穴居住，后才学会建宫室。厂（音hǎn），其金文形体为，本义指山崖，后由于先民常于山崖筑洞穴居住，故引申指用作居住等的建筑，因此，“厅、厦、厢、厨、厕、厩”等皆与建筑有关，而“崖（古亦作“厓”）、厄、危（古亦作“产”）”等则皆与山崖有关。其中“厄、危”的古文字形体分别为

厄、危

前者表示人困于山崖之下，寓意困厄；而后者以人立于山崖之上，表示高，如唐李白《夜宿山寺》：“危楼高百尺，手可摘星辰。”后引申指危险和不安，如“临危不惧、人人自危”等。

这种据形索义的方法，实际上可以涵盖现代汉字的不少偏旁。比如“艹（艸，草初生貌）、彡（音shān，须毛和画饰的花纹）、隹（短尾鸟的总称）”，等等。由形体追索到这些偏旁的本来含义，对于理解诸如“彩、彪、形、彰”、“雌、雄、雏、集”等合体字的意义可以起到非常明显的辅助作用。

需要注意的是，根据偏旁据形索义的方法本身也并不是万能的，其中的原因很复杂，有因为同形偏旁本来从源头上就表示不同意思的，如“彡”在“彭”中，原本代表的就是击鼓的声音，而不是表示“花纹”；也有由于字形演变，导致原本来源不同的偏旁到现代汉字碰巧同形了的，比如“冠”和“军”，其中的“冖（音mì）”在“冠”中确实是从古沿革至今，原本就通“幂”，表示覆盖；但是“军”中的“冖”却是讹变的产物了，原本应当是“勹（音bāo）”，古同“包”，本义是动词性的包裹，因此，“军”为会意字，初始意思是用战车围成的营垒，后来引申指军队和军队的建制单位等。

可见，在识字教学中使用借助偏旁形体含义触及字义的方法也要因字而异，的确需要下一番案头工夫。

从另一方面看，在教学中追溯偏旁的字源，有时不仅可以帮助学生理解合体字的意思，还可以帮助学生区分形近偏旁，减少错识误用。例如“攵（反文）”和“夂（折文）”、“卩”和“阝（在右）”的区分：“攵”古同“攴”，读pū，本义为以手持物扑打，故有合体字“攻、教”等；而“夂”读zhǐ，本义是从后而至，与“攵”音义皆不同。“卩”音jié，古同“节”；而“阝（在右）”读yì，本字就是“邑”，表示封地、居住地等，因此，合体字“郑、邓、邵、邱、邢”等均为地名用字，随后再由地名衍生作某封地或居住地疆域内居住者的姓氏。

除了来源于象形字、指事字的独体字可以借助追寻字形本源的方法明晰字义，其他造字法传承下来的合体字，其实也可以采用同样方法帮助学习者提高识字效率。

先来看几个会意字“化、北、比、肖”。它们的甲骨文、金文形体分别为

化、北、比、肖

“化”的形体是一个站立的人和一个倒立的人，表示变化的极致莫过于颠倒；“北”的形体是背靠背站立的两个人，表示相背，是“背离”之“背”的初文，如“败北、三战皆北”并不是说打了败仗向北面逃跑，而是向与战场相反、相背离的方向溃败；“比”为两个同方向站立的人，表示靠近、并列，如“比肩”，后引申为比较；“肖”的形体寓意血肉流传，表示因血脉承继而相似，如“肖像”就是近似实物之画像，“不肖子孙”指的是没有继承祖辈（优良之处）的后代，故与其祖上不相若，也就是通常意义上家门不幸所出

的辱没家风的逆子。

由会意方法产生的合体字，有些在现代汉字中只要通过讲授结字方式，就可以让学生明了字的含义，如“从、休、采、明、林”等，在理解各部件含义的基础上，稍加引导与点拨，学生即可掌握整字的意思。对于这种情况，就无需一定借助字形溯源的方法去明晰字义了。

再来看一些形声字的例子：第一组，“决、缺、玦”；第二组，“调、碉、凋、雕”。这两组字共同的特征是从现代汉字的形体及读音看，其中的声符“夬（音guài）”和“周”都已经失去了表音作用；不同之处是造成这种现象的原因不尽相同。“夬”不表音主要是语音演变所致。识字教学中针对第一组字更应当关注的是字与字之间的因声求义现象，即第四节提到的“水缺为决，玉缺为玦，器缺为缺”，也就是让学生理解这些字之间因读音字形近似，故意义方面也有所关联。“周”的不表音不完全是语音演变所致，另外还涉及到字义引申后与读音的互动。“周”的甲骨文形体为，金文除了延续甲骨文的形体外，还产生出一种增加了指示性符号的形体。这就给后世解释该字留下了隐患，如《说文解字》：“密也，从用口。”实际上这是《说文解字》时代由于文献资料占有不完备所出现的失误。从该字的甲骨文形体看，它与“用”和“口”完全不沾边，其本义当为在玉石一类的器料上雕刻花纹等，应是“雕刻”的“雕”之初文，后由于雕刻花纹的绵密性，故引申表示周密等。按照这样的分析，第二组字之所以为形声字，与“周”最初的本义及读音均有关。当然，关于第二组字，识字教学中应当告诉学生的知识主要是有些形声字在现代汉字中失去表音作用，其原因主要是语音演变所致，因此，读字读半边的方法及习惯一定要适度使用，不可想当然。

下面再说说识字教学中如何处理与假借、转注有关的问题。先看几个词语“介虫、耿介”“洒扫庭除”“夸父逐日”“考妣延年”。“介”现在的常用意义主要是“在两者之间，介绍”等，如“中介、简介”等。实际上这些意义都是“介”的假借义，而该字的本义是“铠甲”一类的戎装，甲骨文形体为，表示兵士所披之甲。由铠甲的坚硬特性，再引申指人的耿直、正直。故“介虫”即长有硬壳之虫，“耿介”表示人的正直、不流俗。“除”也是同样的情形，现在更常用的意思是假借义“去掉”或“数学中的一种运算方法”等，而它的本义“台阶”却不太常用了。实际上该字的左偏旁“阝”的字源就是“阜”，甲骨文形体像山崖边的石磴形，本义指地势有升降的土山，因此，“除”原本是从“阜”，“余”声，表示宫殿等建筑台阶的形声字，故有“洒扫庭除”之说。

“夸父逐日”是我国传统的神话故事，读过故事的人都知道其中的“逐日”就是“追赶太阳”，而并非“每日、一天天”之意。但是，同时还知道“逐”和“追”是互训字，也就是属于转注的人，恐怕就不多了。《说文解字》云“逐，追也”“追，逐也”，释义简洁准确。然而从这两个字的甲骨文形体看，二者均为会意字。“追”从“弓”从“止（趾）”，表示持弓追赶；“逐”从“豕”从“止（趾）”，表示追赶野猪。后来到金文中，两个字的形体又都增加了“彳”，并和“止（趾）”一起合为“辵（辶）”，表示行动，倒也符合字的原意。

“考妣延年”表示的是儿女希望父母长寿的美好愿望，“考”在这里的意思是指已经离世的先父。同样表示这个意思的“考”现在更常见的词语是“如丧考妣”，当然这个词语的意思可就带着贬义色彩了。此外，在一些陵园的墓碑上也常常可以见到“显考”“先考”这样的字眼，这些“考”同样都是指已经离世的先父。《说文解字》释“考”曰：“考，老也。”正是用属于转注的方法明确了该字的含义。从第三节呈现的“考、老”的甲骨文形体看，两个字均为老者拄杖之形，本义即指年长者，后来“考”又引申指已故父亲，“老”则引申指双亲，如“家中二老年已古稀”。可见，用追溯字的本义这种方法，对于字义的表达有时更清楚。

假借与转注两种方法常常在语言演变过程中导致汉字原始意义的模糊，有些时候甚至使字的本义越来越罕用直至消失或停用，但是，除了本义消失或考据不足的情况，如“豆、乙、九”等，现在罕用或停用的字的本义却往往通过某些词语留存下来，从而成为识字教学中的一个难点，很容易引起理解困难甚至错误使用。例如，“邪”从字形上看，右偏旁为“邑”，显然其本义与地名有关，《说文解字》：“琅邪郡。从邑牙聲。”可见确实是地名用字，而且读若“牙”。但是，该字现在更常用的是假借义“不正”，并且读xié，只是在关系到古地名用字时保留了读音yá，现在山东、安徽境内还都有“琅邪山”。再如“荤”，字形从“艹”，显然与植物有关，本义指有辛辣味道的蔬菜，但是其假借义“肉类菜肴”现在却居绝对优势地位，本义只保留在佛教、道教信徒的某些戒律中，如“五荤”，佛教指大蒜、小蒜、兴渠、慈葱、茖葱等五种，道家则指韭、蒜、芸台、胡荽、薤等五种。还有“熊”，其下四点，显然属火部，本义是“熊熊烈火”之“熊”，可是由于哺乳动物熊的本字“能”引申表示“贤能”后，结果就被借而表示这种动物了，并且假借义压过了字的本义。可见，对于某些假借义占主导地位，而本义还留存于个别词语中的汉字，如果借助追溯本源的方法，有时更有利于学生理解和掌握。

总而言之，从识字教学角度探究汉字源流，不仅是增长知识的需要，也更能满足某些汉字具体教学过程的需求，有助于提高教学的效果与效率，帮助学生更好地理解和使用祖先留给我们的灿烂文化遗产——汉字。当然，汉字本身的各项要素也都蕴含着十分丰富的文化内涵，这些正是下一章将要探讨的主要内容。

第二章

汉字、汉语中的文化

第一节　汉字字形蕴含的文化要素

汉字从甲骨文到现代汉字，字形方面发生了很大变化。这些变化既有系统性的一面，也有零散的个别情况。然而，无论形体如何变化，汉字作为记录汉语的书面符号，它除了承载语义，同时也必然承载着民族文化的内涵，带有传统文化的烙印。透过汉字形体演变中的表层现象，追溯、审视汉字字形与传统文化的关系，这不仅是文字学以及汉字文化研究领域的重要课题，也关乎民族认同与文化传承，同时对识字教学也具有非常重要的作用。

先来看一组字“红、绿、绯、绀、绛、紫、素”。这组字有两个明显的共同特点，一是最初的字义以及现在的主要意思都表示颜色；二是都包含了同一种偏旁“纟（糸，音mì）”。我们知道，“纟”与“丝”有关，由其构成的合体字也大都与纺织工具、丝织品、纺织技艺等相关。那么，表示颜色的“糸”部字，显然其最初的意义来自丝织品，也就是说它们的本义都是指某种颜色的丝织物。而且据研究，东汉许慎的《说文解字》中，“糸”部表示颜色的字有五十多个。这就意味着，在这些汉字产生的遥远古代，我们的祖先不仅创造了精湛的纺丝技术，而且还摸索出丰富的丝织物染色工艺，因此，才开辟了横跨欧亚大陆、推动社会经济发展的举世闻名的丝绸之路。

按照同样的方法，我们从汉字偏旁中，可以非常直接地探知古代文化在汉字字形上的积淀。

首先是古人的分类意识和分类观念。以“木”和“艹”为例，这两个偏旁都与植物相关，但是按照茎杆所含木质成分的多寡，二者又有显著的差别。由“木”构成的合体字大多指乔木、灌木一类木本植物或与木本植物相关的事物，例如“杨、柳、杏、桃、枝、株”等；而由“艹”构成的合体字则大都指草本植物或与草本植物相关的事物，例如“芝、艾、芦、芹、芒、苗”等。这种以偏旁表示分类或种属观念的方法在汉字大家庭中比比皆是。因此，有学者提出，与某类事物相关的汉字偏旁应当看作是合体字的“形素”。

以偏旁对汉字进行分类的鼻祖应当是东汉文字学大家许慎，其文字学巨著《说文解字》首开对汉字依形分类的先河。这部经典以540部统辖9353个汉字，即“分别部居，不相杂厕”。例如，在《说文》中，与先民居住场所相关的汉字就被划分归并成若干部目，如“厂（hàn）、广（yǎn）、宀（miǎn）”等。如果把这三种部目看作三个构字偏旁，这三种偏旁所对应的独体字，《说文解字》的释义分别是：

厂，山石之厓岩，人可居。象形。

广，因广爲屋，像对刺高屋之形。（清代段玉裁《说文解字注》：“厂各本作广。误。今正。”“刺各本作剌。今正。读七亦切。谓对面高屋森耸上刺也。”清代王筠《说文句读》：“对刺似是连绵字，即形容高屋之词。”）

宀，交覆深屋也。象形。

可见，虽然都与古人居所有关，但是上述三种偏旁具体所指仍然存在着某些差异，各有其自身的特殊性，因此在自成小类的同时也表现出先民在居所方面的某些变迁，正如《周易·系辞下》所言：“上古穴居而野处，后世圣人易之以宫室，上栋下宇，以待风雨。”由此，我们得知，古人最初的居所就是天然的山崖边，即“厂”；后来在此基础上又增加了人工遮蔽物，如树枝编的篱笆等，遮风挡雨、躲避野兽侵扰的功能进一步加强，也就是“广”；最后则发展到平地起房屋，四面筑墙，上面覆顶，即“宀”。所以，现在由这三个偏旁构成的汉字，还有很多与房屋建筑有关，例如“厅、厦、厨、府、库、庙、宅、宫、室”等等。

除了反映古人的分类意识，某些偏旁还比较清晰地反映出古代的物质文化和社会形态等。以《说文解字》为例，其所列540部，各部在辖字数量上相当悬殊，多的辖字数百，少的却只有部目本身一个。这种现象除了表明不同偏旁在构字能力方面存在着显著差异，以及《说文解字》某些部目规定的合理性还存在着可供商榷的余地之外，如果单就一些辖字数量较多的部目仔细考察，我们也不难发现，这些偏旁的所指大都与古代社会人们的日常生活密切相关。例如，与人体及其行为有关的“目、齿、言”等，与衣食住行以及生活环境相关的“衣、肉、宀、车、水、马、鱼、木、阝（邑）”等。前者表明，古人对自身的认识越来越深入，用语言文字表示这些认识的形式越来越丰富，如“看、睹、瞥、睨、瞟、睇、瞫、睎、眙”等，它们细致地描摹出视觉行为的多种状态。后者则显示出古代社会丰富的物质文化和基本的社会形态等，例如，“袍、袄、衫、衾、亵、袂、裾、衽、褛、祛”等就对应了不同形貌和制式的衣服及配饰，而“都、郡、邻、郝、郑、邯、郈、邛、部、鄞”等则表现了奴隶社会和封建时代的封地制度。

在考察《说文解字》540部辖字情况的同时，如果再由此上溯至甲骨文、金文时期，我们还会发现，有些偏旁的构字能力的历时变化十分显著。例如，《说文解字》“玉”部辖字125个，“车”部辖字98个，而根据目前的考古发现，大型文献《甲骨文编》“玉”部“车”部各辖一字。对于这种同一偏旁辖字数量“飞跃”的情形，排除目前考古发现的不完全性，同时再假设甲骨文时期和《说文解字》产生年代之间，文字的发展并不独立于社会发展之外，那么，我们就有理由相信，“玉”“车”两部辖字数量的变化，反映的也是我国古代从商周时期到东汉时期数千年的社会历史变迁。

我们都知道，玉在中华文化中具有举足轻重的地位。据考证，玉在我国的历史可以上溯至大约公元前6200年的兴隆洼遗址，距今已经八千多年。特别在封建时代，玉制品是一种非常重要的礼器，《周礼·春官·大宗伯》载：“以玉作六瑞，以等邦国：王执镇圭，公执恒圭，侯执信圭，伯执躬圭，子执谷璧，男执蒲璧。”“以玉作六器，以礼天、地、四方：以苍璧礼天，以黄琮礼地，以青圭礼东方，以赤璋礼南方，以白琥礼西方，以玄璜礼北方。”可见，在封建时代，玉往往是一种等级身份的象征。玉制品也常常“飞入寻常百姓家”，成为家庭和个人的器物与饰物等。历朝历代的圣贤智者、文人墨客还先后赋予了玉许多“德”，如管仲主张的玉之“九德”，孔子在师生问答中向弟子阐述的玉的“十一德”等等。到了现代社会，大多数玉部汉字虽然已经弱化了其本身所指，但是从汉族人起名的某些习惯中，如“琪、琦、瑜、璧、玮、玢、玟、珏、瑛、琳、琛、璋、瓒、璐”等往往成为常见的人名用字，民众崇尚玉的心理与传统仍然能够一窥端倪。

车的情况与上述情形相类，它的主要作用一为乘辇，一为征战工具。车部字的数量增加，一是表明为了满足封建统治者的出行需要和显示身份的需要，乘辇的制式更趋繁复，制车工艺也更加精湛，比如“轩、辑、舆、轼、辎、轸、辖”这些表示车的不同形制或不同部件的字；二是表明车的征战作用更加突出，因此反映出我国古代诸侯割据时期战事频仍、作战工具更加发达的社会状况，比如“军、辈、輣、軘”这些表示军队和战车的字。

在表示现实社会生活的同时，有些偏旁或偏旁的组合还反映出古人对客观世界的认知及价值观等。例如，汉字里有一种“品”字结构类型，像“众、鑫、森、淼、焱、磊”等，它们的基本意思都是比原偏旁所指更多、更广、程度更高等。这种叠加偏旁的构字方式巧妙地通过字形表示出多、广等含义，同时也反映了古人认识客观世界的智慧。

再以“心”部字为例。汉字中有相当数量表示思维认知活动的字都属心部，比如“思、想、念、感、惊、忧、忖、悦”等。因为在我国古代，人们认为“心”是掌管思维的器官，例如《孟子·告子》：“心之官则思，思之则得，不思则不得也。”这种主张和认识绝不是孟子一人之见、一家之言，而是古代社会人们的普遍共识。我们从古代哲学、文学、医学等各领域的文献典籍中，都不难找到相同的说法。可见“心”在古人心目中的地位是何等重要。

虽然这种传统认识不符合科学原理，但我们现在还能从方方面面感受到这种意识的痕迹。比如说，除了这些心部汉字之外，我们汉语里面还存在着许多本来应该与大脑中枢有关，但是却积非成是的词语与说法，例如“心思、心算、心愿、费心、用心、专心、心里想、把心放宽”等等，甚至连研究大脑机制和思维活动的一门现代科学，也叫做“心理学”。

围绕思维器官问题，清朝康熙年间，还曾发生过一桩焚书“公案”。当时一位名叫南怀仁的比利时来华传教士，他本来深得康熙皇帝赏识，是玄烨本人的科学老师，而且已经官居工部侍郎，正二品。但是，就是这样一位盛极一时的外族显臣，却因为编著了一本《穷理学》而受到冲击。按照清人董含《三冈识略》记载：“有钦天监南怀仁者，上所著《穷理学》一书，其言以灵魂为性，谓一切知识记忆，不在于心而在头脑之内。语既不经，旨极刺谬，命立焚之。”可见，再得宠的人物，一旦触及传统意识，也难逃统治者的责罚。不过，比起在《中质秘书》等著作中提出同样主张的湖广气功师朱公旦来说，南怀仁的运气够好了，因为后者可是遭到了砍头的死罪，虽然他还曾给皇亲国戚以及一干当朝重臣治过病。

与“心”相关的，还可以再提到一个字——“惠”。“惠”是上下结构，上面是繁体字“專”（现在的规范字为“专”）的省略，下面是“心”，合在一起的意思是“专心为惠”。也就是说古人认为一个人专心、专注于事，就是“惠”，圣人、君主专心于事，是恩惠；普通人专心于事，则为贤惠。由此可见古人评判贤良的价值观。

而“圣人”的“圣”，其字形同样反映了古人的世界观。因为，“圣”在金文里的字形是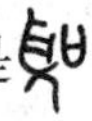，既包含左上的耳朵“耳”，也包含右上的嘴巴“口”。显然，古人心目中的圣贤之人，应该是既善于倾听，也善于发表自己见解的人，二者缺一不可。

“孝”的字形也有类似作用，它的金文字形是，其中很清楚地反映出古人认为孝顺就是“晚辈扶持、服侍长辈”这样的意思。

除了价值观，有些汉字的形体中，还蕴藏着古代社会制度以及风俗习惯等信息。例如“取、民、臣”，它们的甲骨文字形分别是：

取、民、臣

“取”表示用手抓取耳朵，“民”表示用箭刺眼睛，“臣”表示俯首低头并向上仰视。它们的意思都与奴隶社会部落征战、掳掠战俘并逼而为奴有关。首先，征战中抓到战俘之后，要割掉战俘的耳朵并刺瞎一只眼睛，从而打上印记，使之便于管理和奴役。其次，要用淫威使战俘屈而为奴，俯首帖耳，仰视主人。这些都是奴隶社会的显著特征。

与“取”相关的还有一个“娶”字。当然这个字并不是割取耳朵了，否则新娘子刚过门就得成为残疾。这个字实际表达的是古代的抢婚习俗，意思是通过抢的方式得到女性配偶。而“婚”字恰好进一步诠释了这种风俗。它的意思是黄昏的时候成亲，隐含的信息就是黄昏时日光不明，便于实施抢亲行动。

另外，由于大多数汉字都是合体字，一般都由两个以上独立的偏旁构成，所以，我们的文化传统里还存在着一种非常有趣的拆字现象，例如传统的灯谜常常就有拆字、组字游戏，像谜面“给一半，留一半”猜“细”，“明月当空人尽仰”猜“昂”，等等。这种方法有时候还会用来隐藏写作者的真实意图，从而增加阅读的意趣，例如东汉才女蔡文姬的父亲蔡邕，就曾经因为欣赏《曹娥碑》的碑文，在石碑的后面题写“黄绢幼妇，外孙齑臼”，意指“绝妙好辞”。因为，黄绢可以理解为有颜色的丝，即“绝”；幼妇就是少女，合而成“妙”；外孙是女儿之子，可构成“好”；齑臼是盛装辛辣之物的容器，也可以解释成“受辛”，而言辞之“辞”恰好存在一种异体字形“辤”，就是由“受”和“辛”构成。

当然，隐藏真意的方法，有时候也不一定是为了增加阅读意趣，而是为了保全自身所采取的一种不得已而为之的策略。例如据传说，唐朝武则天当政时，忠于李唐的大臣裴炎等密谋造反，因此他写了“青鹅”二字给徐敬业等，结果事发被治罪。事后，武则天解释说“青鹅”隐藏的意思是“十二月，我自与也”，证明他们十二月的时候密谋起事。这是因为繁体字“鳥”可以拆成“自与”。但这个故事也只是传说而已，因为按照当时的汉字系统，“与”的字形当为“與”，所以，“鸟”字根本不可能拆出这个字。

最后，我们再来看一下书法作品或汉字书写过程中，一些字形变化现象的寓意。下面是清代大学士纪昀题孔府大门两旁楹联“与国咸休安富尊荣公府第，同天并老文章道德圣人家”中的“富”和“章”两个字。

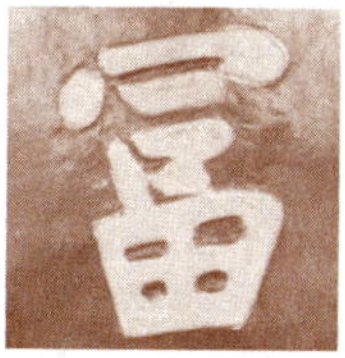

这两个字的共同特点是都写错了，“富”漏掉了上面一点，“章”下面的一竖贯通了上边的“日”。难道堂堂的纪晓岚大学士真的不知道这两个字怎么写吗？那他老人家这个“大学士”的名号真是浪得虚名了。其实不然，这完全是纪大学士故意卖的关子，因为，这种字形上的变化隐含着书写者在表达文化感悟方面的深刻寓意：他想要表达孔府的富贵没有顶，没有限制，没有尽头，而孔夫子的文章则世所罕有，因此可以上达天庭，与日月同辉。

与此有异曲同工之妙的还有，古代读书人遇到书写孔夫子名讳“孔丘”的时候，有时候常常为了避讳而故意漏掉个别笔画，例如把“丘”字右边的短竖省略等。这种避尊者讳的方法在古代一些书面作品中经常可以见到。

另外，书法作品中一些字形变化现象，有时候也是出于美观的需要，比如一幅作品中如果多次出现同一个汉字，那么，其中就很可能出现笔画增减现象，例如“德”字少了“心”字上面的横；“明”的左边写成了“目”等。

由此可见，在简简单单的汉字形体中，凝结着中华文化的传统与精粹。中国古代的社会形态、经济生活和人们的观念意识等，无一不在汉字的形体中留下不朽的印记。

第二节　汉字音、义蕴含的文化要素

汉字字形中蕴含着丰富的中华文化要素，这一点我们从上一节管中窥豹式的探讨中，已经有所了解。而实际上，除了字形之外，汉字的读音与意义同样蕴含着深厚的中华文化底蕴，我们在这里只能花海撷英，择其要者略做探讨。

汉字的读音存在着一种十分独特的现象，这就是同一个汉字，由于地域的不同，同时存在着若干种读音。形成这种现象的根本原因在于，由于山川阻隔，交通不便和人口迁移，汉语在历史上形成了许多种地域方言，也就是我们平常所说的地方话，比如北京话、四川话、广东话、上海话、陕西话，等等。而记录汉语的汉字，在这些地方话中都有当地的读音，因此就形成了一些汉字在不同地区读音不同的局面。

这种情形，一方面造成了汉字读音不统一的情况；另一方面，也使得不同地域之间，虽然人们的口语交流会发生某些阻碍，但如果使用汉字进行书面交流，却几乎没有任何障碍，因为在任何地区，同一个汉字的意义基本上都保持一致。这也就是绝大多数人所认同的“汉字具有一定的跨地域性”。

与此同时，从古至今，启蒙教育大都采用通用语言，也就是古代所谓的“雅言、官话”等标准语，现在我们把这种通用的标准语叫做“普通话”。另外，古代任用官员也曾经提出过通用语言能力的要求，例如据《清实录》记载，在清代兴起的“官话运动”中，雍正就曾经发布圣谕称：“凡官员有莅民之责，其语言必使人人共晓，然后可以通达民情，熟悉地方事宜，而办理无误。”

由此可见，从古至今，我们的基础教育、正式场合的言语交际等，基本上都有使用通用标准语的要求与需求。那么，我们就以标准语为例，了解一下汉字在读音方面所蕴含的传统文化要素。

首先，我们在查阅古代某些工具书的时候，常常会发现解释字义所使用的字词，与被解释字词之间存在着读音相近的情况，比如“天，巅也”“愤，懑也”“玉缺为玦，水缺为决，器缺为缺，门缺为阙”，等等。这种情况，表明在我们汉语里，存在着读音与字义相通的现象。也就是说，一些读音相同或相近的汉字，它们在意思上具有某种程度的一致性，比如“缺、决、玦、阙”等字都含有“不完整、有缺口”这样的意思。许多人注意到了这种现象，并开始探究其背后的规律，由此逐渐形成了一门专业的学问——训诂学。训诂学家专注于根据汉字的读音考据它们的意义，例如东汉时期著名文字学家刘熙，他整理、编纂的工具书《释名》就是这个领域的翘楚。

其次，考察某些读音相同或相近汉字的意义，有时候还能从中发现古代社会的变迁与发展。请看这几组字：“禽—擒，兽—狩—畜，羊—养。”这三组字有一个共同特点，每组字的第一个都表示动物，而第二或第三个字则表示与该动物有关的、人的某种行为动作。而恰恰是这些表示行为动作的字，反映了古代社会人与动物之间关系的某些变化，也可以说是古人生活方式的某种变化。比如“禽”和“擒”、“兽”和“狩”，它们反映的是古人为了生存而猎取动物，也就是古代的田猎文化；而“狩”和“畜”、“羊”和“养”则反映出在田猎的基础上，古人逐渐学会了饲养动物为自己所用，或当作畜力役使，或作为食物来源。当然，由于古代社会祭祀活动兴盛，以及不同部落、诸侯国之间频繁的攻伐征战等，一些牲畜也是主要的祭品或战争工具。

按照《左传·成公十三年》的记载：“国之大事，在祀与戎。”可见，祭祀与征战是古代部落与诸侯国的主旋律。而关于祭祀，据成书于两汉时期的《大戴礼记》，“诸侯之祭，牲牛，曰太牢；大夫之祭，牲羊，曰少牢；士之祭，牲特豕，曰馈食”，可以看出，祭祀时不仅要进献祭品，而且不同等级的祭祀者，所供奉的祭品还存在着不同的礼制规定。

在古代，诸侯征战中使用畜力就更普遍了。例如根据《前汉书》《史记·匈奴列传》等史书记载，公元前200年前后，汉高祖刘邦曾率大军与冒顿（读若"默读"）单于率领的匈奴兵马在今天的山西境内发生激战，结果刘邦因为轻敌，中了诱敌深入之计，被匈奴铁骑围困在平城（即今"大同"）东部的白登山。而四下包围刘邦的骑兵，整齐严明，如史书所说："匈奴骑，其西方尽白马，东方尽青駹（读若"忙"）马，北方尽乌骊马，南方尽骍马。"这是多么符合阴阳五行所说四方之色的一幅战马阵图：西方白，东方青，北方黑，南方红。

此外，第一章第二节提到的同源字

史、事、吏

等，也充分反映出数千年前我们祖先的田猎活动。而司马迁《史记》所记载的"昔伯翳为舜主畜，畜多息，故有土，赐姓嬴。今其后世亦为朕息马，朕其分土为附庸"则反映了大禹原本禅让首领之位的"伯益（即"伯翳"）"为舜帝畜养牲畜的史实，而且也提到了伯益的后代，秦非子继承祖业，继续为周孝王牧马并获封地的信息。这些史料，充分说明远至三皇五帝时代，我们的祖先就已经学会了畜养牲畜的本领。

再者，从古至今，由于同音、近音字的作用，我们的语言文化中也一直存在着一种谐音文化现象。这种现象或者成为诗文韵脚的源头，或者为民间习用语所用，或者被当作吉利话、禁忌语的一种有效手段。

从《诗经》开始，"关关雎鸠，在河之洲。窈窕淑女，君子好逑"，诗文押韵便成为中国传统文学的一种独特形式。历朝历代，特别是魏晋、盛唐和宋朝，骈文、诗词等数不胜数的经典美文代代传诵，丰厚的文化底蕴滋养着我们华夏民族愈加优雅、更趋文明。而脱胎于传统诗文和音乐的元曲，更是形成了中华传统文学形式的又一朵奇葩。另外，与律诗、绝句关系紧密的对联，也是春节时一道亮丽的风景线。

与此同时，一些经典诗文还借谐音巧妙地表达字面背后的含义，例如唐代诗人刘禹锡《竹枝词》系列中著名的诗句："东边日出西边雨，道是无晴（情）却有晴（情）。" 此外，民间的谐音习用语也是不胜枚举，类似"外甥打灯笼——照旧（舅）""小葱拌豆腐——一清（青）二白""孔夫子搬家——尽是输（书）"等等，已经成为大家耳熟能详的口头禅。

还有，在某些时候或某些场合下，人们将谐音作为一种委婉表达意思的手段。例如据传说，三国时期东吴名将吕蒙，落难时曾撰写一副对联："二三四五,六七八九。" 联中由上联缺"一"，下联少"十"，利用谐音意指"缺衣少食"的窘境。而这种委婉，不仅仅只是用于表达较为消极的意思，有时候说吉利话也采用这种方式。例如民间有一则关于宋代大文豪苏东坡与其至交佛印禅师的趣闻逸事。有一天苏东坡拜访佛印的时候，看出了佛印藏在磬下的鲜鱼，因此故意给出了"向阳人家春常在"这句上联，请佛印对出下句，佛印吟出"积善人家庆（磬）有余（鱼）"这句下联后，即知东坡意指他故意藏在磬下之鱼，于是两位老友相对大笑，烹鱼斟酒，好不快活，也给后世留下一段美谈。

当然，上述这种方法也早已成为汉语表达中增强意趣或者避讳的一种有效途径。比如商家字号、商品名称等，就常常利用谐音表示一定的寓意，像我们都比较熟悉的"内联升"鞋店，其中的"联"即是谐音"连"，寓意是穿上这家鞋店的鞋，可以官运亨通，连连上升；而现在我们常常见到的"驴友"俱乐部，则是用"驴"谐音"旅"，同时也暗含些许自嘲与戏谑，的确产生了增强意趣的表达效果。

谐音避讳一直是汉语里面一种非常重要的文化现象，例如按照我国传统，农历每年的第一个月本来一直就叫“正月”，但是在秦朝的时候，由于其中的“正”与秦始皇名字“嬴政”的“政”谐音，所以“正月”就被强制改成了“端月”。历史上有关谐音避讳的民间笑话也不少。例如据元朝仇远《稗史》记载，宋朝名相钱良臣，曾经告诉儿子，读书时如果遇到“良臣”二字，要记住避讳父亲的姓名，一定将其读成“爹爹”。于是，有一天他的儿子读《孟子》，当遇到“今之所谓良臣，古之所谓民贼也”一句时，他想起父亲叮嘱他的话，马上不假思索，朗朗读出“今之所谓爹爹，古之所谓民贼也”。

与谐音相对，汉字里面还存在着不少多音字。而一般情况下，同一个字形的不同读音往往对应着不同的意思，除了个别具有自由音变现象的汉字，如“谁”的shuí和shéi两种读音。因此，在某些情况下，多音字的不同读音及其相应的意思就成为一些文学作品用来加强意趣的手法，例如山海关孟姜女庙庙门两旁著名的楹联：

海水朝朝朝朝朝朝朝落/浮云长长长长长长长消

其中“朝”和“长”都是多音字，而且“朝”和“潮”在古代还有通假现象，也就是有时候“朝”可以代替“潮”；“长”在某种情况下则可以代替“常”和“涨”。那么，你能破解这副有趣的对联究竟表达什么意思，它应当怎样读吗？

多音字的意趣还不仅于此，有时候它还能引致令人啼笑皆非的结果。比如前几年，据一家地方报纸报道，一份涉及借款问题的民间字据，其中“今还欠款多少多少元”中的“还”是个多音字，而且意义也不同，由此便引起了借贷双方的民事官司。债权一方坚持说字据中的“还”在这里读hái，意思显然是“仍旧、仍然”；而债务一方则主张这里的“还”读huán，明明白白是“返还、归还”的意思。双方各执一词、僵持不下。

可见，多音字已经触及人们的切身利益，就算只是为了避免不必要的误解和矛盾，学好汉字也是非常必要的。

多音字的不同含义引出了这么多或有趣，或令人纠结的故事，而汉字本身的多义性，也是传统文化中可资谈论和探究的一个重要领域。

首先，大多数汉字在造字之初，其意义一般都比较具体、实在，后来才逐渐变得抽象。例如“江、河”，最初的时候就是分别指“长江”和“黄河”，像《诗经·卫风》“谁谓河广，曾不容刀”，还有杜甫《秋兴八首》“江间波浪兼天涌，塞上风云接地阴”，都是用的本义；后来，“江、河”逐渐可以指所有的江河了，比如《史记·伍子胥列传》“至江，江上有一渔父乘船”，汉代王充《论衡·感虚》“夫山崩壅河，犹人之有痈肿，血脉不通也”。

我们阅读古代文献的时候，一定要注意这种现象，否则就容易产生误解。

其次，有些汉字的意思具有借物寓意的特征，比如“楷”，它原本指一种落叶乔木。由于这种树木枝干笔直挺拔，而且据说孔夫子陵前也种了这种树，所以它就具有了“楷模、标准”等含义，例如《礼记·儒行》“今世行之，后世以为楷”，还有南北朝时期虞龢《论书表》中称赞王羲之父子的“故同为终古之独绝，百代之楷式”。再比如“美”字，它的字形是“羊”和“大”合在一起，最初的意思是“味道鲜美”，因为古人认为羊大则意味着味美。

最后，我们再谈一谈字义的褒贬。褒义词和贬义词，可以说是任何一种人类语言中都存在着的共通现象。而汉字里面，字义的褒贬反映到字形上，往往可以让我们从中窥探我国传统文化中的尊卑意识或优劣意识。这是汉语汉字特有的一种文化现象。

举例来说，“婉、妍、娟、娇、妙、妩、媚、娴”和“嫉、妒、娼、妖、婊、奸、婪、妄”这两组字，虽然都是“女”字旁的字，但是却泾渭分明，是两组褒贬色彩完全对立的汉字。那么，为什么会出现这种情况呢？如果联系我国封建时代社会观念以及社会制度等，就可以比较清楚地看到古代社会轻视女性，不尊重女性的历史，而这些汉字恰好表现出这些历史观念的沉积。虚妄、贪婪、嫉妒……这些负面情感并不都是女性的专利，男性身上不仅同样存在，而且有些方面还可能比女性更甚，但是，恶劣的意味却都由女性单方面承担了。

或许有人会说，带“女”字旁的不是还有表示褒义的字吗，这是否意味着封建时代也不是全然轻视和贬低女性呢？其实不然，因为如果仔细审视那些带女字旁的所谓褒义字，大家可能不难看出，大部分字的基本意思是形容女子令人赏心悦目的一面，因此，也有人说这种所谓的褒义实际上还是从大男子主义的角度出发，即所谓的“女为悦己者容”，是由女子取悦男性的心理在主导，其本质还是以男性为中心，而女性则处于从属地位，需要通过讨好男性确立她们自身的地位。

如果说“女”字旁的字反映了我国封建时代重男轻女的尊卑意识，是远古时期母系社会之后统治整个奴隶社会与封建社会的主流观念，那么，“玉”字旁、“马”字旁和“犬”字旁的一些字，则可以让我们从中看出古人对玉、对马和对狗的认识与态度，呈现出我国独特的玉文化、马文化和犬文化。

请看“珍、琅、琮、瑾、瑜”“骏、骁、骄、驰、骋”和“狡、猾、狂、狎、狞”三组字。前两组字无疑都表示比较积极的含义，有褒义色彩；而后一组则显然带有不同程度的贬义色彩。

围绕第一组字，我们首先看到的是古人对“玉”的重视与崇尚。在我国，玉的历史可以上溯至八千多年以前。根据目前的考古发现，兴隆洼遗址出土的玦、璧等玉器，是我国治玉历史的开端。至西周时期，玉的地位达到高峰，玉器成为祭祀和区分等级、身份的重要标志。例如《周礼·大宗伯》：“以玉作六器，以礼天地四方。以苍璧礼天，黄琮礼地，青圭礼东方，赤璋礼南方，白琥礼西方，玄璜礼北方。”“以玉作六瑞，以等邦国。王执镇圭，公执桓圭，侯执信圭，伯执躬圭，子执谷璧，男执蒲璧。”这种情况与我国古代延续数千年的“君君臣臣、父父子子”等礼制、礼法思想，具有明显的统一性。因此，无论是王公贵族还是平民百姓，都对玉制品青眼有加。历朝历代的圣贤、文豪们也推波助澜地赋予“玉”许多人为的“德”，例如根据《礼记·聘义》记载，孔夫子在谈论君子和“玉”相比较的时候，就曾言及“仁、智、义、礼、忠”等所谓的“十一德”。

正是由于这种对“玉”的过度重视，从古至今，人的名字中随处可见“玉”的身影。因为，从《诗经》开始，就有“言念君子，温其如玉”“有匪君子，如圭如璧”等诗句，“玉”字旁的字已经成为好字眼的代名词。就连西周的第四代君主周昭王姬瑕也不例外，从表面看，“瑕”字由于有“瑕疵”等含义，似乎暗含不太好的寓意；但是，考虑到古时候“瑕”其实也可以单纯指红色的玉，例如司马相如《上林赋》“赤瑕驳荦，杂插其间”和张衡《七辩》“收明月之照曜，玩赤瑕之璘豳”，因此，“瑕”其实也有积极的含义。更何况“赤瑕宫”更是大名鼎鼎，它既是玉皇大帝敕封的灵虚真人的府邸，也指贾宝玉、林黛玉前世定缘之处。

马，作为人类最重要的役使畜力，它的重要性不言而喻。即使现在，所谓的纯血马也是动辄千金难求，由此可见马的尊贵。因此，“马”字旁的字多表示美好之意也就不难理解了。当然，这里面也存在着“驽、骀”这样的另类，意思不算正面，但像“骀荡、骀浩”这样的词语，反而又带上了褒义色彩。

狗是人类忠实的朋友。在现代社会，这种善与人居的动物除了成为千家万户的家庭成员，还是导盲、缉毒、制暴的重要帮手。那么，为什么“犬”字旁的字却有那么多意义消极的成员呢？根据一些学者研究，犬由于天生具有与人类共同生活的倾向，所以就带着讨好人类的基因，而过分的讨好显然会导致阿谀逢迎和谄媚之嫌，表现出某种奴性，而且也容易成为人类亵玩的对象；另外，犬的忠诚一般只是针对其主人，而在此前提下，一方面可能是对主人的摇尾乞怜，另一方面则是对其他人潜在的“狗眼看人低”。这样看起来，犬除了与人类和谐相处的一面，同时也存在着一些不太好的、甚至是令人生厌的特性。因此，除了“犬”字旁的字可能包含着贬义色彩，就连

“狗仗人势、狗恶酒酸、狗急跳墙、狼心狗肺、鸡鸣狗盗”等含有“狗”的成语和熟语，也是清一色的贬义色彩。

这些由字义所体现的传统文化，在汉字里面比比皆是。只要有心，透过汉字触摸文化传统便不是一句空话，它可以为汉字教学锦上添花。

第三节　汉语词语蕴含的文化要素

汉字的形、音、义里面都蕴含着丰富的中华传统文化要素，而由汉字构成的语词，其中更是积淀了上下数千年的中华传统文化精粹。

首先，我们先感受一下在宇宙洪荒的遥远古代，我们祖先意识中的与自然的相处之道。“天人合一”是我国古代最重要的哲学基础，也是古人世界观的重要支柱。因此，大量的神话故事、民间习语都带有这一思想的痕迹。例如“盘古开天、精卫填海、女娲补天、后羿射日、嫦娥奔月”等等。

在古人的意念中，“人法地，地法天，天法道，道法自然”，所以天道即人道。那么，人要达到与自然和谐相处的境界，遵天道而行人事，这是必然的选择。另外，当人们尚处于无法解释某些自然现象，更无力影响自然趋势的时候，祈祷苍天，希冀借助某种超出人类能力范畴的天神之力，便成为一种朦胧之中的集体意识。因此，我们现在仍然能够通过为数不少的相关词语，一探先民祈求风调雨顺、国泰民安的心愿与活动，例如“郊祀、牲牢、祈年、封禅、朝日夕月、朱丝萦社”等等。从这些词语以及相关的风俗中，除了以现代眼光所看到的与科学观念相抵触的内容之外，我们还应当以历史的眼光，公允地审视、理解古人的生存环境和生活观念，感受古代的文化现象和传统风俗。

与自然环境和谐相处，这是人类首先面临的生存问题，也可以看作是人的自然属性的一面。而人类，从根源上看是一种群居性生物，因此还具有社会性的一面，这也是人的本质属性。

人在一定的社会团体中生活，就要遵守社团成员集体形成的某种道德规范，而在我国，从古至今，人伦一直是帮助人构建正确的世界观，约束、指导人的行为，并衡量评价人的品行的重要标准，其中尤以孝道为甚。因此，几千年传统文化中，有关孝道的故事，如父慈子孝，兄友弟恭的传闻比比皆是，称颂孝道的词语也不可胜数。例如“黄香温席、孔融让梨、老莱娱亲”这样的故事，还有“事亲、孝悌、报春晖、菽水承欢、晨昏定省”等等词语。此外，有关孝道，历代圣贤还创作出大量的名言警句以及诗词歌赋，在中华传统文化园地开辟出孝顺父母长辈的温情一隅。

在我国传统孝道中，有“孝悌力田”这样一个词语。这个词语的意思很明确，事奉父母以尽孝心的一种表现就是躬耕陇亩，用从事农耕的方式解决父老以及家庭的温饱问题。在我国古代，农事还不仅仅是一家一户自给自足的家事，它对于国事与朝政也是头等要务。春秋战国时期，秦国的商鞅就曾经把农事与征战看作是国家的最重要事务，他在《商君书·农战》中明确提出“国之所以兴者，农战也”“国待农战而安，主待农战而尊”“善为国者，仓廪虽满，不偷于农”等主张。他的这种主张其实也是我国历史上延续几千年的以农为本思想的代表。从历史上看，远至三皇五帝时期，我国就有了较大规模的农业灌溉实践，例如《论语·泰伯》中孔子称赞大禹“卑宫室而尽力乎沟洫”，《诗经·小雅》描述引渭河之水的“泥池北流，浸彼稻田”等。此外，“稼穑、耦耕、芟柞、深耕易耨、枯耘伤岁”等大量词语，也都体现了我国历史上重视农耕的传统。

农耕传统除了在语言中逐渐积淀下大量的语词，还成为人们日常谈论的重要话题，例如唐代诗人孟浩然《过故人庄》：“开轩面场圃，把酒话桑麻。”其中的“桑麻”指的就是农事。诗中所描绘的朋友在民风淳朴的小村子相聚的温情画面，想必会让我们每个人感动。而他们把酒闲谈的正是事关所有人温饱的农耕事务。

农耕既然事关人的温饱，那么，它自然会与家乡的父老有所联系，词语“桑梓”刚好体现了这种联系。现在我们常常用“桑梓”代表家乡和家乡的父老，而这个词语最初正是自给自足的农业社会的一种象征。例如《孟子·梁惠王》里面有这样一句话："五亩之宅，树之以桑，五十者可以衣帛矣。"意思就是在宅院里种植桑树，再通过养蚕纺丝等途径，五十岁以上的人就可以穿上丝织物做的衣服了。而且桑树的用途还远不止于养蚕一种，这种植物的茎、叶、果实等都可以入药，木材则可以制作家具器物等。可见它是一种用途十分广泛的树种。与此相应的是，梓树也是一种用途非常广泛的树木，而且它也是宅院种植的常用树种。它的木材可供建筑和制作器物，因此，古代有"梓匠""梓人"等说法，它们指的就是制作家具器物的"木匠"。梓树的树皮是一味中药，名叫"梓白皮"，它的木材还非常适合制作印刷用的雕版，所以，我们现在还把书稿的出版印刷称为"付梓"。

桑和梓的用途如此之广，正像朱熹《诗经集传》所言："桑、梓，二木。古者五亩之宅，树之墙下，以遗子孙给蚕食、具器用者也……言桑梓父母所植，尚且必加恭敬。"桑梓是父母种植并传之子孙的家产，因此，自然令人心生崇敬之情。这也应了《诗经·大雅》中的"维桑与梓，必恭敬止"所表达的意思。正是由于这种含义，自东汉以来，"桑梓"便逐渐成为家乡以及家乡父老的代名词，例如《宋书》："所谓父母之邦以为桑梓者，诚以生焉终焉，敬爱所托耳。"再如诗人峻青《海阳樱桃节感赋》："余既感桑梓情深，故里春浓，复憾贱恙羁身，难以成行。"

除了言及家乡，农耕之事就像前面已经提到的，它还是国家的最重要事务。因此，"社稷"这个词语就成为这种观念的一个重要标志。

我们都知道，"社"既表示土地神，也表示祭祀土地神，例如《国语·鲁语》"共工氏之伯九有也，其子曰后土，能平九土，故祀以为社"和《史记·陈丞相世家》"里中社，平为宰，分肉食甚均"。《国语》的例子表明，所谓"皇天后土"，"后土"就是土地神"社"；而《史记》的例子则是说秦汉年间某一个街区举行祭祀土地神的仪式，后来官至西汉右丞相的陈平当时负责操刀切肉。

“稷”最初是指一种谷类农作物，后来则指所有谷类作物，再往后则表示五谷之神，例如《本草纲目》：“黏者为黍，不黏者为稷。”再如陶渊明《桃花源诗》：“桑竹垂余荫，菽稷时时艺。”还有《国语·鲁语》：“昔烈山氏之有天下也，其子曰柱，能殖百谷百蔬；夏之兴也，周弃继之，故祀以为稷。”这句话表明谷神原来的名字叫“柱”，是炎帝烈山氏的后人。

表示土地的“社”和表示五谷的“稷”合而为一，除了仍然表示两尊神仙，更多的则用来表示国家，意义与“江山”等同。例如《国语·鲁语》：“子股肱鲁国，社稷之事，子实制之。”由此可见，以农为本、农业立国，这在我国数千年历史长河中，已然成为兴邦治国的一大传统。

在我国古代，祭天祭地都是非常隆重和盛大的活动。而祭祀天地神灵，往往都有阴阳五行理念的影子。例如本章第一节谈到的以“六器”礼天地四方，其中礼地、礼四方神灵的“黄琮、青圭、白琥、赤璋、玄璜”五色玉器，就与五行“金、木、水、火、土”的颜色相对应，而且也和五行理念中四方与中宫的属性和颜色相对应：中宫属土，黄色；东方属木，青色；西方属金，白色；南方属火，红色；北方属水，黑色。而且，在我国古代，几乎万事万物都可以和阴阳五行挂上钩，大至宇宙天象，小到人体脏腑，都能用阴阳五行理论加以阐释。这已经成为我国传统文化一种十分独特的标志。这种传统也在汉语的语词中留下了不可磨灭的印迹，例如“金风、青春、朱天”等等。“金风”乃秋天之风，一来秋季的风大都起自西方，二来四季之中“秋”本身也对应于五行中的“金”。至于“青春”，其本义可以通过《楚辞·大招》的例子“青春受谢，白日昭只”来说明。东汉文学家王逸在《楚辞章句》中对这句话的注释是：“青，东方春位，其色青也。”而“朱天”同样可以通过古代文献予以说明。“朱天”指西南方，例如《吕氏春秋·有始》中有“西南曰朱天”一句，东汉高诱《吕氏春秋注》中注释说：“西南，火之季也，为少阳，故曰朱天。”

当然，以上所举词语，从字面上就能够联想到五行之说，而有些词语，五行观念是隐藏在背后的，它与词语意义的联系比较曲折，例如我们常常用来向长辈祝寿的“寿比南山”。字面上看，就是祝愿长辈像南山一样健康长寿，再进一步，可能还会了解到“南山”就是指南岳衡山，而衡山在历朝历代都被赋予过“寿岳”“寿山”之名。在这股风潮中，既有宋徽宗赵佶和清朝康熙皇帝这样的帝王推波助澜，也有文豪巨匠李太白等先贤即景抒怀，甚至还有六合内外的儒、释、道参与其中。那么，更进一步的问题是，南岳衡山为什么被称为寿山，它与人的寿命又有哪些联系，这就涉及到五行与天象、与山川风物的联系，而且也涉及到南岳究竟是指哪座山峰的历史。

关于南岳到底是哪座山，历史上有过多种说法，其中有衡山之说，也有霍山之说，当然最终还是衡山一说占了上风。而衡山后来之所以被称作寿山，是由于它的方位上应天空二十八宿之南方朱雀七宿，这七宿里面的轸宿据说主管人间苍生寿命，同时轸宿的附属星名曰“长沙”，据西汉张衡的《天象赋》：“长沙明而献益寿。”很显然，南岳衡山所对应的星宿均为主宰世人寿数的星辰，因此，它被命名为“寿山”也就不足为奇了。“寿比南山”这个寓意美好的祝福语，也正是由于这种比较迂回婉转的原因而出现并保留在我们的汉语里。

为长辈祝寿，这既体现了传统的敬老文化，也表现出汉语祝颂语的丰富。而辈分观念，与我国传统的宗亲文化也具有千丝万缕的联系。

我国传统的宗亲文化内容丰厚，其主要表现一是世系谱牒，二是“堂”“表”的区分。在世系谱牒方面，族谱、家谱、宗庙、祠堂以及亲属称谓等，都是这种文化滋养的灿烂花朵，至于像孔、孟一类历史上的望族，世世代代还都有固定的辈分用字，一看名字就知道是两位圣人的第多少代后人，而且彼此之间也可以明确辈分关系。

“堂亲”“表亲”的区分，则反映出古人对于血缘关系的认识，同时也反映了古代社会的某些形态特征。“堂”在这里指的就是居家的“厅堂”，那么，能成为“堂亲”的，意思就是上溯至若干辈直系先祖，必然出于同一个家庭。而“表”最初的意思是指罩在外面的衣服，后来也就有了“外”的含义。按照古代社会的婚嫁特征以及古人的观念，女性总是要“嫁作他人妇”的，而女子出嫁，对于一个家庭而言，就具有“外”的倾向。因此，与女子一方有关的亲属就成为“表亲”。历史上，“表亲”也常常被认为具有疏远的意味，因此，对于表兄妹、表姐弟之间的恋情与婚事，大都采取宽容态度，这也是《红楼梦》中宝黛恋情的根源。但是，到了现代社会，根据科学的优生理据，具有亲属关系的男女通婚，必须符合婚姻法的相关规定。

第四节　汉语汉字文化与识字教学

汉字包含的丰厚的文化底蕴，一方面可以使我们感受到传统文化之美，增强民族文化自豪感与自信心；另一方面，如此丰富的文化要素，如果能适当地贯穿于识字教学过程，也必将对教与学都起到非常积极的推动作用，既能增加识字的趣味性，也有助于加深学习者的理解与记忆。

首先，汉字的造字方法及其理据，看起来属于文字学等学科的研究范畴，但是，根据不同年级学生的特点，有效利用或借助汉字字源的某些特征，并附加一些符合学生认知水平的文化内涵，往往能够起到增加记忆线索、促进理解等作用。例如，在整个小学阶段，象形、指事和会意这三种造字法所对应的汉字，就可以通过一定的整理和编排，筛选出一些适合安排在不同学习阶段的内容。在低年级，可以考虑安排“人、山、田”“上、中、下”“林、众、明”等；中高年级，则可以考虑“止、首”“本、末”“友、楚”等。下面举几个例子来说。

“中”的甲骨文字形是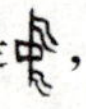，主要形状为一杆飘扬着旗帜的旗杆，旗杆中部有一个标志符号，表示旗杆的中心位置。这个字的字形比较直观，根据字形讲解字义也应当不太困难。关键是如果能增加一点古代“中国”名称的知识，说明古人以为当时中国的地理位置就处在大地的中央，这对于学生理解“中国”的含义，甚至增强爱国情怀和民族自豪感，想必都会产生良好的效果。

“明”从字形上看同样也不复杂，意思也比较直白。这个字如果拓展一点的话，主要可以从我们祖先对日月崇拜的角度来增加一些趣味性以及相应的知识，比如神话故事夸父逐日、嫦娥奔月，还有古人祭祀日月的传统风俗等。简单介绍这些与传统文化相关的内容，目的是让学生更加充分地理解太阳和月亮在古人心目中的崇高位置，因此也就可以更好地理解什么是“光明磊落”，什么是“正大光明”。

“本、末、楚”这几个字，如果在教学中能简单介绍一下它们的流变过程，则有助于学生理解一些现在意义比较抽象的词语。例如“舍本逐末、本末倒置、正本清源、苦楚、酸楚、痛楚”等词语，假设仅仅局限于讲解词语意义，学生的理解可能就不会太深入。而如果说清楚“本”原本就是指树根，“末”则是指树梢，那么，学生在遇到相关词语的时候，就会有形象感，有具体的抓手，对意义的把握也就会更准确，理解也就会更深入。

“楚”本身是会意字，上边的“林”就是指山林，下边是“足”，最初表示人在山林之中垦荒，后来也可以指一种灌木，意思与“荆”相同。而学生们可能通过“将相和”等故事，知道“负荆请罪”里面包含的“荆”在古代是一种责罚的用具和刑具。在此基础上，假如引导学生思考，人受到荆条击打的时候，内心会有什么样的感受与情绪，那么，“苦楚、酸楚、痛楚”也就不难理解了，而且还能使学生感受到传统文化在汉字及词语中的痕迹，对词语的理解也会更透彻，不至于仅仅停留在表面。

谈到字词学习，除了意义理解，教学中还有一项很重要的任务是落实汉字形音义之间的联系，尽量减少错别字现象。实际上，从古代启蒙教育一直到现在的语文教学，减少错别字一直是基础教育阶段语文教学的重要内容与环节，而且实践中也已经形成了大量行之有效的方法。我们在这里只是想再次强调，从字词源流以及与字词相关的传统文化入手，有时候也能对减少和纠正错别字产生非常有益的作用。下面还是以具体的例子加以说明。

示补旁“礻”和衣补旁“衤”常常是语文教学中纠正错别字的一大难点。尤其是像“初、裕，社、祝”等字，学生出错的几率很高。对这种情况，教师们其实一般都会结合最初的字义予以辨析，例如“初”表示裁衣之始，“裕”表示衣物丰富，所以二者皆为“衤”；而“社”和“祝”最初的意思都与祭祀有关，因此两个字都包含“礻”。

“账”和“帐”、“冠”和“寇”也是两对老大难，“帐簿、升账”“夺寇、流冠”等张冠李戴的情况并不鲜见。解决类似问题，教师们也都非常有经验，关键点在于“贝”在我国古代曾经充当钱币，只要讲清楚这一点，与财物和财务有关的贝部字就都有了落脚点。“冠”与“寇”两个字是宝盖“宀”还是秃宝盖“冖”，重点在于这两个偏旁最初的意思。宝盖“宀”前面已经提到过，它最初的字形就是房屋，所以，“寇”最初的意思就是指在房子里面手持器具虐待他人的坏人；而秃宝盖“冖”最初的字形是类似布帛一类的遮盖物，读mì，意思就是用布幕覆盖，所以，“冠”最初的意思也是用头巾一类东西包裹覆盖头部，例如古代男子20岁的时候要举行“弱冠”这样的成人仪式，由长者为其束发戴冠，表明已经脱离少年而开始步入成年期。

上面提到的这些容易出现错别字的例子，基本上集中在偏旁误用。而在使用汉字的过程中，还存在着其他一些情况，例如多笔少笔问题、同音替代问题、形近相混问题等。下面就以“式、或、孚、番、印、卯”为例，简单说一说如何结合字的源流与文化要素，尽量预防错别字。

先看“式”和“或”。“式”是个形声字，左下的“工”据考证为曲尺形，本身具有“规矩、法度”等含义；外面的“弋”字框在这里表示读音，它与“戈”字形虽近，但读音相去甚远。因此，只要让学生记住“弋”与“式”具有音近关系，而且让他们记住“弋”字共三笔，没有一撇，学生用到“式”的时候，就不会再多写一撇。“或”是个会意字，原本表示一定的地域，也就是城邦或国家，所以里面包含“戈”，意思是用兵器进行保卫。教学中如果能让学生了解到“或”与“域”的关系，然后再理解用武装力量保卫国土，那么，学生再使用“或”的时候，大概也会减少漏写一撇的情况。

再来看“孚”和“番”。“孚”的问题主要出在“深孚众望、难孚众望”等词语，学生在使用时常常误用“符、负”等字。造成这种情况的主要原因是学生不能准确把握这些词语以及“孚”的基本意思。为解决这个问题，可以尝试在教学中首先讲清楚词语的基本意思，尤其要强调其中包含着“使人信服”这样的意思。然后再简单介绍“孚”的字形，上边是“爪”，下边是“子”，其基本意思是用手抓握幼子的方式表示鸟禽类孵化幼崽。而鸟禽类孵化幼崽的过程一般都经过非常固定的时间，古人认为这种时间上的准确性就是一种“诚信”的表现。因此，“孚”就有了“诚信”的含义。通过这样的讲解，学生就不难理解“深孚众望、难孚众望”这些词语以及“孚”的基本意思了，再使用的时候，应当就会降低误用的可能性。

“番”的主要问题是上面的“釆”（读biàn）容易误写成“采”。解决的方法可以简单介绍“釆”最初的字形是野兽的脚印，意思是“分辨”或“辨别”，这和古代打猎以及躲避野兽侵袭的传统有关，因为古人常常通过辨别野兽的足迹猎取食物或躲避可能的攻击。因此，“番”最初的意思也是表示“田野之中野兽的脚印”。而野兽的脚印总是交替向前，所以，后来“番”也就有了“轮流、交替”的意思，再进一步则可以表示行为动作的“次数”，如“三番五次”等。

“卬、卯”则完全可以从字形入手。“卬”本来的意思是“抬头向上”，意义与“仰、昂”相近；而“卯”原来的字形则是两扇对开的门，据古人考证，早春二月，万物开始萌芽，就像打开门而涌出，因此“卯”就有了指农历二月的意思。这也充分反映出我国古代用天干地支纪月、纪年的文化。反正，只要能够让学生记住“卯”因为是对开着的两扇门，所以字形上左右对称，而“卬”却并不具有对称的特征，这也就足以使学生记住这两个字形体上的差别了。

总之，如果能够结合学生的年龄特点，在教学中适当增加一些传统文化方面的相关内容，应该对加深学生字词方面的理解与记忆产生比较积极的作用。

第三章

传统启蒙教育

第一节　蒙书概览

汉字与汉字文化的历史源远流长，在人类文化史上留下了浓墨重彩的一页，实际上，与古老的汉字和汉字文化一样，汉字教学在我国也已经有数千年历史，在人类教育史、文化史上也奏响了华彩的乐章。

根据现有的史料和一般观点，相传周宣王时太史籀所作的《史籀篇》为我国最早的童蒙读本，班固《汉书·艺文志》说《史籀篇》是西周时史官"教学童书也"，是太史所作。许慎《说文解字叙》也说"宣王太史籀著大篆十五篇，与古文或异"。唐代张怀瓘《书断》则明确指出"周宣王太史史籀"。但遗憾的是该蒙书已失传，现在只能从秦李斯所作《苍颉七章》、赵高所著《爰历六章》等典籍中窥其一斑了。

据考，《史籀篇》通篇为四言韵文，两句一韵，全文约数千字。但是关于该书所用书体则说法不一，有意见认为是古籀文或大篆，也有意见认为接近小篆，而且对著者、成书年代及全篇的确切字数等均有不同意见。其中以我国近现代国学大师王国维的考证及看法最具影响，因为他的看法几乎颠覆了自该书问世后学界一直沿革的意见。王国维《史籀篇疏证》序曰："《说文》云：籀，读也。又云：读，籀书也。""古籀、读二字同音同义。又古者读书皆史事。籀书为史之专职，昔人作字书者，其首句盖云'大史籀书'[注8]，以目下文。后人因取首句'史籀'二字名其篇，(《诗》、《书》及周秦诸子大抵可以首句二字名篇，此古代书名之通例，字书亦然。)""大史籀书犹言大

注8　"大、太"古同义。

史读书。”依王国维意，“史籀”或“籀”在此均非人名，因此就更谈不上是著者了。

据王国维多方考证，由于史据之一许慎《说文解字》中收录源自《史籀篇》的文字仅二百二十余字，故推断篇中其余文字必然皆与小篆同，且此二百多字亦“就其见于许书者观之，固有与殷周间古文同者，然其作法大抵左右均一，稍涉繁复，象形象事之意少而规旋矩折之意多，推其体势，实上承石鼓文，下启秦刻石，与篆文极近”。因此，有理由相信《史籀篇》乃春秋战国之交“秦人作之以教学童”。

《史籀篇》之后，至秦始皇统一六国及六国文字，李斯始作《苍颉七章》，其后又有赵高撰《爰历六章》，胡毋敬成《博学七章》。这三部蒙书均主要依据《史籀篇》。同样遗憾的是，这三部蒙书本身也已经散佚，现在所见均为后世学人辑录本，如清乾隆年间史官、小学大家戴震入室弟子任大椿所辑《小学钩沈》，凡十九卷，其中就包括汉代人合三部蒙书、凡五十五章的《苍颉篇》。根据现在已发掘的出土竹简，被后人称为“三苍”的《苍颉篇》同样是四言韵文，如：“苍颉作书，以教后嗣。幼子承诏，谨慎敬戒。”[注9]文中书体为汉隶，已经改变了三部蒙书原来所采用的秦统一六国后的秦篆。目前出土的汉简零星可辨五百多字，含完整语句和不完整语句共约二百句，仅占原文不足四分之一。

《苍颉篇》最初应当是官方纂作，主要起规范文字作用。后来在流传中由于时代、语言的变化而被人不断地增益和修改。朱凤瀚先生认为，至西汉时，“此书虽一直被视为当时小学识字所用书，但实际上所收似并非皆当时日常所用文字，其深度已远超出小学识字书所需”，而具有了一种百科全书的性质。阜阳汉简和北大汉简俱出土于王侯级的墓葬中，充分显示出此书代表着当时社会上层所应具有的知识结构。“闾里书师”改编之前的《苍颉篇》

注9　“嗣”一作“诣”；“诏”一作“讽、昭”。

很有可能正如其所说，是当时社会上层时习之物，但此书经过“闾里书师”改编之后，无疑大大增加了其通俗化程度。不得不说，虽然自产生以来，《苍颉篇》就不断被人增益、修改和训释，但在《急就篇》盛行以前的很长时期，此书在童蒙识字和规范文字两方面一直都处于社会的主流地位，而居延（在今内蒙古自治区阿拉善盟额济纳旗境内）汉简《苍颉篇》的发现，恰恰也说明通俗化的“闾里书师”本流传范围的广泛。

《史籀篇》和《苍颉篇》基本上为后世蒙书的编撰在几个主要方面确定了基调和主体框架：一是几言一句的韵文形式，二是以有意义的词句串联尽可能多的生字，三是篇中内容杂糅百科知识。

《史籀篇》和《苍颉篇》之后，居蒙书主流地位的无疑要数《急就篇》，该书亦是我国现存最早的比较完整的蒙书。

《急就篇》据考为西汉元帝时黄门令史游所编撰，又称《急就章》，成书于约公元前40年，篇名遵当时文稿命名传统与成规，取首句“急就奇觚与众异”中二字命名。关于篇名的含义，现在比较多的人认为是“速成”。

《急就篇》全篇分三部分共34章，计2144字，重复用字很少，据清代学者考证仅十余个，但据当代一些学者研究，重现字却多达两百多个。其间差异是版本不同，还是古书中通假、异体现象较为普遍所致，尚不得而知。另据前人考证，全文最后128字为东汉人增补。但王国维的意见是第七、第三十三和第三十四章为后汉人增补，而原书实为1953字。此说亦得到当代一些学者的认同。

该文第一部分是“姓名”，400多字包括了100多个单姓和复姓，除开篇五句类似前言的七言引句外，其余皆以三言写就，如“宋延年，郑子方。卫益寿，史步昌”“夏脩侠，公孙都。慈仁他，郭破胡”。第二部分是“诸物”，1100多字，包括400多种器物、100多种动植物、60多种人体部位器官、70多种疾病和药物名称，均以七言编成，如“稻黍秫稷粟麻秔，饼饵麦饭甘豆羹”“五音总会歌讴声，倡优俳笑观倚庭”“六畜蕃息豚豕猪，豭豮狡犬野鸡雏”“肠胃腹肝肺心主，脾肾五藏膍齐乳”。第三部分是“五官（指称百官、律令及与政治有关的事）”，440多字，包括官职名称和法律知识等，用七言续编，四言结文，如“迹行上究为贵人，丞相御史郎中君”“籍受证验记问年，闾里乡县趣辟论”“汉地广大，无不容盛。万方来朝，臣妾使令。边境无事，中国安宁。百姓承德，阴阳和平”。由此可知，通篇所包容的自然和社会知识非常丰富，蒙童通过学习，可以获得当时历史条件下比较全面的生活及生产的基础知识，而且所见、所识亦为日常所需所用之汉字。

据史料记载，魏晋以后，童蒙皆读《急就篇》，可见该书流传甚广，风行几代，对启蒙教育贡献卓著、影响巨大，而且对后世蒙书的编撰也起到了明显的典范作用。如宋代欧阳修编《州名急就章》、王应麟编《姓氏急就篇》就都是仿《急就篇》之作。另外，后世学者还对这部启蒙读本做了大量考释与注疏，比较著名的有唐代颜师古、宋代王应麟等。

由于《急就篇》在社会上的巨大影响，历代书家亦多有抄本，只是不同时代、不同书家的抄本所用书体不尽相同，除了据考原文为隶书之外，后来还出现了锺繇、王羲之等书法大家的章草版本等，而且这些抄本也造成了流传至今的版本略有差异的局面。

大约与《急就篇》同时代的还有几部蒙书，也对当时的启蒙教育产生过较大影响，如司马相如的《凡将篇》、李长的《元尚篇》、扬雄的《训纂篇》和贾鲂的《滂喜篇》等。但是这些蒙书一是没有流传下来，二是无论在当时社会还是对后世，影响也远远不及《急就篇》。

按照当代语文教育家、语言学家张志公先生对传统语文教学的研究，就以识字为主要功能的蒙书而言，除了《史籀篇》《苍颉篇》《急就篇》以及下一节将要专门介绍的《三字经》《百家姓》《千字文》等之外，还有一种杂字类的蒙书。这类蒙书着眼于市井百姓日常生活，如“农事、买卖、婚丧嫁娶、植物花卉”等，被视为不能登大雅之堂，只能作为居正统和主流地位的蒙学教材的辅助或补充，尤其是只能流传于民间，似乎还兼有扫盲之功用。

正是由于这类蒙书自身的定位与特点，其中许多篇目的著者不详，历朝历代亦殊少考释。相较而言，流传范围、影响稍大，流传时间较长或流传至今的有：《要用杂字》《诸杂字》《四言杂字》《世事通考杂字》《六言杂字》《山西杂字必读》《农庄日用杂字》《五七言杂字》等。这些杂字篇多以四言、五言等韵语写就，如“人生世间，耕读当先，生意买卖，图赚利钱，学会写账，再打算盘”“驴将辔头戴，牛把缰绳拴，领墒黑罩角，先去耕河滩”“公妈爹娘妻妾，姑姨姐妹儿孙。嫂叔弟兄妯娌，襟乔舅妗表甥”“葱蒜韭荠并蒿子，花茴胡椒与生姜。精肉肥肉砍圆子，肠肝肚肺用盘装”等。

在传统启蒙教育中，与这种主要以识字为目的的蒙书相辅相成，还存在着训诫类、知识类等启蒙读本。训诫类主要是封建时代伦理道德教育，即三纲五常之类，如《太公家教》《弟子规》《蒙学女儿经》等；知识类则以《兔园册》为代表。

训诫类蒙书基本也是以几言短句或韵语为主，如“得人一牛，还人一马，往而不来，非成礼也。知恩报恩，风流儒雅，有恩不报，非成人也”“父母呼，应勿缓。父母命，行勿懒”“十二三，须知礼，见人须要将身起，自家婶婶与姑娘，不宜托熟毫无礼”。

《兔园册》亦称《兔园策》或《兔园册府》，本是唐五代时期私塾教授学童的课本，因其内容肤浅，故为一般士大夫所轻视，被以正统自居的人认为是“乡校俚儒教田夫牧子之所诵也”。据史料记载，该书共30卷，分为48门（即门类），如“姓氏门”等。元朝以后该书失传，至清代于敦煌石窟发现残卷，可惜又失窃，成为一桩悬案。

除此之外，其他如宋代著名理学家朱熹主编的《小学》以及追随其后的一批仿作，还有若干工具书类的蒙书等，都曾经在传统启蒙教育中发挥过作用，同时也产生过不同程度的影响，但是这些启蒙读本与被后世尊为“三、百、千”的《三字经》《百家姓》《千字文》所取得的成就相比，基本就是这三棵大树周围的泥土，无论从哪个方面说，都是难以望其项背的。

第二节 蒙书中的瑰宝——“三、百、千”

影响深远、成就卓著的《急就篇》之后，如上一节所讲，历朝历代又出现过许多不同类型的启蒙读本，《三字经》《百家姓》《千字文》当为其中的翘楚。

按照成书年代，《千字文》成于南北朝，而《三字经》和《百家姓》则成书于宋朝，中间隔了数百年。

公元六世纪初，南朝梁武帝时期在建业（今南京）刻印问世的《千字文》被公认为世界上使用时间最长、影响最大的儿童启蒙识字课本，是千余年来最畅销、读者最广泛的读物之一。明清以后，《三字经》《百家姓》《千字文》成为几乎家诵人习的所谓“三、百、千”。

相传，梁武帝萧衍一生戎马倥偬，他很希望自己的后代能在太平时期多读些书。由于当时尚没有一本适合的启蒙读物，他遂令一位名叫殷铁石的文学侍从，从王羲之的手迹中拓下一千个各不相干的字，每纸一字，然后一字一字地教学，但由于这些字杂乱无序，彼此间关联性不强，难学难记。于是，梁武帝暗自思忖，若是将这一千字编撰成一篇文章，定能大大利于教学。因此，他召来自己最信赖的文学侍从员外散骑侍郎周兴嗣，讲了自己的想法，并命令周兴嗣将这一千字编撰成一篇通俗易懂的启蒙读物。

周兴嗣，南朝梁陈郡项（今河南沈丘）人，字思纂，博学善属文，撰有《皇帝实录》《皇德记》《起居注》《职仪》等专著百余卷、文集十卷传世。他承梁武帝旨意回到家后，苦思冥想一整夜，突然文思如泉涌，于是，边吟边写，终将这一千字连缀成一篇内涵丰富的四言韵书，上呈国君。梁武帝读后拍案叫绝，即令送去刻印，刊之于世。周兴嗣因出色地编撰了《千字文》，深得梁武帝赞赏，被擢升为佐撰国史。不过，据说周兴嗣因一夜成书，用脑过度，次日鬓发皆白。

这些里巷传闻式的野史虽不足全信，但是从《千字文》著者题款“［梁］敕员外散骑侍郎周兴嗣次韵”看，该文是尊皇上旨意而作，这一点毫无疑问，并且撰文之前已经明确要连缀成一篇韵文，所以叫做次韵，“次”者，排序也。

《千字文》乃四言长诗，首尾连贯，音韵谐美。以“天地玄黄，宇宙洪荒”开头，“谓语助者，焉哉乎也”结尾。全文共250句，每四字一句，句句押韵，内容丰富，前后贯通，有条不紊地介绍了天文、地理、自然、历史、农耕、祭祀、园艺、修身养性、人伦道德、饮食起居等各个方面。

关于《千字文》的用字，由于号称是连缀了一千个彼此不相同的字，因此，后人也就不断地按照各种刻本、抄本试图去证实这种不重复用字的高妙，然而与预想不一致的是，常常有考据发现《千字文》竟然存在着个别重复出现的字。除了有人认为“周发殷汤”和“盖此身发”中“发”重复，是没有充分考虑汉字简化导致“發、髪”与“发”二对一的因素外，其余还有提到“巨、昆、资、洁、戚、云”重复出现的意见。这几个字中，除了“云”，其他五字皆有异体字，如“巨/钜，昆/崑、崐，资/赀，洁/絜，戚/慽、慼”，其中“资”还同“兹”存在着通假关系，而且根据目前能够看到的经过不同时期、不同人整理的版本，这几组存在正异关系、通假关系的字的确在《千字文》的某些版本中同时出现过，也就是在表面上使用了不同的字形，如“剑号巨阙/钜野洞庭”“玉出崑冈/昆池碣石”“女慕贞絜/纨扇圆洁”“资父事君/务兹稼穑”“亲戚故旧/慽谢欢招”注10。但是，“云腾致雨/禅主云亭”两句确实重复使用了“云”，这在当时历史条件下是什么具体情况

注10　按《说文解字》《集韵》等，“慽”为正体。

有待考证。因为从字源和出现时间上说，“云”是初文，甲骨文、金文已有记载；而“雲”是小篆通过增加形符才产生的后起字，按照《说文解字》两字并收和对二者的考释，以及古代其他文献典籍，二者除“云”被借作表示“说”的意思以及虚化为文言语助词外，其余完全等义互通。这就表明，“云”“雲”很有可能在一定历史时期内同时流通于世，因此，也就有可能同时用在《千字文》中了。

按照现代统计理念与技术，数据采集与分析结果表明，《千字文》所选千字大都是常用字，生僻字并不多，因此便于蒙童识读和学习，这也是它流布时空范围较大的原因之一。

也正是由于《千字文》流传甚广，不仅各地蒙馆塾师用作儿童课本，社会上诸多行业也加以采用，如考场试卷编号、商人账册编号、大部头书籍编号之类，曾经皆以《千字文》字序为序。此外，兄弟民族地区也出现了满汉、蒙汉对照读本，另外还有汉字、梵文、日文对照的《梵唐千字文》等。与此同时，由于历代不少大书法家都曾采用多种书体临写《千字文》帖，更使《千字文》至今仍是学习各种书法的范本。

宋元以来，《千字文》的续广增编不下数十种，如《续千文》《重续千文》《叙古千文》《广易千字文》《正字千字文》《训蒙千字文》等，但是，这些续广增编之作，其影响所及，无一能与周编《千字文》抗衡。

明清以来，一些学者称《千字文》为以有限文字而能条理贯穿的“绝妙文章”。清朝褚人获赞其“局于有限之字而能条理贯穿，毫无舛错，如舞霓裳于寸木，抽长绪于乱丝”。顾炎武曾说：“读者苦《三苍》之难，便《千文》之易，于是至今为小学家恒用之书。”章太炎在《重订三字经》序中也说：“《三字经》较梁人所辑《千字文》，虽字有重复，辞无藻采，其启人知识过之《急就章》《凡将篇》远矣。”《千字文》在文采上独领蒙学读物风骚，堪称训蒙长诗。

《百家姓》成于北宋初年，这一点根据前人考据已经基本形成共识，如南宋著名诗人陆游《秋日郊居》诗三首自注：“农家十月，乃遣子弟入学，所谓冬学。所读‘杂字’《百家姓》之类，谓之村书。”可见，宋朝时《百家姓》已经被当作蒙书在私塾广泛使用。

另外，《百家姓》通行版以“赵钱孙李”开首，而“赵”乃宋朝皇姓，“钱”是赵氏王朝建立前五代十国时期，地处长江三角洲的吴越国开国帝王太祖钱镠及其子嗣的所谓国姓，由于吴越国第五代国君钱俶纳土归宋，故根据姓氏排序推断，《百家姓》成书于北宋初年应是比较合理的。

但是，《百家姓》具体为何人所作迄今仍无定论。一说是北宋初年钱塘（今杭州）的一个书生所编撰，如宋人王明清《玉照新志》卷三：“似是两浙钱氏有国时小民所著。何则？其首云‘赵，钱，孙，李’，盖钱氏奉正朔，赵乃本朝国姓，所以钱次之。孙乃忠懿（指钱俶）之正妃；又其次，则江南李氏。次句云‘周，吴，郑，王’，皆武肃（指钱镠）而下后妃。无可疑者。”

《百家姓》目前流传版本不止一种，通行版以“赵钱孙李”开首，“百家姓终”收尾，全文共472字，收单姓408，复姓30，并将这些姓氏编成四字一句的韵文，便于诵读和记忆。其他版本多为增补之作，字数均超过500，所收姓氏亦比通行版多一些。

《百家姓》全篇的内容除开首似有缘由，以及基本上复姓置于单姓之后外，其余看不出理据，比如所录姓氏的范围是如何确定的，是否大姓排列在前，小姓排列在后，等等。因为据考证，“第五、羊舌”等作为复姓，族人寥寥，而“岳、曾”等姓氏的族人显然也比序位更靠前的“汲、湛”的族人多得多。

此外，正是因为《百家姓》开首的当朝皇家印迹，后世《百家姓》修改本亦多有各朝各代的烙印，如明代吴沉、刘仲质编《皇明千家姓》、清康熙年间成书的《御制百家姓》，就分别以“朱奉天运，富有万方”和“孔师阕党，孟席齐梁”开首。从中不难看出明朝是朱家天下，而清朝则由于统治者为满人，无汉姓，故以尊孔孟、重儒家表明统治者的统治理念。

《百家姓》标题明义，所录皆为姓氏，内容无他且无文意，专供童蒙诵读记认，以便日用。

与《千字文》和《百家姓》相比，《三字经》则是另一种意味。该书成于宋朝末年，对于作者有不同意见，多数人认可王应麟，但也有人认为是区适子，还有少数意见认为是明代人黎贞。

王应麟，字伯厚，号深宁居士，南宋时期鄞县（今属浙江宁波）人，少年时通《六经》，淳祐元年中进士，历任秘书监、吏部侍郎等官职，博学多闻，长于考证，著述丰厚，所著《姓氏急就篇》对传统谱牒文化影响甚大。

区适子，字正叔，南宋时期县境鮀洲（今属广东顺德）人，以博学多才闻名乡里，人称“登洲先生”。

黎贞，字彦晦，号陶陶生，晚号秫坡，元末明初广东新会都会村人，博史通经，著有《秫坡集》七卷，《家礼举要》四卷等。明代著名思想家、教育家、江门学派开山鼻祖陈献章赞其“吾邑以文行诲后进，百余年来秫坡先生一人而已”。

不论作者何人，《三字经》自流传之日起，就受到明星般的大力追捧，绝大多数意见都是肯定和正面的。之所以出现这种态势，盖此书迎合了多种需要，如通俗性、差异互补性、伦理道德观等。

流传至今的《三字经》版本不一，有1044字的，也有1100、1200多字的，字数最多的当属民国时期国学大师章太炎先生所修《重订三字经》，共计1596字。不论哪个版本，《三字经》篇中用字均服从表意和文句需求，以内容为主，不刻意避免重复，如“尔小生，宜早思”“尔小生，宜立志”“尔幼学，当效之”“尔幼学，勉而致”，这一点异于《千字文》和《百家姓》，因此也就能够有效避免文句贫乏呆板，内容晦涩难懂，生搬硬凑等弊端。据统计，《三字经》虽然版本众多，但其用字量一般维持在500多个，字与字之间的频次有参差。

读《三字经》，能够让人明显感觉到，通篇文句通顺、朴实、简洁，寓意和道理浅显、明晰、易懂，非常适合蒙童学习，如：“人之初，性本善。性相近，习相远。”“养不教，父之过。教不严，师之惰。”“昔孟母，择邻处。子不学，断机杼”，等等。另外，该书虽非刻意，但是客观上在用字及其他方面与坊间流行的《千字文》和《百家姓》互补，显示出较强的独特性和亲和力。再次，该书所主张和宣扬的封建伦理道德既顺应了统治者的意愿，也迎合了平民百姓修身养性、教育后代的需求，在某种程度上被赋予了一定的教化作用。

上述三种蒙书各有所长，结合在一起更是相得益彰。首先，从用字方面考察，三部蒙书用字虽有重合，但重叠有限，不重叠的字加在一起约2000多字，恰好能够基本满足蒙童开展阅读的用字需求。其次，一部分重叠用字刚好能够起到复习巩固的作用，使蒙童不至于出现“狗熊掰棒子”的问题。再次，从内容和作用方面考察，《三字经》重在知识与见闻，就连对其文学成就颇有微词的章太炎也承认“其启人知识过之《急就章》《凡将篇》远矣”；《百家姓》主要目的在于日常应用，着眼于满足人在日常交际中的实际需要；《千字文》则偏重阐明义理，虽然有相当一部分内容也是陈述知识，但与《三字经》不同的是，它铺陈知识往往不仅仅限于“然”，还涉及到许多“所以然”的事，如“云腾致雨，露结为霜”“吊民伐罪，周发殷汤”“性静情逸，心动神疲”等。可见，三部蒙书各有所重，各得其所，配合在一起进行启蒙教育可以相辅相成，收效卓著。另外，三部蒙书各自的篇幅都短小精干，文句简洁易诵，蒙童花时不多，常学常新，免于枯燥和疲劳。因此，“三、百、千”之名日盛，历久而不衰，成为我国传统启蒙教育领域的一座里程碑。

第三节　传统启蒙教育的精髓与缺陷

截至19世纪末，以“三、百、千”为代表的传统启蒙教育可以说被及万方，流传经世，无数蒙童因此而受益。当然，由于它们自身的局限和传统私塾教育方式的弊端，许多蒙童亦深受其苦。

下面我们先从“三、百、千”的特点谈起。

前面已经谈到，“三、百、千”中，篇幅最长的《三字经》约1200字，《百家姓》最长的版本不过500字左右，再算上《千字文》，三种蒙书加在一起不超过3000字，但是包含字种却超过2000。据统计，《毛泽东选集》四卷本洋洋洒洒数十万言，所用字种也未超过3000。这种情况表明，这几种童蒙读本中生字是集中出现的，而且密度极大。基于这样的编排，我们有理由推断，当时的人们已经充分认识到，或者至少考虑过识字的目的与作用，以及它与学习书面语的关系。简而言之，就是古人认为要读书必先识字，而且必须集中时间识相当数量的字，由此就在启蒙教育中形成了一个相对集中的、短时的、专门的识字阶段。

第二，三部蒙书的编写体例与特征，主要是便于蒙童诵读。因此，可以看出古人的启蒙教育理念是：识字的主要任务和方法一定要认读领先。在启蒙教育，也就是学习童蒙读本阶段，以记诵为主，而不急于进行字形、字义的讲解，也不急于进行书写训练。对写字教育，则另有章法。关于古人的写字教育，后面第七章将作专门探讨。这种认读领先的识字观，实际上直到今天也是得到相当多的认同的，比如很多人在批评识字的“四会”要求过高，也太过刻板时就曾指出，小学生识字不过是先要求认读而已。另外，心理学研究也充分证明，再认操作显然较再现操作容易，而且对同一事物的再认也一定先于再现。

第三，除《百家姓》外，其余两部蒙书均把生字置入一定语境，以有意义的文句为依托，使学童联系文句捕捉和明了字义，把识字和学习书面语有机地结合在一起。第一章我们曾谈到，汉字既有静态的解释性意义，也具有一定语境中动态的使用性含义，尤其对多义字，每一种意义的确定都需要语境的限制，例如《千字文》："知过必改，得能莫忘。"其中的"过"就是多义字，在这个特定语境中它的意思是"错误"，而不是动词意味的"经过、超出"或形容词意义的"过分"等，更不是读阴平的专有名词含义或读轻声的助词含义。另一方面，"过"所表示的"错误"意义联系这个特定的语句，也使它的用法和现实的语句一并成为学童的学习内容，字与词句彼此依存、相互支持，从而能够产生有效的互动作用，非常有利于学童对字、词、句的整合、理解和掌握。

第四，三部蒙书呈现生字的语境都是三言或四言韵文，文句齐整，节奏清晰，合辙押韵。学童读来朗朗上口，易读易记，能够较快达到前后衔接、连贯的自动化诵读状态。宋代理学家朱熹曾在《训学斋规》中指出："凡读书……须要读得字字响亮……只是要多诵遍数，自然上口，久远不忘。古人云'读书千遍，其义自见'。谓读得熟，则不待解说，自晓其义也。"另外，古今中外，许多人都对利用韵语增强记忆效果持肯定态度，如18世纪德国一名教子有方的牧师卡尔·威特，他的儿子在14岁和16岁时就已先后获得哲学和法学博士学位，他在《卡尔·威特的教育》一书中就曾提出，把学习内容变成韵文或儿歌是一种比较有效的记忆方法。再如，现阶段我国小学语文教学中，有人就曾对通过学习古诗词识字和常规识字两种方法做过对比实验研究，结果表明实验班学生在整体感知韵文的基础上识字，教学后识字测验的优秀率明显超过采用先识字后读文教学方式的对比班，二者相差25%左右，记字效果差异显著。还有，美国心理学家盖茨曾通过实证研究证明：不论是学习效率的提高，还是记忆总量的增加，两者都是由于把不断增加的学习时间百分比用于背诵促成的。而韵文自身的特性，恰好为背诵提供了有利条件。

第五，学童吟读蒙书过程中，并没有强制性的记认要求，更没有有意识的字形分析等环节，基本上是利用无意识记原理通过反复识读加强记忆。实质上这种做法正适应了低年龄段学童无意记忆和机械记忆能力较强的特点。心理学许多相关研究都表明，幼儿期是无意记忆发展迅速的阶段，而有意记忆则比无意记忆的发展滞后且缓慢，且需要一定的引导与训练。另外，儿童对于不理解的事物，虽然记忆效果低于他们能够理解的事物，但是，他们的机械记忆能力依然优于成年人。曾有人类学家和心理学家根据研究指出，一个人的记忆力发展自零岁开始，六到十三岁为一生发展的黄金时期；而理解力的发展虽然也是自零岁萌芽，但一般在十三岁以后才会有长足发展。曾有日本学者尝试在幼儿园教日本儿童认汉字，他所采用的方法是：每天让儿童念一首中国诗，只念十分钟，然后便挂在教室后面不再提任何要求，第二天换一首新诗再重复此过程。结果三年之后，幼儿园大班的儿童，平均每人能够认识一千多个汉字。

第六，虽然由于历史局限，“三、百、千”产生的时候还没有相应的理论支撑、科学体系和科学方法，但是根据后人的相关研究可以清楚地看到，三部蒙书所收录的汉字中绝大多数都是高频常用字，不论字形的复杂与简单，例如，三部蒙书中既有“人、不、天、工、王、羊”这类字形简单的独体字，也有“鼎、体（體）、听（聽）、驴（驢）、罗（羅）、宁（寧）”等笔画较多、结构复杂的合体字。这种情况表明，古人已经知道学以致用的重要性，初步形成了常用先学的识字理念。根据汉字认知领域的相关研究，字频是记认汉字的一种非常重要的因素，而字频也就是字的常用性，因此，以常用性为指标安排识字教学内容，客观上适应了人的认知特点，符合人的学习规律。

第七，《三字经》和《千字文》内容包罗万象：天文地理、自然景观、人伦道德、掌故先贤，使学童可以边识字边学其他知识，同时还能接受传统文化的熏陶和感染，既突出了语文学习的工具性，也充分展示并发挥了它的人文性，一举两得，事半而功倍。

就连《百家姓》，虽然从表面上看只是一些姓氏的陈列和连缀，并无其他知识传播，但是它之所以流行，除了能够满足人们日常交际的实际需求之外，本质上也迎合了华夏民族的谱牒文化和寻根意识。比如王应麟就曾编撰《姓氏急就篇》，现在全国各地大量保留下来的宗族祠堂更是为大家所熟知。而且，由此上溯，还可以探究不同姓氏的来源与谱系、中国古代社会形态以及姓氏与地域的关系等。例如，“姓”从“女”，就充分表明了中国古代社会的母系、母权等特征；而“氏”的字形本源同“支”，充分说明先有“姓”，而后有“氏”，后者是氏族、胞族或部落的分支，最初每个部落中的人都是既有氏，也有姓，姓和氏一同构成了人的身份特征，只是到了秦以后，二者才合二为一。再如，现今许多姓氏都从“阝（邑）”，这是因为这些姓的起源都和封地或居住地等有关，是从地名延及姓氏，现在我国许多自然村落的名称还是与该村的大姓联系在一起的，如“某家堡”等。

《三字经》和《千字文》除了百科知识、道德修养等内容之外，还有一个非常突出的特点，就是篇中文句的用典。这两部蒙书的用典主要有两种情况：一种是其中的文句语出经典，有出处和来源；另一种是一些文句概括了某些在民间流传很广的典故。当然，它们自身在流传过程中也逐渐产生并积淀下许多成语、俗语等，在汉语中留下了清晰的印记。例如，《千字文》开篇“天地玄黄，宇宙洪荒”，就是语出《易经》《淮南子》和《法言》，当然，这两句引经据典的语句用的是暗引的方式，而并非原文照录。再如，《三字经》“香九龄，能温席”“融四岁，能让梨”，都是民间广为传诵的礼义孝廉故事，主角是百姓推崇的典范的做人楷模，其后也通过成语“黄香温席”“孔融让梨”流传至今。其他如“孟母三迁”“悬梁刺股”“三长两短”等，均与这两部蒙书有着千丝万缕的联系，其中“三长两短”就是由于传说中，春秋战国时越国铸剑大师欧冶子锻造的名剑“湛卢、纯钧、胜邪、鱼肠、巨阙”是三柄长剑，两柄短剑，因此，后世即以该成语表示凶险与不祥，而“剑号巨阙”正是语出《千字文》。

以上种种，都是我们以今人的眼光详究细察，为古代以集中识字为代表的蒙学概括总结出的诸多可取之处，其中定不乏谬误，或有夸大之处，或有低估之嫌，聊做引玉之砖而已。

如此说来，难道传统启蒙教育全部都是可供继承发扬的经验，却没有引以为戒的教训吗？当然不是，任何人或事都是优劣并存、长短皆具的，正所谓尺有所短，寸有所长，传统启蒙教育亦不例外。

现在我们就本着“吹毛求疵”的态度，把传统启蒙教育置于显微镜下，斗胆挑一挑祖宗的毛病。

第一，以诵读韵语方式识字，对蒙童来说的确易读易诵，但是也容易造成“小和尚念经”式的弊病，读文不求甚解，而且文中也的确包含与他们理解程度不相适应的内容，如“尺璧非宝，寸阴是竞”“守真志满，逐物意移”“作大学，乃曾子，自修齐，至平治”等。这样，通过文句捕捉字义便显得近乎无源之水、无本之木了。与此同时，走马观花式的诵读，使学童在诵读过程中对字基本上都是轮廓辨识，鲜有精细分辨，因此，他们是否记住了所读生字，记住了多少，都难以确定，认字效果并没有一定保障。特别是对一些字形相似程度比较高或笔画较多、结构复杂的字，识记效果恐怕并不乐观。遗憾的是这种推断注定缺乏直接验证的机会和条件了，只能根据现阶段的相关情况进行一些间接的推测。

第二，蒙书生字密度大，也是一柄双刃剑，它除了体现集中呈现生字的作用外，同时也带来了生字复现机会少的问题，这就难免给生字的复习巩固埋下隐患。诚然，蒙书是要重复诵读的，但是，不断重复诵读同样篇目也会难以避免地使学童产生厌倦和疲劳，从而引起学习动机、兴趣以及注意力等下降，进而影响记认汉字的效果。另外，满篇生字都是学习内容，这样也容易导致看不到学习重点与难点，识字任务好像完全靠学童个人修行，诸如记认顺序、记认多少等等，均给人放任自流的感觉。

第三，生字的出现环境比较固定，缺乏变化，这也会给记认效果打一定折扣。因为我们都知道儿童认知事物时对环境的依赖性较强，他们观察事物时往往缺乏捕捉事物本质特征的能力，因此比较容易随环境变化而认为事物本身也产生了变化，从而难以识别出本来并无变化的事物。心理学关于儿童认知中的守恒问题实质上就涉及到事物本质与背景的关系，比如固定量的水在不同形状、不同容量容器中转移，在这种情况下，对于“哪个容器中的水多”这类问题，现场跟随整个转移过程的儿童，不同年龄段的答案存在显著差异，相对而言，年纪小的儿童容易受容器引起的水的形状等变化诱导，从而认为水量也发生了变化。实际上，就以我们平时碰到的与汉字有关的问题为例，有时也能观察到语境一类背景对我们应用汉字的影响，例如，“老饕、婢女、侈谈、勤学不辍、不谙世事”中下面带有下划线的字，你能迅速读出并读准它们吗？而当包含这些字的词语变成了“饕餮、奴婢、奢侈、辍学、熟谙”，再读它们是不是就变得容易些了呢？这是因为，现在所举的这几个字，它们更多的是在后一组词语里面被我们所熟悉，所以连同包含它们的词语一起成为我们记认的单元，而当它们脱离我们比较熟悉的背景，出现在新的词语里，我们由于对背景的生疏，就连带着对这些已经认识的字也生疏起来了。

第四，缺乏变化的语境，也使生字所承载的语义比较单一，而在第一章我们已经谈到，大部分汉字都是多义的，因此，既然字义的呈现受到了限制，那么，尚未呈现的字义就完全成为教学内容之外的东西，更妄谈让学童掌握了。就以我们刚刚举过的“过”字为例，《千字文》《三字经》中它的意思都是“错误、过失”，而该字的表意范畴就算限制在比较常用的主要意义，恐怕也接近十项，那么，它的其他含义显然都无法由《千字文》《三字经》提供呈现的背景，因此也就不能为学童提供了解和掌握这些意义的环境与条件，从而导致通过这样的认读方式基本上只能接触到多义字的部分含义。此外，《百家姓》中，只有少数字才是专门的姓氏用字或与姓氏相关的专有名词用字，如“赵、吴、蒋、韩”等，而大部分字都有其他常用意义，如“钱、孙、李、卫、许、何、严、金”等，而这些字通过诵读《百家姓》充其量只能起到识读字音并在音形之间建立联系的作用，字的一般意义则根本没有依托，也就谈不上让学童理解和掌握了。

第五，与汉字的多义情况类似，汉字里面还存在着许多多音字。而以词句串联生字的蒙书，由于专注于生字的密度而疏于语境的变化，因而也往往导致多音字的某些读音和所对应的意义在整篇蒙书里并无着落。从《三字经》《千字文》中，我们随处可以找到诸如“相、长、处、省、数、重、宿、调、冠”等多音字，它们中的一些字，把两本书配合起来尚可呈现多音面貌，如“性相近，习相远”“府罗将相，路侠槐卿”；而有的字则只出现了其中的一种读音，如“曰平上，曰去入，此四声，宜调协”“闰余成岁，律吕调阳”。而且，更让人疑惑难解的是，我们难以准确判断在那个遥远的年代，某些多音字的哪种读音更加常用，而这一点，对包括识字教学在内的整个语文教学无疑是非常重要的。

第六，传统蒙学认读领先，识写分开的策略与方法，至少在认读汉字的初始阶段基本放弃了借助书写强化识记的途径。因此，教学过程中字形的落实情况究竟如何，不好下结论。但是，至少在没能有效利用书写对识记汉字产生积极作用这一点上，识写完全分开有人为脱节之嫌，实际上是损失了一种巩固生字、加深印象的机会。提笔忘字，多是由于对字形只有轮廓印象，而缺乏精细记忆所致，书写练习却正是加强字形分辨的一种有效途径。

第七，蒙书的词句全部用书面色彩极浓的文言，与人们在日常生活中所使用的口语有相当距离，而且为了追求对仗、工整和押韵，有的文句晦涩难懂，起不到以语词衬托字义的作用，基本成了生字的罗列。这样既不利于充分利用学童的口语基础开展识字教学，还容易使语文教学出现人为割裂口语和书面语以及重文轻语的倾向，特别是也减弱了语境对识字的作用。

第八，虽然我们曾说一些比较通行的蒙书所收录的汉字绝大多数都是高频常用字，但由于历史局限性，毕竟收字的依据、选字的科学性等都相对随意，所凭藉的原则朦胧而不清晰，《三字经》《千字文》表面上看以遵文意为主，似乎并没考虑过汉字的结构规律，如笔画繁简、结构类型等；《百家姓》收录姓氏的原则，至少有一些姓氏不知所遵，如据今考证，复姓“第五”只在宋代出现过涉及一个人的文献记载。

第九，突出强调蒙书的识字特色和作用，容易使实际教学背离编制蒙书的初衷，从而使人狭隘地理解词句的主要作用是串联生字，而忽略语义的贯通以及对字义的烘托，因此，才导致有的私塾先生完全撇开词义、句义和文义不谈，只一味强调死记硬背，把学童塑造成了背书的机器。

由于时代的局限，以现今眼光审视古代启蒙教育，肯定存在着这样那样的问题和不足。但是，我们应当骄傲，也应当肃然起敬，更应当庆幸的是，我们的祖先以他们的智慧和毅力开辟了启蒙教育这一片天地，因此才使得我们这些后人得以在其中汲取营养、继承经验、获得知识与灵感，甚至没有任何顾虑地挑三拣四、指手画脚，直至公开批判。以上所言虽尽量本着客观和实事求是的态度，但作者囿于个人眼界与修养，充其量算是管中窥豹，难免疏漏和谬误。

第四节 传统启蒙教育与当代识字教学

以“三、百、千”为代表的传统启蒙教育，在历史长河中一直受到重视与推崇，历久而不衰，以至在今天的识字教学中，我们依然可以发现传统启蒙教育的一些影子。

首先，关于语文学科的工具性与人文性，传统启蒙教育可以说奠定了语文教学这两大支柱的基础。一方面，传统启蒙教育把识字与识字后的读经读史等有机地整合为一体，将识字视为接受百科知识、文学艺术、道德修养等的工具性手段，并且在读经读史等过程中体现人文教育。另一方面，在识字阶段，通过几部内容丰富、文采卓著的蒙学篇章，也力图实现同时学习百科、历史、文学、艺术和人伦等知识的目标。

仔细观察如今的小学语文教学，从教学大纲的颁布和施行，到教材编写与课堂教学，随处都能看到语文教学的工具性目标和人文性目标，以及达到这两种目标的若干途径与过程，从而体会到它们在语文教学中的重要地位。例如，教育部2000年颁布的《九年义务教育全日制小学语文教学大纲》（试用修订版）就开宗明义：“语文是最重要的交际工具，是人类文化的重要组成部分。小学语文是义务教育阶段的一门基础学科，对于培养学生的思想道德品质和科学文化素养，对于学生学习其他学科和继续学习，对于弘扬祖国的优秀文化和吸收人类的进步文化，提高民族素质，都具有重要意义。”随后，该版大纲在“教学的总要求”以及“各年段的要求”部分，结合具体教学内容与环节进一步明确了工具性目标和人文性目标的任务，如学会用汉语拼音和偏旁部首查字典，阅读文章能理解主要内容并体会思想感情，等等。

而在教材编写以及课堂教学中，工具性和人文性的理念与特点则贯彻得更加具体和清晰，比如教学过程中一般都非常注重字词教学对阅读的作用，同时强调通过阅读吸取知识、培养鉴赏能力、提高艺术品位与文学修养等。还有在识字教学中随时贯穿字形特征与字义的关联，如“双木为林，三人为众”，使教学活动在实现工具性目标的同时，也拓展学生的视野与思维。另外，教学过程中还十分重视字词与传统文化的联系，如识字阶段的成语故事、历史典故、诗词对联以及猜谜语活动等，它们既强化了识字效果，也融合了丰富的传统文化内涵。由此可见，传统启蒙教育赋予语文课程工具性和人文性的本质，它们已经完全延续到今天的语文教学体系之中。

其次，关于识字与阅读等语文综合训练，传统启蒙教育宏观上呈现阶段性理念，微观上彼此辅助与协调，互相融合，共同发展。对于识字，传统启蒙教育的理念与方法是阶段性集中，如汉代蒙学教育的“书馆”，童蒙首先接触《仓颉》《凡将》《急救》《元尚》等蒙学篇目，目的就是识习汉字。蒙学教育的这种传统一经产生便成为主流，其方法一直沿革到清朝。因此，清代文字学家王筠在其《教童子法》中总结到：“童养之时，识字为先，不必遽读书……能识二千字，乃可读书，读亦必讲。”清代蒙学教育家崔学古在《幼训》里也说：“第一分纸上识字、书上识字二法……凡训蒙，勿轻易教书……至千字外，方用后法。”这段话清楚地概括了传统启蒙教育识字为先的理念与方法。

与此同时，在微观层面，就像前面谈到的，以识习汉字为主的蒙书，自《急就篇》等以后，多以词句串联生字，因此，识字、识词、识句等是结合在一起的。此外，传统启蒙教育中还有“书上识字”的方法。这种方法一般在童蒙积累了一定的识字量之后施行，如明代《教子良规》（著者不详）所述：“令童蒙先识所读之书之字……然后习读。”识字过程为：“逐一手指，挨字而读，庶心口相应，耳目不分，久之识字愈多，则习读愈便。”表现出典型的边识字、边读书特征。

在识字的具体方法上，传统启蒙教育也进行了许多有益的尝试，并且一直影响至今。首先是生字的集中与分散。传统启蒙教育开创了生字密度较大的集中识字和融生字于词句的“书上识字”方法，这些方法对当今识字教学的影响从后面第六章可以很清楚地看到。另外，在认读领先的理念下，充分利用汉语汉字的音节化、声调分平仄等语音方面的特征，传统启蒙教育还创造了以韵文载字、驭字，以属对等方式习字等方法，如成书于元朝，祝明所撰《声律启蒙》和明人司守谦所著《训蒙骈句》等均为专门的属对教本；再如崔学古《幼训》中概括的属对法：“一曰训字。先取对类中要用字眼，训明意义……一曰立程。语云：‘读得古诗千百首，不会吟诗也会吟。’……一曰增字。假如出一‘虎’字，对以‘龙’；虎字上增一‘猛’字，对亦增一字曰‘神龙’。按此法不断增加上下联之字，即可得‘奇威降猛虎，异术豢神龙’。”这些具有鲜明汉语汉字特征的教学方法在现代小学语文识字教学中都能找到它们的影子，比如小学低年级语文教学中的儿歌和古诗等，像“一去二三里，烟村四五家。亭台六七座，八九十枝花”“鹅，鹅，鹅，曲颈向天歌。白毛浮绿水，红掌拨清波”等几乎成为每一个小学生都耳熟能详的诗句。此外，对对子等方法现在在一些小学语文课本和教学法中也成为识字训练的一种有效途径，例如：“云对舞，雪对霜。和风对细雨，朝霞对夕阳。”再比如出句“苹果芒果杨梅果”“天空小鸟对对飞”，学生对出下句“桃花梨花石榴花”“河里大鱼双双游”等。虽然这些训练有些是严格意义上的属对，有的则并不严格符合属对要求，不似传统启蒙教育的属对练习在平仄、对仗方面那么严谨和讲究，但是它对识字教学的意义并不因此而减色。因为，这种训练有助于学生感受字词的含义和词句的结构，另外通过训练，也能够让学生了解传统文化，接受传统文化的熏陶，可谓一举多得。

传统启蒙教育对识字量的把握虽然感性因素大于理性因素，经验的成分和特征更加明显，但是其学以致用的理念，以及在此理念下探索出的满足阅读所需要的大致字量，显然对现代识字教学具有非常重要的参考作用。如崔学古《幼训》所载："何谓纸上识字？凡训蒙，勿轻易教书，先截纸骨，方广一寸二分，将所读书中字，楷书纸骨上……识后，用线穿之，每日温理十字，或数十字。周而复始，至千字外，方用后法（作者注：指"书上识字"）。教书读至上论，方去纸骨。大约识完四书，总字足矣。"按照这种说法，"纸上识字"加"书上识字"基本可以积累能够满足日常阅读等所需要的识字量。根据现代学者的相关研究，四书总字数约5万多，用字量约2300多。如此看来，不计"纸上识字"与"书上识字"必然存在的重复用字，二者所用字形不同的汉字，合在一起大致在3000左右。这个识字量，不消说，与现行小学语文教学大纲所规定的识字量基本相当。可见古今汉字虽总量迥异，日常应用所需的识字量却大致相同。

由于汉字形音义自身的特点，传统启蒙教育的识字过程基本遵循了由简及繁、由易到难的序列。如王筠《教童子法》："先取象形、指事之纯体教之。识'日''月'，即以天上日月告之；识'上''下'，即以在上在下之物告之，乃为切实。纯体字既识，乃教以合体字。又须先易讲者，而后及难讲者。"这种先独体字，后合体字的教学序列，与当代小学语文识字教学先教"人、手、口，日、月、土"，后教"明、吐、肚"等的方法明显存在一种沿革和继承关系。虽然古人尚未提出字形分析的概念，但是其做法已然表明了合体字是由独体字组合而成的思考，正如王筠在《文字蒙求》中所说："人之不识字也，病于不能分，苟能分一字为数字，则点画必不可增减，且易记而难忘矣。"

另外，传统启蒙教育在借助或利用汉字形音义特征开展教学方面，也摸索出许多有用的方法。如因声索义、形近字区分、多音多义字辨析等。崔学古在《幼训》中就提到："又有辨字一法，如'形'之与'刑'，'杨'之与'扬'，声同而笔画边旁不同……'行'之与'行（航）'，'女'之与'女（汝）'，字同而用之不同……诸如此类，必细辨之。"清代学者李新庵原著，陈彝重订的《重订训学良规》中也说："识字既多，将音义相近之字，归并一处，告以从何会意，从何得声。”现代小学语文识字教学中辨字、析义的许多具体做法完全继承并发扬了传统启蒙教育所创造的这些实践经验，比如辨析“杨”和“扬”，除了指出偏旁的不同，还会借助“木字旁”和“提手旁”的表义范畴以及联系“杨柳”“扬手”等词语明晰字义。因声求义这种方法虽然属于训诂领域，专业性非常强，但是，传统蒙学和现代识字教学均借其成果，并不教授训诂专业的知识，比如教生字“涧”，讲授字义时可能就会由“夹在两山之间”而寻求与表示“两种事物或两段时间当中”的“间”在意义上的联系，以便学生产生适当的意义联想并建立恰当的语义网络。

实际上，大到教学理念、教学框架，小到若干汉字在教材编写或课堂教学中的具体问题，现代识字教学都可以从传统启蒙教育中继承经验、汲取营养。例如，《半途而废》故事中有一位主人公叫“乐羊子”，其姓氏是个多音字，既读yuè，也读lè，而且凑巧的是“乐”的这两种读音均可用于姓氏，读哪种完全要名从主人。这就给教材注音和实际教学带来了困扰。那么，通过查寻《半途而废》的故事背景，可知这则故事的发生地今属河南省，“乐（yuè）”姓刚好也起源于今河南省，如宋王应麟《姓氏急就篇》：“乐氏，宋戴公子……玄孙乐毅。豫为乐氏其后。”由此，从若干线索推断，“乐羊子”之“乐”大概读作yuè更加合理一些。

当然，除了从传统启蒙教育方法的宝库中借鉴与继承，传统启蒙教育本身，如蒙学教材等，如果使用得当，在今天也还是可以老树发新芽，重新焕发出绚丽夺目的光彩的。“三、百、千”等古老的蒙学篇章即使放在今天诵读，也仍然具有不可替代的现实意义。

第四章

汉字整理与标准化

第一节　汉字整理的目的与主要方面

传统启蒙教育通过实践经验所确定的“识字量”能够告诉我们许多非常有用的信息：第一，识字积累到一定数量，基本就能满足阅读的需求了；第二，教授童蒙的汉字不需要囊括整个汉字系统，而只需要覆盖其中的一部分。

现在的问题是，蒙学读本确定字量的依据或原则是什么？选字的标准又有哪些？根据目前所掌握的资料推断，日常应用所需应当是传统启蒙教育确定字量的主要依据，同时也是选字的主要标准。而“日常应用”则主要包括生活与学习，比如满足日常生活需要的姓氏、杂字等，满足阅读经、史、诗等需要的“纸上识字”和“书上识字”等。

现代小学语文识字教学关于字量和识字范围的确定，实际上也走过了由感性到理性、由经验到科学的方法论指导的过程，尤其是自20世纪计算机科学飞速发展以来，客观数据的获取成为许多决策的基础，识字量的确定以及教学用汉字的具体筛选也顺应了这种趋势。

识字量的确定，显然是把在一定历史时期通行的汉字当作一个总体，然后根据需要对这个总体进行整理并从中筛选。那么，通行汉字首先就成为整理的对象，从而涉及到汉字的定量问题。

汉字的定量一般有两个主要目的，一个是摸清家底，穷尽古往今来见诸文献资料的一切汉字；一个是针对不同领域、不同层次的需求确定具有较强针对性的汉字子集，如《现代汉语常用字表》《GB2312—80 信息交换用汉字编码字符集·基本集》等。而对汉字的整理工作，自然并不限于字量这一个方面。

前面第一章在谈到汉字形音义的本质特征及其发展演变等相关内容时，曾提及汉字的一字多形、一字多音以及古汉语中的通假现象。站在历时角度，汉字由于自身的发展演变，一字多形、一字多音是必然趋势和结果，就像同一个汉字的楷体与甲骨文、现代读音与中古音肯定不一致，这是再自然不过的事情。然而，如果立足于共时层面，这样的现象可能就会给使用者带来不便和困扰。

请看一个简单的例子。华夏子孙都耳熟能详的神话故事“嫦娥奔月”，其中的“奔”读第几声，可能绝大多数人都不会留意，也未曾深思。那么，分别读阴平和去声的两个“奔”，究竟哪一个更适合在这个具体语境中联贯语意呢？先看读阴平的“奔”，它有表示“跑、走”的动词性含义，如“奔驰、奔赴”等；再考察读去声的“奔”，它也具有表示同样行为动作的含义，如“投奔、直奔学校”等。看起来分析到这个层面还是难以确定“嫦娥bēn月”和“嫦娥bèn月”哪个更合理，只能再从其他方面或通过其他途径进一步考察。先来看两种不同读音的“奔”在历时过程中产生的异体字：读阴平的“奔”有一个异体字“犇”，而读去声的“奔”的异体字却是“逩”。“犇”的本义是牛惊而乱跑，着眼于某种动作；“逩”的本义则同“奔”，读去声，但是从它增加的形符“辶（辵）”来看，该字表义方面更着重行动，而任何行动，其本身都暗含着一定的目的，是为了达到某种特定目的而产生的行为动作，这也是“行动”与单纯的“动作”的区别所在。例如：“她特别爱笑。”“她笑他包子烧卖都分不清。”前一句的“笑”是单纯的动作，没什么目的性；后一句的“笑”则更多的是表示某种行动，具有达到一定戏谑效果的目的。由此，可以初步确定读阴平的“奔”更偏重单纯的、没有较强目的性的动作；而读去声的“奔”则侧重某种具有一定目的性的行动。再从现实语言材料中考察用例，“东奔西走、奔跑”等显然没有具体的目的地或目的性，至少其目的性不明确；而“投奔、直奔学校”等则显然具有特定的目的地和很强的目的性。因此，结合“嫦娥奔月”的故事内容，基本可以确定这里的“奔”读去声更加合理，因为故事主人公的行为具有明确的目的地和鲜明的目的性。

上面的例子表明，如果一个汉字具有多音特征，那么，为了避免使用中产生歧义或表义不准确，保证交际顺畅进行，就需要在某种程度上对该字进行梳理和整理，最好能够对其用法和适合的语境做出标注和说明。而这种意义上的整理，还仅仅是问题的一小部分。更大的问题是许多汉字由于种种原因存在着异读情况，如“癌”在普通话异读词整理之前还读yán，“指”在“手指、指头、指甲”中，口语常常分别读作上声、阳平和阴平。这些不区别意义的异读现象往往给使用带来不同程度的阻碍，更使需要标注字音的一些工作出现困难。因此，为了减少交际中的不确定性，就需要对语言符号可能存在的变体进行整理。普通话异读词审音是整理汉字读音方面最主要，也是最重要的一项工作。

与异读情况同样的道理，如果我们平时阅读的语句常常如下面这样：“他是。”“他在邨口村民开的一家飡厅用餐。”恐怕无论是印刷者还是阅读者都会难以接受。第一个句子的用字情况表明，不同历史时期的汉字字形不适合在共时层面交错使用，形成共现关系。第二个句子的用字，既违背了汉字的规范化、标准化的要求与原则，也表现出用字的随意和不严谨，正体、异体交叉，必然对交际产生不利影响。因此，整理异体字就成为保证交际过程顺畅的一种举措，同时也符合文字符号规范化、标准化的要求。

然而，整理异体字也只是汉字字形整理工作的一部分，其他还有标准字形的确定、部首的归并等等。其实，在汉字发展历史上，前人已经在很多方面做过汉字字形的整理了。比如小篆就是秦统一六国之后，严格实施的大规模汉字字形标准化措施与工程的产物，并由此奠定了小篆作为官方推行的标准文字的地位。

小篆通行后，一直到东汉时期，逐渐产生了一些文字训诂等方面的著作，也出现了几位文字训诂领域的大家，如扬雄和《方言》、刘熙和《释名》以及作者不详的《尔雅》等。其中影响最大、流布最广，并且一直影响至今的，无疑是许慎的《说文解字》。《说文解字》在汉字考释、溯源等方面均贡献卓著，与此同时，它还对汉字的分类、确立部首等做了开创性的探究。比如第一章已经提到，《说文解字》将所收录的汉字归并为540部，这基本上可以看作是用部首为汉字分类并统领汉字的发端。此外，《说文解字》还对字形的正异进行了考证和确定，比如对非主流通行正篆字形，均于每部末尾列“重文”，根据后人不同疏证、增补版本，“重文”数量略有差异，大约在1200上下；另外，原文卷十五还列有“俗书譌（作者注：音é，同“讹”）谬不合六书之体”和“篆文笔迹相承小异”等栏目，对个别字的某些形体进行了考订。当然，《说文解字》的“重文”不一定完全等同于异体，其性质还有待探究，但是其中肯定含有异体字的因素。“重文”的考订与编排之法对后世影响颇深，南北朝时顾野王所著《玉篇》就沿革了这种做法。

从《说文解字》和《玉篇》对汉字某些方面的整理中，我们能够看到，前人对汉字的整理大都通过工具书体现，这也是沿革至今的一种方法。与此同时，从《说文解字》叙“盖文字者，经艺之本，王政之始。前人所以垂后，后人所以识古。故曰：‘本立而道生。’知天下之至啧而不可乱也。今叙篆文，合以古籀，博采通人，至于小大。信而有证，稽撰其说。将以理群类，解谬误，晓学者，达神恉”和《玉篇》序“六书、八体，今古殊形。或字各而训同，或文均而释异，百家所谈，差互不少。字书卷轴，舛错尤多，难用寻求，易生疑惑。猥承明命，预缵过庭，总会众篇，校雠群籍，以成一家之制，文字之训以备”揣摩，古人通过工具书这种形式整理汉字，其主要目的之一就是为了满足应用的需求而辅正去伪、规范汉字。

诚然，前人整理汉字的方法与成就，必然带着历史的局限性，但这些并不影响它们对于现代汉字整理工作的重要参考价值。此外，现代汉字整理工作的范围也在前人的基础上拓展得更加广泛。

概括起来，现代汉字的整理大致有定形、定音、定量和定序四个方面。其主要目的依然是面向社会应用，满足汉字应用规范化、标准化的需求。

第二节　汉字字形整理及相关标准

定形是汉字整理工作中最庞杂也最重要的一个方面，自1949年之后，我国一方面延续之前的若干研究与整理工作，另一方面也根据现实需要扩展现代汉字整理的领域与范围，并于1954年12月特别成立了专门负责语言文字事务与工作的政府部门——中国文字改革委员会，1985年12月16日更名为国家语言文字工作委员会。到目前为止，我国涉及现代汉字字形方面的相关标准林林总总，不下数十项，归纳起来有以下几类。

第一，整理正体和异体。前面曾经提到异体字问题，其来源不外地域用字差异、不同时代用字差异、民间俗字、通假字或造字方式不同等等，比如春秋战国时各诸侯国"文字异形"，会意字"村、泪"和形声字"邨、淚"等。由这些原因产生的异体字，首先对出版印刷和汉字教育影响甚大，导致很多时候同音同义却不同形，当诸如汉字教学与评估等需要统一标准时，却难以得出定论。因此，客观上就产生了对异体字进行整理的需求。

从20世纪五十年代起，就由政府有关部门组织相关领域专家学者开展了整理异体字的工作，具体情况是：

1955年12月22日，中华人民共和国文化部、中国文字改革委员会联合发布了《第一批异体字整理表》。根据规定，该字表自1956年2月1日起实施。除一些特殊情况（如翻印古书、用作姓氏等）外，全国出版的报纸、杂志、图书一律停止使用该表淘汰的异体字。

《第一批异体字整理表》正文为表格形式，按照音序排列，共收异体字810组，合计1865字。每组最少2字，一正一异；最多6字，一正五异，如"窗"

的异体字共有“窓、窻、牕”等5种。每组只有一个选用字，其他为淘汰的异体字。全表共选用810字为正体，淘汰1055个异体字，字形1053个[注11]。

《第一批异体字整理表》公布之后，随着社会用字的不断变化，关于异体字的规定也在不断调整以适应新的变化。

1956年3月23日，中华人民共和国文化部和中国文字改革委员会发布《修正〈第一批异体字整理表〉内“阪、挫”二字的通知》，恢复了这两个淘汰的异体字。

1986年发布的《简化字总表》将“诉、谳、晔、詟、诃、鳝、绀、刬、鲙、诓、雠””等11个类推简化字收入其中，不再作为淘汰的异体字。

1988发布的《现代汉语通用字表》将“翦、邱、於、澹、骼、彷、菰、溷、徼、薰、黏、桉、愣、晖、凋”等15字收入其中，不再作为淘汰的异体字。

另外，1993年9月3日，国家语言文字工作委员会文字应用管理司对“熔〔鎔〕”的批复意见中，将“鎔”恢复正体地位，再将“鎔”类推简化为“镕”。这份文件指出：所谓异体字是指同音同义而字形不同的字，而“鎔”字有熔化、铸造、铸器的模型等几个义项，在这些义项中只有“熔化”这一义项“鎔”“熔”意义完全相同，“鎔”是“熔”的异体字。“鎔”字的另外几个义项是“熔”所不具备的，因此，当人名用字中“鎔”表示“熔化”以外的意思时，“鎔”字不是“熔”的异体字，可继续使用，并按偏旁类推简化原则，“鎔”字应作“镕”。

1997年由语文出版社出版的《语言文字规范手册》重排本中，《第一批异体字整理表》中的“諂［謟］”和“粳［粇秔稉］”两组字为：“謟”音tāo，意为“疑惑，诞妄”，与“諂”音义均无关，并非正异关系；“粇”则只适宜作为“糠”的异体字处理。所以，“根据群众意见，经过专家组论证”有所变动。这样一来异体字又少了两个。

注11 “妳、粇”各出现两次。

至此，《第一批异体字整理表》中的异体字尚存794组，被淘汰的异体字有1024个，字形为1023个。其中“妳”作为第155组“奶”和第160组“你”的异体字仍然出现两次。另外，“熔［鎔］”组字问题，由于1993年国家语言文字工作委员会文字应用管理司对“熔［鎔］”的批复意见对于《第一批异体字整理表》中这一字组如何处理并无明确意见，因此也悬而未决。

第二，确定通用字形。除了整理异体字，我国当时还在进行汉字的简化和出版物中新旧字形的整理，这方面工作内容大致如下：

1964年3月7日，中国文字改革委员会、中华人民共和国文化部、中华人民共和国教育部联合发布《简化字总表》。1986年10月10日，国家语言文字工作委员会重新发布。

汉字简化经历了多次变更。最初的《汉字简化方案》是在1956年1月28日国务院全体会议第二十三次会议上通过的，其中收了515个简化字和54个简化偏旁。1964年，有关部门再次发布《简化字总表》。此次发布的《简化字总表》共收简化字2236个，其中包括《汉字简化方案》中的全部简化字，以及用类推简化得出的全部简化字。因此，这个《简化字总表》是《汉字简化方案》的具体化，二者基本一致，并非两个完全不同的版本。

1977年12月，中国文字改革委员会曾经发表《第二次汉字简化方案（草案）》，后因社会上反对意见较多，于1986年由国务院批准废止。此后再使用其中的字形即为不合规范。

现在大家通常所说的《简化字总表》指的是1986年10月10日由国家语言文字工作委员会发布的最新版的《简化字总表》。这次的《简化字总表》对原《简化字总表》（1964年版）中的个别字作了调整，例如，“叠”“覆”“像”不再作为“迭”“复”“象”的繁体字处理。新版《简化字总表》总字数为2235个，这是到目前为止经国家主管部门批准的全部简化字。

《简化字总表》正文为表格形式，由三个子表构成：第一表是不作简化偏旁用的简化字，共收简化字350个；第二表是可作简化偏旁用的简化字和简化偏旁，共收简化字132个和简化偏旁14个；第三表是应用第二表所列简化字和简化偏旁得出来的简化字，共1753个。

1965年1月30日，中华人民共和国文化部、中国文字改革委员会联合发布《印刷通用汉字字形表》，成为当时印刷用铅字字形的统一标准。

《印刷通用汉字字形表》正文为表格形式，按照字的笔画数及笔形顺序排列，共收录印刷通用宋体字6196字。该表按照从简从俗、便于学习和使用的原则，给每一个通用汉字规定了标准字形，包括笔画数、结构和书写笔顺。在该表中，笔顺规范是隐性的，隐含在汉字的排列顺序之中，要靠字表里各字的先后位置来确定。

和异体字、繁体字的处理方式不同，该字表只规定了标准字形，却没有列出与之对照的需要停止使用的字形，因此字表公布后就有一些工具书通过整理列出了新旧字形对照资料，即我们现在经常看到的《新旧字形对照表》或《新旧字形对照举例》。

新字形主要从书写着眼，删减了一些字的笔画，或将一些字的笔画或构件的笔形做了调整，使之更接近楷书特征，以方便运笔。有学者并不同意新旧字形之说，原因是新旧之说容易引起新字形完全是新创制的，或者一定产生于旧字形之后这样的误解，而实际情况并非如此，如“删”在唐代颜元孙的《干禄字书》中是正字，而其所对应的如今所谓的旧字形“刪”反而是后起的俗字；再如“吴、俞、录”等在唐宋文献中均已出现，并非新创。此外，关于新旧字形对照，各家整理收录的数量不尽相同，如《现代汉语词典》为48组，胡双宝编《简化字、繁体字、异体字辨析手册》录72组，语文出版社2006年版《语言文字规范手册》收录52组。

1988年3月25日，国家语言文字工作委员会、中华人民共和国新闻出版署联合发布《现代汉语通用字表》，并规定自发布之日起实施。

《现代汉语通用字表》是为了满足出版印刷、信息处理以及其他方面的需要而制定的。该字表依据《印刷通用汉字字形表》确定字形标准，规定了汉字的字形结构、笔画数和笔顺。字表发布后，印刷通用汉字字形即以此为准。古籍出版和有其他特殊需要的，可以不受该字表的限制。

《现代汉语通用字表》正文为表格形式，按照字的笔画及笔形顺序排列，共收汉字7000个，其中包括《现代汉语常用字表》3500字。

通用字形的确定实际上主要就是针对雕版印刷的字模，那么，是不是规定了标准字形，字模问题也就一并解决了呢？答案是否定的，具体情况见下。

第三，规定印刷字体标准及制定字模和计算机字库汉字点阵字形标准。通用字形标准确定后，随之面临的问题是常用印刷字体的若干标准。因为第一章已经提到，汉字的基本笔形、笔画间的相对位置与长短都有讲究，而且还有一些出于整体美观的笔形变化，如避重捺等。另外，不同印刷字体之间，某些汉字的笔画形状、笔画之间的位置关系等也略有差异，如宋体“小、花、雪、心、因、这、月、又、女、好、角、豕”和楷体“小、花、雪、心、因、这、月、又、女、好、角、豕”就存在着不同程度的差别。因此，就需要制定一些相应的标准来指导和规范印刷字模以及计算机字库和汉字输出。这方面的标准示例如下：

GB5007.1—1985　信息交换用汉字24×24点阵字模集

GB5007.2—1985　信息交换用汉字24×24点阵字模数据集

GB5199.1—1985　信息交换用汉字15×16点阵字模集

GB5199.2—1985　信息交换用汉字15×16点阵数据集

GB12034—1989　信息交换用汉字32×32点阵仿宋体字模集及数据集

GB12035—1989　信息交换用汉字32×32点阵楷体字模集及数据集

GB12036—1989　信息交换用汉字32×32点阵黑体字模集及数据集

GB12037—1989　信息交换用汉字32×32点阵宋体字模集及数据集

……（36×36点阵、48×48点阵、64×64点阵、

128×128点阵)

GB14720—1993 信息交换用汉字256×256点阵黑体字模集及数据集

GB/T12200.2—94 汉语信息处理词汇 02部分：汉语和汉字

GF3004—1999 印刷魏体字形规范

GF3004—1999 印刷隶体字形规范

这些标准实施后，制作汉字字模和建立计算机中文字库就有章可循、有标准可依了，同时也为汉字字模和计算机中文字库的审核提供了重要基础和依据。

第四，规定计量单位名称统一用字和部分地名用字。计量单位本身就是一项标准化要求和程度非常高的工作，特别是一些国际上比较通行的计量单位，将它们译写成汉字后也存在着标准化问题，如“盎司、温司、英两、唡”曾经并存。尤其是个别与汉字读音规则和习惯明显冲突的双音节汉字，如“瓩（千瓦）、吋（英寸）、浬（海里）”等，除了难以融入汉字系统外，也给人们的学习和使用带来了不便和困扰，因此需要对其加以规范。

1977年7月20日，中国文字改革委员会和国家标准计量局联合发出《关于部分计量单位名称统一用字的通知》，对涉及长度、面积、容量、重量等20个计量单位的名称用字做出了统一规定，从根本上改变了名实之间头绪繁多的局面。

关于地名用字，按理说一般都会遵循名从主人的原则，但是有些地名用字因为生僻难认，在发布《简化字总表》时经国务院批准做了调整，并辑录在该表“附录”中以备检查。

1987年3月27日，国家语言文字工作委员会、中国地名委员会、铁道部、交通部、国家海洋局和国家测绘局又联合发布了《关于地名用字的若干规定》，强调并明确了地名用字的标准和规范。1999年，国家技术监督局也颁布了国家标准《GB177333.1—1999 地名标牌 城乡》。然而，虽然有关部门出台了这样一些地名用字方面的标准，但是问题并没有彻底地解决，至今仍然存在着个别遗留问题，例如河南省洛阳市廛（瀍）河回民区，用两个字的情形同时存在；再如一些地名中用的“咀”，是“嘴”的俗体，按照相关规范，不应当再使用了。

第五，制定部首、部件、笔顺等标准。关于字形标准问题，除了整字层面的形体，还有汉字结构、部件、部首和笔顺等，这几方面的标准对汉字教学中的字形分析、汉字检索和中文信息处理等都具有十分重要的作用。在这个类别比较宽泛的标准里，汉字结构应当是最基础的，独体字的确定、合体字结构类型的归并、部件和部首以及笔顺规则的确定均与此相关。

一般认为，独体字从来源上看，多来自象形、指事两类，而合体字则源于会意、形声两类，因此字源就成为制定此类标准的重要依据。与此同时，汉字演变至今以及经过整理的现代汉字形体结构也成为另一个重要依据，例如“山、水、上、下”等定为独体字主要根据字源；而“专、书、东、农、隶、事”等定为独体字则主要依据楷定之后的汉字和内地的现行汉字。

这方面的标准大致有：

1983年中国文字改革委员会和国家出版局发布的《汉字统一部首表》（草案），1997年4月7日国家语言文字工作委员会和新闻出版署发布的《现代汉语通用字笔顺规范》，1997年12月1日国家语言文字工作委员会发布的《信息处理用GB13000.1字符集汉字部件规范》，1999年10月1日国家语言文字工作委员会发布的《GB13000.1字符集汉字笔顺规范》，2001年12月19日中华人民共和国教育部和国家语言文字工作委员会发布的《GB13000.1字符集汉字折笔规范》，2009年1月12日中华人民共和国教育部和国家语言文字工作委员会发布的《汉字部首表》和《GB13000.1字符集汉字部首归部规范》，2009年3月24日中华人民共和国教育部和国家语言文字工作委员会发布的《现代常用独体字规范》和《现代常用字部件及部件名称规范》，等等。

字形方面的标准与规范范围较广、头绪很多，相应的标准与规范在数量上也相当可观。相对于定形工作，汉字的定音就简单许多。当然，这里说的简单是就工作内容的相对性而言，并不是指工作本身。

第三节　汉字读音整理及相关标准

汉字定音的必要性与目的性第一节已经谈到，此项工作所针对的主要是部分汉字在读音方面存在的异读现象。根据一些学者统计，《现代汉语通用字表》收录的7000汉字中，其普通话读音存在异读情况的汉字有830个，约占总数的11.9%。这个比例从语言文字应用的现实着眼，的确比较高。因为就算静态地看待它，也预示着在普通话交际中遇到单音节词或单音节构词成分的读音不确定，或者说读音存在若干可能性这类情况的几率超过十分之一。因此，对汉语字词的异读现象进行研究、分析和整理就成为一种客观需要。

异读并不是唯普通话所有的一种独特的语言现象，而是共时层面横跨地域方言，历时层面纵贯古今汉语的一种必然现象。比如古代汉语中，单音节词是主流，然而许多词却存在着异读情况，如“矛盾”的“盾”，既读dùn，也读shǔn；“说”既读shuō，也读shuì，在“有朋自远方来，不亦说乎”等语境中充当“悦”的通假字，还读yuè；而“橇”除了qiào这个读音，另外还有cuī等三种读音。再如汉语方言中，据研究，仅就文白异读而言，闽、吴、晋等方言中此类现象也非常普遍，并且也很复杂。

暂且不谈古汉语和汉语方言本身的情况，只说它们对普通话异读现象的影响。普通话中的异读原本就有源自古汉语以及汉语方言的因素。从历史源流考察，古汉语中由于破读、通假等原因所产生的异读，其中有许多都流传到了现代汉语，如上面刚提到的一些例子，还有“沛公欲王关中”里的“王”在这类表示动词性意义的语境中要读作去声，等等。

汉语方言对普通话读音的影响也是造成普通话异读现象的一个来源，比如“巷”现在有两个读音，其中“巷道”中的hàng这种读音就来源于上海话；而北京音系虽然是普通话的语音基础，但一些词语的北京话读音也是造成普通话异读现象的根源，比如“侵”读作上声，“雀”读作qiǎo，等等。此外，第一章曾提到的“靓”，原本普通话只有一个读音jìng，liàng这种读音被归为方言音，但是随着“靓丽”等词语进入普通话语词系统，“靓”在普通话中出现两种读音就成了顺理成章的事，同时这也成为持续不断进行审音工作的新素材。

除了汉语方言，一些音译外来语词也往往引起某些汉字出现异读，比如“雪茄”由于用于cigar的音译，其中的“茄”就产生了一个新的读音jiā；同样的原因，“槟榔”中的“槟”也产生了一个新的读音bīng。还有上世纪八十年代以后逐渐进入普通话的“的士”，其中的“的”作为构词成分还出现在“打的、的哥、的姐”等若干新词语中，这其中的“的”就产生了一个新的读音dī，而且这个音项现在已经被一些工具书收录，因此它也将成为今后审音的必然内容。

一些专有名词，如姓氏、地名等，还有某些专业或行业领域的术语，也是造成普通话异读现象的根源。比如“葛、任”在一般语词中分别读阳平和去声，但是用作姓氏时则分别读上声和阳平；“蚌”和“枞”用作动物和植物名称时分别读bàng和cōng，而在用作地名时则分别读bèng和zōng；“车、曝”在分别用作象棋和摄影术语时，读作jū和pù。

当然，读书音与口语音的差异自古就是引起异读现象的一个主要来源，这也就是所谓的文白异读。普通话中，一些词语的书面语读音和口语读音同样存在着明显差异，例如，“薄：bó、báo，血：xuè、xiě，壳：ké、qiào”，等等。此外，还有一种异读现象其实是来自误读，比如原本读去声的“谊”被读作阳平，“械、酵、酿”误读为jiè、xiào、rǎng等。

上述种种原因导致的异读现象，使得审音工作势在必行。早在1955年召开的现代汉语规范问题学术会议上，就决定聘请专家开展普通话审音工作。

1956年1月，普通话审音委员会成立。在审音委员会主持下，有关学者对普通话异读词进行收集整理，从语音学的科学性和社会应用两方面进行深入研究。经过大量工作，1957年8月形成《普通话异读词审音表初稿》。该稿共收异读词666条，逐条注明审订的读音。此后，于1959年5月又编成《普通话异读词审音表初稿》续编，收异读词569条。再之后，1962年12月编成《普通话异读词审音表初稿》三编，收异读词600条，并对此前的初稿和续编的部分条目，根据各方意见做了修改。1963年2月，普通话异读词审音工作终于告一段落，形成了将前后三稿合并而成的《普通话异读词三次审音总表初稿》。1966年至1976年因“文化大革命”，审音工作被迫中断。1982年6月，中国文字改革委员会重新组建了新一届普通话审音委员会，继续以往的工作，着手对《普通话异读词三次审音总表初稿》进行修订，最终形成了汉字读音整理方面最重要的标准文献《普通话异读词审音表》。1985年12月27日，国家语言文字工作委员会、国家教育委员会、广播电视部联合发出“关于《普通话异读词审音表》的通知”，将该表向全社会予以公布，并要求“自公布之日起，文教、出版、广播等部门及全国其他部门、行业所涉及的普通话异读词读音、标音，均以本表为准”。

该表规定了普通话中有异读的词和有异读的作为“语素”的字的读音，按照字音的开首字母顺序排列，其具体规定主要有以下几种情况：第一，将某些存在异读情况的汉字进行了读音方面的归并，或规定一种统一读音，如“癌（ái，yán）”统读ái；或将多个读音部分合并，使常用读音扩大适用范围，如“骨”取消阳平读音，保留阴平与上声。第二，规定了某些存在多音情况的汉字在不同语境中的不同读音，如“臂（bì）膀、胳臂（bei）”。第三，规定了某些汉字的文读音和白读音，如“薄”，在口语中多单用，读báo，在书面语中则倾向于充当合成词的构词成分，读bó。第四，规定了某些汉字在表示不同意义时的不同读音，如“畜”，表示名物义时读chù，像

“家畜、畜力”等，表示动作义时读xù，如“畜牧、畜养”等。第五，规定了某些汉字的常用读音和特殊读音，如“估”，除在“估衣”中读去声外，其余一律读阴平。

汉字的定音一般有两条基本原则：一是遵循语音演变规律；二是尊重通行于民间的普遍读音，也就是“从众”。在普通话异读词审音工作中，这两条原则都得到了体现。实际情况是首先遵循学理，同时根据客观现实从众定音，比如“绩、帆”，因为前字读去声、后字读阴平实在是使用者众多，因此就最终放弃了前者的阴平和后者的阳平两个读音。当然，这两条原则在某些情况下也会出现委决不下的情况，这时，往往需要广泛征求专家学者和社会各界意见，然后反复权衡、斟酌，最终协调一致。

除普通话异读词审音外，汉字的定音还反映在工具书中对汉字普通话读音的梳理和确定，这方面不同工具书存在着一些细微差别，尤其是涉及到一字多音、表示方言语词意义和古汉语意义对应的读音时，差异尤甚，在此不再赘言。此外，随着计算机的日益普及和中文信息处理的快速发展，计算机中文字词库的语音标注也成为汉字定音工作的重要应用领域，并且向汉字定音工作提出了新的、非常现实的需求。

最后，汉字的定音还涉及到使用汉字的其他国家和地区所特有的汉字，例如一些日本现用汉字是我们的汉字系统中所没有的，如“辻、広、喰”等，这些字在汉语里应当怎样读呢，这就需要通过认真研究，并根据一定规则予以确定。2009年，教育部语言文字信息管理司已经以语言文字推荐性规范的形式正式向社会发布了有关学者的研究成果——《日本汉字的汉语读音规范》（草案）。该草案规定了汉语文献中日本汉字的普通话读音的拟音规则，并为32个使用频率较高的日本汉字拟定了普通话读音。

根据最新情况，为进一步贯彻落实《中华人民共和国国家通用语言文字法》，完善普通话语音规范标准体系，促进普通话推广工作，国家语言文字工作委员会决定组建新一届普通话审音委员会，并启动新时期普通话审音工作。2011年10月28日，新一届普通话审音委员会在北京成立。我们推测，除了社会发展引起某些词语的普通话读音出现了新的变化之外，如前面提到的“的士”中的“的”等，新时期的审音工作还负有修订《普通话异读词审音表》的任务，比如按照现行的国家通用语言文字相关规范标准，像“飘泊、脚色”这样的词形就应当停止使用了。

第四节　汉字的定量与定序

本章第一节已经提到过汉字的字量问题，无论从历时还是共时方面考察，汉字的总量都是有限的。当然，这是就汉字的总体情况而言的。首先这并不表示汉字系统已然封闭，完全不再扩展或接纳新成员，如新的化学元素用字等；其次，这也并不意味着我们已经详尽知悉并能够无一遗漏地列出从古至今的所有汉字。因此，讨论汉字的字量，可以根据需要从若干角度入手，也可采取多种方法，比如可以从历时角度研究，也可以从共时角度探讨；可以追索汉字的总量，也可以着眼汉字在一定历史时期的流通量。

古往今来的汉字究竟有多少，迄今为止尚无确切的统计数字。有“总汇汉字之大成”评价的《康熙字典》，在书后附有《补遗》，尽收冷僻字，再附《备考》，又有有音无义或音义全无之字，所收汉字也不过4万多个。1994年出版的《中华字海》收录了87019个汉字。而已经通过专家鉴定的北京国安咨询设备公司的汉字字库，收录有出处的汉字91251个。该字库据称是目前内地容量最大、收字最全的汉字字库。另据消息，目前还有正在研发的预计总字量为13万左右的汉字字库。当然，预计收字量最大的汉字整理工程当属内地几家高校、科研院所和相关高科技公司联合攻关的“中华字库”工程。该工程完成后，其所建字库预计可编码字符数在50万左右，其中包括汉字古文字约10万、楷书汉字约30万、各少数民族文字约10万。但是，这个预期字库是否可以成为古今全汉字信息系统，目前尚无明确答案。

汉字定量方面的工作主要有两类：一类是摸清家底；另一类是理清现状。摸清家底好理解，就是整理出汉字家族的每一个成员，然后累加出总数。然而，好理解不等同于容易做，从前面有关陈述中大家已经看到，汉字的总量现在依然没有定论。这一方面是由于有关文献资料发掘、收集和整理得仍然不够充分，有些资料甚至尚未被发现；另一方面，的确也存在着一些理论上的问题需要澄清，例如计数单位只凭字形，还是也要考虑音和义；如何给字种或字户等下一个比较严格的定义，廓清其内涵和外延；字体和书体的性质与关系，等等。就目前情况看，说古今中外所出现过的汉字数以万计，大概是一种共识。然而，如果截取某一个历史横断面，在共时层面考察用字情况，继而弄清用字数量，几万的字量显然超过实际流通量了。近年来，语料库研究和语料库建设飞速发展，以不同历史时期文献资料为基础的用字情况整理和数据统计层出不穷；另一方面，根据不同需要、不同领域用字特性而出现的有针对性的研究也日益增多，如基础教育领域用字、新闻传媒领域用字等，这些都是汉字定量工作中理清现状的一面。

理清现状的定量研究中，汉字的使用频率、累积频率和覆盖率等都是十分重要的概念和指标，它们对于确定流通领域内汉字的范围具有极高的参考价值。当然，单纯的语料库字频统计，一方面对语料采集的要求很高，如语料的代表性、完整性和平衡性；另一方面，其局限性也是显而易见的，如不同类别语料比例上的主观性以及多音或多义字具体读音和义项使用情况的隐蔽性等。因此，在不断改进语料库研究理念和研究方法的同时，与纯粹量化统计相配合的还有定性研究，像汉字的构词能力、表意范畴的系统性等，它们都是需要审慎考察的方面，在汉字定量研究和整理中也具有很重要的辅助作用。比如天干地支用字、联绵字等，一般在同一份字表中就应当考虑是否尽收、有无遗漏，因为任何看似微不足道的疏忽都会导致不同程度的缺失，曾经就有一份字表在定稿前忽然发现少了第二人称代词“你”，因为非对白类书面文体确实较少用到这个字，如果单纯依据字频等统计数据，这类字很难凭借频次数据进入筛选范围。

我国这些年在共时层面所做的汉字定量研究及其成果不算少，形成的相关规范和标准大致如下：1980年，国家标准局发布《GB2312—80 信息交换用汉字编码字符集基本集》（别名GB或GB0），1981年5月1日实施，共收录汉字6763个。1988年1月26日，国家语言文字工作委员会和中华人民共和国国家教育委员会发布《现代汉语常用字表》，收录汉字3500个。1988年3月26日，国家语言文字工作委员会和中华人民共和国新闻出版署发布《现代汉语通用字表》，收录汉字7000个。1993年12月24日，国家技术监督局发布《GB13000.1—93 信息技术通用多八位编码字符集（UCS）第一部分》，1994年8月1日实施，共收录汉字20902个。另外，在GB0之后，还有一些补充、扩充性质的字符集，如《GB/T12345—90 信息交换用汉字编码字符集第一辅助集》等。

上面这些作为标准发布的字表，从名称看基本就可以推断出它们各自所适用的领域和范围，也使我们能够比较清楚地了解到汉字适应不同领域需要的大致流通量。除此之外，一些科研机构等，近年来也提供基于特定语料的各种字频表等，例如北京大学CCL语料库-古代汉语，总字频数170214641，总字种数22580；CCL语料库-现代汉语，总字频数307317060，总字种数9711。

汉字的定量研究既然在汉字整理方面如此重要且成果卓著，那么，众多汉字形成一个集合之后，随之而来的问题可能就是某个特定集合中的汉字如何排列了，这正是汉字整理中的定序工作。

字序问题可追溯的历史并不短，因为定序的先决条件是按照汉字的某种特征或要素进行分类，而传统音韵学、文字学等都已经涉及到汉字的归类，还建立了声部、韵摄、部首等一系列归类标准。但是，只有在由于文献资料大量保存、工具书不断扩充等因素催生了汉字索引方面的需求，以便提高检索效率及准确性的时候，汉字的排序才显得空前重要。

除了汉字检索，社会上其他应用领域有时也需要依据汉字的排序规则确定某些事物的排列顺序，比如在中华文化中占很重要地位的人物“座次”，像“由经理、申经理”谁为上宾，“李月久、李月夕”孰先孰后，“刘士元、刘土元”如何排列等等。中国文化最讲究长幼尊卑，也很看重位次的排列，然而当官衔、地位、资历等无所依凭，或不足以区分的时候，何种依据能当此重任？大家一定听说过“以姓氏笔画为序”这样的说法，没错，这就是汉字排序规则的现实应用。

根据内地的情况，汉字排序一般可以采用两种方法：一种是按照音序排列，也就是按照汉字普通话读音相对应的汉语拼音字母顺序排列；另一种就是按照字形方面的某些要素排列。

按照音序排列大家并不陌生，其规则和采用拉丁字母的其他文字的排序方式类似，其中的差异是其他文字是以词为单位的纯粹音序，而汉字则是以单字所对应的音节为单位的音节序，例如：刘旁新（Pángxīn）和刘盘新（Pánxīn），若按照纯粹音序，则前者在前，而如果按照音节序，则后者在前。音序排列会遇到的问题是无法解决同音汉字次序的先后，因为单凭读音没有排列依据，因此，在这种情况下必须借助汉字形体的特征。

按照字形要素排序，其长处是排序依据清晰可见，并且按照一定规则可以把每一个汉字都对号入座。但是，虽然我们说排序依据清晰可见，还可以参照比较严格的规则，但实际操作起来也存在很多困难。首先，要按照字形排序，必须清楚每一个汉字字形方面的要素，如笔画数、笔画形状、结构类型、笔顺等；再者，还需要掌握某些特定的规则，如涉及主附笔形、笔画之间相对长短、折笔的折点数等规则。下面略举几例，看看规则与实例相结合的具体情况。第一，按照笔顺规则，依笔顺逐笔比较笔形定序，且横先于竖，竖先于撇，撇先于点，点先于折，则有，“二”先于“十”，“乂”先于“叉”等。第二，按照主附笔形规则，主笔形先于附笔形，且由于提为横的附笔形，竖钩为竖的附笔形，捺为点的附笔形，因此，“子、干、夕”分别先于“孑、于、久”。第三，按照规则折点少的先于折点多的，则“山、刀”分别先于“巾、乃”。第四，按照笔画组合关系规则，相离先于相接，相接先于相交，则“八”先于“人”，“人”先于“乂”；又笔画长短比例不同时，短长比例的先于长短比例的，则“土、未”分别先于“士、末”。第五，按照结构方式规则，左右结构先于上下结构，上下结构先于包围结构，则“旮、旼”分别先于“旭、旻”。

这么看来，是不是有晕头转向的感觉？而且这还并不是规则的全部。当然，也不必烦恼，因为特定规则所针对的毕竟是个别情况，所涉及的字非常有限；此外，许多排序规则也已经固化在计算机中文信息处理的程序里了，计算机完全可以执行排序操作任务。

如果要概括依字形排序的操作性规则，那么根据使用中的先后顺序，大致概括如下：笔画数规则⟹笔顺及笔画形状规则⟹主附笔形规则⟹折笔规则⟹笔画组合关系规则⟹结构方式规则。

定序方面的标准到目前为止主要有：1992年4月13日，国家技术监督局发布的《GB/T13418—92　文字条目通用排序规则》；1999年10月1日，国家语言文字工作委员会发布的《GF3003—1999　GB13000.1字符集汉字字序（笔画序）规范》等。

以上从定形、定音、定量、定序等四个方面简要介绍了汉字整理的相关工作，而实际上这几个方面的工作并不是孤立的，它们相互之间有着千丝万缕的联系。

先说字形内部。定形过程中整字、部件、部首、笔画等相关标准都是相互制约、相互支撑的，例如确定独体字和制定部件标准，就必须通盘考虑、统筹兼顾，所有独体字一定不能再拆分为部件，这一点在字形分析中是最根本的指导原则，必须坚持。诸如把“斗”拆分为右下半包围结构显然就违背了这一原则。

再说形、音、量、序四个方面彼此制约和支持的情况。整理正体、异体和确定通用标准字形，显然与汉字共时层面的流通量有直接关系，这一点不必赘述。另外，笔画、部件、笔顺和整字形体确定后，它们就成为汉字排序的基础，这种情况从汉字按字形定序的规则中即可清楚看到。定音对汉字按音序排列的作用也无须赘言。

现在以定形和定音之间的交互影响为例，来看一看它们之间的互动。在普通话异读词审音中，规定“凹”统读āo，取消wā音。这个规定看似只涉及到该字的读音问题，而实际上，wā音被排除在标准读音之外，带来的一个直接影响是“低凹”的写法将被归为用字错误，正确的写法应当是“低洼”。同样，在“关于重新发布《简化字总表》的说明”中，规定“瞭”读去声、表示“瞭望”意思时不再简化作“了”，那么，原来“了”读作liào的处理也一并废止，从此，“了”的规范读音将不再包括这个读音。

由此可见，汉字整理是一项综合性非常强的工作，统筹协调的全局观、整体观十分重要，牵一发而动全身，任何局部的调整都要放到整个汉字系统中审视和斟酌，“二简”的教训犹在，不可不铭记，不可不审慎。

第五节　汉字标准化、规范化与识字教学

前面已经提到，汉字整理的主要目的之一就是满足日常应用的需要，而识字教学显然属于汉字应用中一个非常重要的领域。

从小学语文教学大纲和教学实践看，对“识字”的普遍认识是“建立形音义之间的联系”。再具体一点就是：“能读准字音，认清字形，了解字义，并能正确地书写、运用。”而在更加细化的教学要求和教学内容方面，则进一步提出：“要教给学生一些汉字的基本知识，使学生在识字过程中，逐步掌握汉字的基本笔画、笔顺规则、偏旁部首和间架结构；要重视正音和正字；要指导学生通过观察、比较，分辨多音字、同音字、形近字和多义字。”

很显然，上述教学要求的核心就是汉字的形、音、义。联系汉字整理定形、定音、定量、定序四个方面，下面分别探讨识字教学与汉字整理的关系。

先谈字量。1988年1月26日，国家语言文字工作委员会和中华人民共和国国家教育委员会联合发布了共收录3500个汉字的《现代汉语常用字表》。两部门在联合通知中指出：“为了适应语文教学及其他方面的需要，特制订《现代汉语常用字表》，现予发布。”

关于小学语文的识字量问题，第三章已经提及，《现代汉语常用字表》的说明中提到：“经计算机抽样检测，常用字在语料中的覆盖率达到99.48%，掌握了常用字就达到了利用汉语的基本要求。”可见，语文教学确定的识字量与常用字表的收字量除了数量相当，其共同之处还有都是针对阅读等应用

汉字的活动，字量的大小以满足应用需求为原则。

根据目前一些学者的研究，我国使用范围较广的几种小学语文教材中，“会识字”和“会写字”大约有95%左右出自《现代汉语常用字表》，重合率非常高。然而，从另外一个角度考察，不同教材之间，其所选汉字的一致情况并不乐观。据一项研究显示，内地6种、台湾和香港地区各1种，共8种小学语文课本去除重复用字后，总生字量为3855，而8种课本共有的生字是1397，约占总生字数的36.2%。另外一项研究也辅证了这个结果，该研究表明，内地3种小学语文课本的“会识字”和“会写字”，其共同选用的汉字分别在总字表中占44.5%和19.5%。

因此，从应用的角度着眼，一方面，建立在汉字使用频率等基础上的定量研究，应当给出更加细致的统计数据以及生成数据的背景，比如所用语料的详细类别等。另一方面，各家教材在根据常用字表及其相关说明选择识字教学内容时，也应当尽量形成基本的共识，依据统一原则选字，以便使识字教学的主体在范围上体现出更多的共性。

字形从来都是识字教学中十分重要的内容，因此，汉字定形的诸多方面都与识字教学相关。

首先是标准字形确定之后，语文课本用字方面符合标准的程度和贯彻标准的速度。这方面表现最突出的应当是汉字的正体和异体，比如《第一批异体字整理表》1956年2月1日就已经开始实施，然而，到了20世纪六十年代，一些语文课本中仍然出现过“踩（跴）”交叉使用的情况。再如“黏、晖”等，按照1988年3月25日国家语言文字工作委员会和中华人民共和国新闻出版署《关于发布〈现代汉语通用字表〉的联合通知》中的相关规定，它们已经被确认为规范字，不再作为已淘汰的异体字，那么，作形容词用、读音为nián的规范字形就要使用“黏”，而“粘”读作nián时则只用于姓氏；同样，“谁言寸草心，报得三春晖”中的“晖”也不能再写成“辉”了。还有，对语文教学影响比较大的正体和异体是人名中出现的个别异体字，如“喆、堃”等有时会出现在课文中的人物或学生的名字中，但是它们却不适宜在其他语境中使用，这就要求但凡遇到此类情况，课本以及教师都应做出相应的说明。另外，有关繁简汉字的使用规定以及相关规范的变动情况有时也给教学提出新的问题，比如1986年10月10日国家语言文字工作委员会《关于重新发布〈简化字总表〉的说明》中，调整了“叠、像”作为“迭、象”的繁体字的规定，恢复了“叠、像”的规范字地位，因此，再使用“象……那样”“重迭”等就应当视为用字错误了。

其次，标准字形确定后，与字形相关的其他要素只要存在相应的规范或标准，识字教学都应当遵循。如前文第二节所述，这方面的规范标准比较多，而且随着时间推移也有过一些变动，因此，就要求识字教学适时地调整，从而与新的规范和标准保持一致。比如独体字和部件的相关规范公布之后，字形分析就有了依据，教学中既要注意独体字的不可拆分原则，也要注意部件本身的可用性和拆分的合理性，像“天、月、亦、果、鼠”等独体字就不适宜再进行拆分；而“丽、京”等本身已经被规定为部件，所以也不宜再拆分为更小的部件；还有“裹”应当拆分成“衣”“果”两个部件，而不应该拆分成“亠”“果”和其余部分三个部件。

汉字的笔顺对于书写的重要性不言而喻，特别是针对一些容易产生笔顺错误或混淆的汉字，教学中要认真、细致地确认标准笔顺，比如“火、里”的笔顺，“乃、及”的笔顺差异等。此外，像“脊、敝”等字的笔顺，新老标准有差别，因此，也要求教学实践随标准的变化而变化。

汉字的字体，与识字教学的关系不大也不小，因为人在阅读过程中如果以理解为目的，文字符号是哪种形体并不是关注的要点；然而，学习汉字或者辨识、书写汉字则是另外一回事了。从识字教育的基本情况与教学实践看，楷体与楷书从传统启蒙教育开始就一直是识字教学的主流，现在内地、台湾、香港小学语文教学所用字体也是楷体和楷书，课本用字一般都是楷体，书写教学也都用正楷。教学中需要注意的问题是一般出版物上主流印刷字体与楷体的若干差异，以内地比较通行的宋体字为例，其字形与其母体——楷书存在着一定的差别，比如第一章已经提到过的“辶、辶，小、小，女、女”等，两种字体之间或笔画形状不一样，或笔画之间的位置关系略有差异，这就需要书写训练时适当留意。

汉字定音方面的标准，内地目前只有《普通话异读词审音表》一个，标准内容比较清晰，但是，与识字教学相关的问题也并不简单。首先，《普通话异读词审音表》所整理和规范的只限于存在异读情况的词语，而这些词语所对应的汉字只涉及识字教学的一部分，其余字的读音只能参照使用范围较广、权威性较高的工具书，而不同工具书之间，给汉字标注的普通话读音往往存在着不一致之处，尤其是某些重叠式词语的标音，如“白蒙蒙、黄澄澄”等，其中的“蒙”标阴平、阳平的都有；“澄”也是阴平、去声两种标法同时存在。其次，《普通话异读词审音表》的某些规定，特别是一些字的文白读，在语文课本编写和实际教学过程中有时贯彻得还不够彻底，如“露、薄”等，在哪种语境中读哪个读音尚未达到完全准确。再次，个别情况下，由于对某些标准的理解不同，一些工具书对某些汉字的标音与注释也存在着差别，比如“荫”，只标阴平一种读音，还是既标阴平，也标去声，按多音字处理，这就出现了分歧，而且还会进一步影响到是“林阴道”，还是“林荫道”的问题。还有个别汉字由于历史上的通假用法或破读所形成的古音，教学中究竟如何处理，也是仁者见仁，比如“远上寒山石径斜”的“斜”、“风吹草低见牛羊”的“见”等，读作xiá、xiàn合适，还是按照它们现在的常用读音处理更适合。以上种种问题，一方面可以通过在教材编写过程中和具体教学过程中，认真严谨地理解和遵循相关标准来解决；另一方面，也给新标准的研制和实施提出了新的课题。

汉字定序对识字教学的作用，一般只涉及到查阅工具书，因为查字典是识字教学的一项基本内容。小学语文教学中，首先是学习音序查字法，这里的要求主要是正音和汉语拼音，一要读准字音，二要弄清汉语拼音字母序列。其次是学习部首笔画查字法，这里的要求最主要是弄清汉字的部首和笔画数，进一步的要求可以增加基本笔画的顺序。这方面的最新标准是中华人民共和国教育部和国家语言文字工作委员会联合发布，2009年5月1日起实施的《汉字部首表》和《GB13000.1字符集汉字部首归部规范》，另外还有见诸若干规范的汉字基本笔画及顺序。按照这些规范和标准，汉字的基本笔画归并为横、竖、撇、点、折五种主笔形，排列顺序如表述顺序。

综上所述，汉字整理工作与识字教学可以说息息相关，许多规范和标准原本就针对语文教学而研制，因此，这就要求教材编写者和语文教师应当随时关注相关的规范和标准，以确保教学内容的准确性和一致性。

第五章

认知理论与汉字认知研究

第一节　语言获得与语言学习

语言获得又称语言习得，最先提出语言习得概念的是美国南加利福尼亚大学语言学家、教育学家克拉申（Stephen Krashen）。他在20世纪七八十年代提出了“第二语言习得理论”，并在有关论著中，围绕这一理论创立了五种假设，分别是：习得——学习假设（acquisition-learning hypothesis），输入假设（the input hypothesis），监控假设（the monitor hypothesis），情绪因素过滤假设（the affective filter hypothesis）和自然序列假设（the natural order hypothesis）。

按照克拉申提出的习得——学习假设，无论是成年人还是儿童，在从零开始到逐渐掌握第二语言的过程中，一直存在着两种彼此独立发展的进程。一种是类似儿童习得第一语言的过程，一切新知识均是在学习者无意识状态下渐渐掌握的，比如语义的理解与建立，完全不是有意识地关注任何形式上的东西所致。与此同时，另一种进程是在教育体制下，有意识地了解、学习目的语的各种规则，关注语言形式、语法现象等。因此，可以认为，克拉申区分习得与学习，其关键在于人的主观意识是否参与，是无意识的，还是有意识的。

从术语角度说，韦氏词典在线版分别收录了learning/learn、acquisition/acquire两组词，其解释分别为：

learning　the act or experience of one that learns; knowledge or skill acquired by instruction or study; modification of a behavioral tendency by experience (as exposure to conditioning).

learn　to gain knowledge or understanding of or skill in by study，instruction，or experience <learn a trade>; memorize<learn the lines of a play> ; to come to be able <learn to dance>; to come to realize <learned that honesty paid>.

acquisition　the act of acquiring; something or someone acquired or gained <the team announced two new acquisitions>.

acquire　to get as one's own，to come into possession or control of often by unspecified means; to come to have as a new or added characteristic，trait，or ability (as by sustained effort or natural selection) <acquire fluency in French> <bacteria that acquire tolerance to antibiotics>.

反观中文工具书，目前鲜有收录“习得”或“语言习得”作条目的。但这并不影响相关的学术研究。从大的方面看，涉及汉语的相关研究一是本族儿童掌握汉语的过程，二是非本族人以汉语为目的语的学习过程。

非本族人学习汉语由于角度不同，可以称为第二语言学习，也可以称为外语学习。站在我们的立场，对非本族人进行的汉语教学，对国内兄弟民族一般还是称汉语教学，对外籍人士则统称对外汉语教学。在对外汉语教学领域，有关语言习得方面的研究和相关文献都非常多，然而，因为这方面的研究情况超出了本书的探讨范围，所以除了第六章会简单提及对外汉字教学的一些情况外，围绕对外汉语教学中第二语言习得方面的研究，有兴趣的读者可以查阅其他相关文献。

第一语言习得，或者称母语习得一直是语言学、心理学和教育学等领域最重要的研究课题之一。因为一个婴儿自呱呱坠地起，只要生理心理机能健全，短短几年时间内，基本上在非教育状态下，他就能够自然达到用第一语言与他人进行交流的程度。对儿童这种飞速发展的现象，曾有学者认为幼儿从爬行到直立行走，从零语言技能到基本能够用语言交际，实际上相当于人类四肢分工进化、语言产生这样漫长历史的缩影。那么，幼儿用数年时间完成人类祖先数以万年的进化过程，其奥秘何在呢?

围绕儿童语言习得问题，理论方面的探索与建设一直没有停歇，到目前为止，初步形成了三大理论体系。一种是行为主义的后天环境论，以美国心理学家华生（J.B.Watson）、斯金纳（B.F.Skinner）等为代表；一种是心灵主义范畴的先天遗传论，以美国语言学家乔姆斯基（N.Chomsky）和心理学家米勒（G.A.Miller）等为代表；还有一种是融合先天与后天的认知理论，以瑞士心理学家皮亚杰（J.Piaget）等为代表。

简要概括，后天论认为，幼儿习得语言离不开他们赖以生存的环境，在此过程中，外界刺激促使他们做出相应的反应，而对他们的反应行为，来自成人等的强化则会加强某种刺激与某种反应之间的联系。比如婴儿看见母亲，下意识地发出或者模仿出“妈妈”这样的语音，那么，来自母亲的应答、微笑、爱抚等，就都可以成为婴儿这种发音行为的强化物。久而久之，儿童真实地看见母亲，甚至是想起母亲或者对母亲产生某种需要这些刺激，就都能稳定地引起婴儿产生特定的言语行为——叫“妈妈”。从反证例子看，后天论在解释“狼孩”为什么没有人类语言这种现象时，也比较有说服力。

先天论也有人称之为内在天赋说，这种理论主张，幼儿之所以能够在较短时间内习得语言，完全是由于遗传因素所决定，因为婴儿一出生就天生具有一种“语言习得机制”（Language Acquisition Device，LAD），它对任何现实的语言都能起作用。该理论认为有一种叫作“普遍语法”的心理架构，它能帮助儿童对一切语言中均存在的普遍成分，如名词、动词、形容词等产生认识，并通过这种内在结构生成语言，而且正因为如此，儿童才能理解或产生他们从来没有听到过的语句。的确，在解释儿童创造性地理解，特别是产生新的语句这类现象时，先天论看上去比较合理。

认知理论则既不完全赞成先天论的观点，也不完全同意后天论的主张。这种理论认为幼儿确实生来具有某种人类特有的遗传结构，这种结构属于一种特别的心理潜能，但是它并不专门为习得语言而生，而是为了获取一切与认知客观世界有关的知识而生。因此，当遇到来自外界的刺激，儿童并不是完全被动地做出反应，而是触发和调动固有的认知潜能，匹配甚至补全刺激，建构知识。比如格式塔（Gestalt）理论所针对的人在知觉过程中的完形现象就可以认为是对认知理论的很好诠释。这也可以比较合理地解释一些零散的刺激能够引起儿童某种综合反应的现象。比如妈妈准备好了晚餐，下班回来的爸爸拿出巧克力往柜子里面放，孩子突然说“宝宝吃巧克力饭”。

相对而言，认知理论由于既不绝对地认定后天的刺激反应说，也不片面肯定单纯的先天决定论，因此受到更多的认可。的确，后天环境说未免把儿童等同于纯粹的机械，什么样的刺激就产生什么样的反应，基本忽略了人的主观能动性；而先天遗传论又完全陷于理性的演绎与思辨，无法得到客观的、实验性的直接验证。不过，认知理论本身也并非尽善尽美，因为它一方面在影响语言习得的诸多因素中，仅仅强调认知的作用，却不提其他因素；另一方面，单方面强调认知潜能对语言习得影响的同时，也没有谈到语言发展对认知发展的作用。

对语言习得现象进行理论探讨和理论阐释的同时，许多学者也通过观察法等对具体的习得过程进行了大量的研究。现在一般认为，儿童习得第一语言大致要经过五个主要阶段，依次为：咿呀学语阶段、独词句阶段、双词句阶段、多词句或称电报句阶段和成人语句阶段。

咿呀学语阶段基本上是婴儿的语言听辨、语音操练和语言准备期，他们在这个阶段主要是听辨和理解环境中的语声，自主练习发音器官，模仿或自主发出语音单位等。这个时期，来自父母等对婴儿发音行为给予的强化，据研究可以有效促进他们形成适应第一语言语音系统的特定发音能力。

独词句标志着幼儿真正开始进入具有语言交际能力的时期，他们在这个阶段能够自主地说出一些基本词语，但是他们赋予这些词语的语义远远大于这些词本身在词汇学意义上的静态含义，比如婴儿说“面包”，除了表达这种特定食品概念外，可能真正要表达的是“我要吃面包”“要一本画有面包的图画书”“猫把面包弄掉了”等等意思，给一个词语附加了许多额外的语义。而同样的单个词语成句情况，在成人言语交际中，它所承载的任何附加意义一定是上下文语境或交际情境中不言自明的。

双词句顾名思义，是把两个词连在一起说。幼儿在这一阶段已经能够把相关的两个概念连在一起，用来表达某种意思，例如：“妈妈水。”它既可能表示“妈妈，我要喝水”，也可能表示“妈妈把水杯弄洒了”，或者表示“这是妈妈喝过的水”，等等。很显然，连在一起的两个词语之间常常没有直接的语法关系，只是在幼儿的认知中属于有关联的两个概念。这样的两个词语中，有一个是轴心词，如“妈妈”等；另一个则是开放词，如“水”等，它可以被“饭”等其他同类词替换。

多词句与双词句类似，大都是幼儿认知中有关联的几个概念叠加在一起，用相应的实词性词语线性罗列，而词语之间或者没有语法关系，或者关系含混，鲜少完全符合语法规则的情况。例如：“狗狗书哗啦。”这几个词连在一起表示“小狗把一摞书碰倒了”。这种情况与最后一个阶段——成人语句阶段的表现完全是两种不同的情形。

当然，幼儿从开始出现基本符合语法的句子，词语之间的联系能够体现一定的语法关系，到基本掌握并运用第一语言的语法规则，这个过程本身也要经历一段时间，中间免不了出现语法规则泛化等问题，如“书掉着地上”等，表现出不断出现问题、不断修正问题的特征。一般情况下，大约在5周岁左右，儿童基本就能逐渐意识到语言规则的存在，并能反复运用这个系统，达到用第一语言完成一般性交际任务的程度。

幼儿在上述基本上无意识和不自觉地习得第一语言的过程中，有时候也会由于父母或幼儿园老师的人工干预，有意识地学习一些词语、句子或文字符号等，这就进入了学习的范畴。

按照克拉申的理论以及大多数学者的共识，语言学习与语言习得最根本的区别是，学习是有意识的行为，掌握知识的过程是由自觉到不自觉，也就是由目的性十分明确的获得意愿主导，主动接受并弄懂新知识，然后逐渐内化，形成习惯性的自动化运用知识行为。比如幼儿在幼儿园老师指导下看图识字，等他认识的汉字积累到一定数量，可能很自然就会读出并理解一些新句子。

学校教育是语言学习最主要的途径。从大的方面看，语言学习可以划分为两大领域：第一语言学习或者叫母语学习；第二语言学习或者称外语学习。识字教学作为汉语教学的有机组成部分，同样存在着对母语者的教学和对非母语者的教学。我们在这本书里，主要探讨对母语者的教学问题。

对母语者的识字教学，一般又有两种不同情况：一种是以与普通话差异相对较小的北方官话区学生为教学对象；另一种是以与普通话差异相对较大的其他方言区学生为教学对象。两种情况的共同点是所有教学对象在汉语书面语方面基本上都是零起点。二者的不同之处是，第一种情况下，教学对象通过习得方式已经具备的口语基础比较接近普通话，因此，他们在学习过程中，在汉语书面语的语音、词汇等方面能够借助通过口语已经建立起来的相关知识；而第二种情况下的教学对象，由于其已经具备的方言基础与普通话存在着不同程度的差异，因此，他们在普通话语音、词汇等方面还留有若干知识需要在学习书面语的过程中进一步学习。第四节将简单探讨这方面的一些具体情况。

第二节　认知理论及其实证研究举例

上一节谈到了语言习得的认知论观点，实际上认知理论远远不只局限于语言习得领域，比如美国心理学家威特金（H.A. Witkin）和凯利（G.A.Keny）等在人格研究方面的认知理论，前者以场依存——场独立的研究著称；后者以提出认知领域的“构念”概念闻名。

认知（cognition）原本是法律方面的一个用语，后来心理学借来表示人认识客观世界过程中的某种特定概念，并由此形成了一个专门术语。百度百科“认知”条目的解释是：表示个体对感觉信号接收、检测、转换、简约、合成、编码、储存、提取、重建、概念形成、判断和问题解决的信息加工处理过程。维基百科（Wikipedia）“cognition”条目的解释是：refers to mental processes. These processes include paying attention，remembering，producing and understanding language，solving problems，and making decisions.

虽然百度百科对“认知”的解释中并未像维基百科那样出现了“语言（language）”字样，但是从解释语里面不难看出“语言”的含义，因为人对语言信号的接收、编码、储存以及输出等，也都是信息加工和信息处理的最重要方式，是人认识客观世界的重要组成部分。

认知概念进入心理学领域之后，还逐渐形成了心理学的一个分支——认知心理学。认知心理学产生于20世纪五十年代中期，研究对象是人类行为的心理机制，其核心是输入和输出之间发生的内部心理过程，如注意、知觉、表象、记忆、思维和语言等。再后来，由于心理学研究与语言研究的密切关系，也随着跨学科研究浪潮的兴起，传统语言学领域也渐渐衍生出了一些跨学科性质的分支学科，如心理语言学、社会语言学、计算语言学等，认知语言学也正是在这种浪潮中产生的一个新兴学科。

认知语言学以第二代认知科学等为理论背景，大约在上世纪八九十年代初步形成。它横跨语言学、心理学、系统论等多种学科，其理论核心是：认为认知能力是人类知识的根本，因此，语言学习及语言运用等，基本都必须能够透过人类的认知而加以解释。严格说来，认知语言学并不像描写语言学那样是一种单一的语言理论，而是代表一种研究范式，是多种认知语言理论的统称，其特点是把人们的日常经验看成是语言使用的基础，着重阐释语言和一般认知能力之间密不可分的联系。认知语言学的主要理论方法有：以Lakoff、Talmy 等人的研究为代表的“认知语义学”（Cognitive Semantics），以 Fillmore、Goldberg 等人的研究为代表的“构式语法”（Construction Grammar）等。

主张语言习得先天说的心理学家米勒（G.A.Miller）对认知科学的创立功不可没，他认为认知科学的形成是伴随着心理学、人类学和语言学对自身的重新界定，以及计算机科学和神经科学的介入而发展起来的，因此，认知科学涉及心理学、语言学、计算机科学、神经科学、人类学和哲学等六个主要学科。它们构成了下图所示的六边形：

其中，两两学科之间又可以进一步生成一个新的跨学科领域，如“心理语言学”“神经语言学”等。

认知心理学被认为是认知科学的发端，它所研究的主要是大脑中枢进行各种认知操作的机制。而与认知心理学萌芽期巧合的是，电子计算机也正产生于20世纪四五十年代。最初，电子计算机只能用于数值运算，随后逐渐发展为能够用于处理数据、语言、图像等材料并具备一定学习功能的综合性电子产品。在这个过程中，计算机的触角不断延伸到各种学科领域，其自身的更新发展速度以及普及的速度与广度都十分惊人。

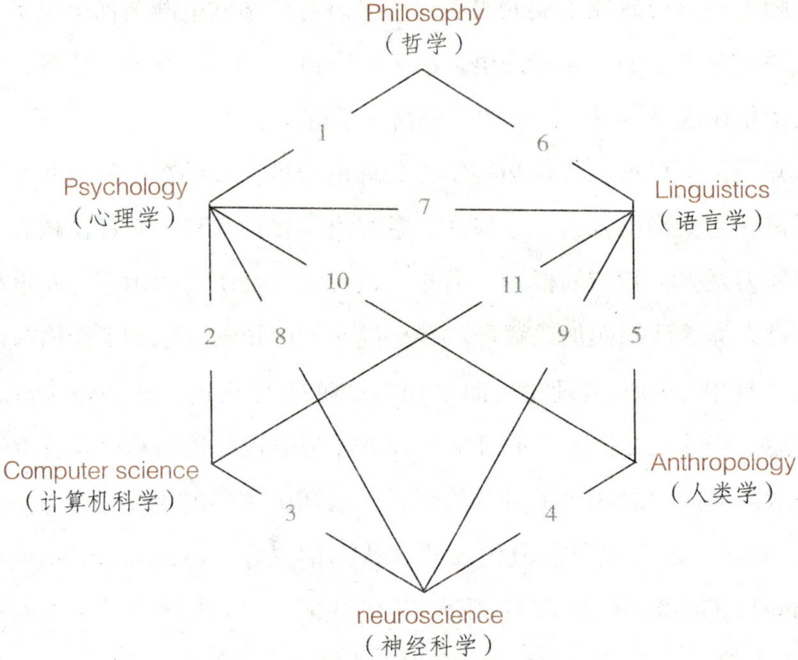

注12

计算机科学等介入认知领域，带动了认知科学的一场革命，也标志着第二代认知科学初具雏形。对这场革命所引起的变化，尽管学界的认识与态度不尽相同，但是，借助计算机科学重新构建新的认知科学体系，探索新的研究方法，却是不争的事实。融合计算机科学的认知科学，其研究的一个重要方向就是人工智能，其理论假设是：人的认知机制应当可以找得到计算表征，并通过计算机重现，因此，一切模拟认知的过程，计算机都能够做到，那么再进一步，通过一定的程序链接与控制，计算机也可以产生符合认知过程的行为与反应。

融合计算机科学和神经科学之后的认知科学领域，出现过许多非常精巧有趣的实证研究。比如前面提到的美国心理学家威特金，他在研究“场依

注12　引自G.A.Miller：The cognitive revolution：a historical perspective，Trends in Cognitive Science

存——场独立”问题时所做的一项实验是“棒框测验”，实测的场所为暗室，但后来就出现了专门的电子测试仪，或者借助计算机充当实验工具。具体实验过程大致是：以测试仪或计算机取代以往的实验场所——暗室，通过显示器呈现一个有倾斜角度的方框和一个同样有倾斜角度、但与方框倾斜角度不同的的短棒，要求被试把短棒调整到与地面垂直。实验开始时，主试说指导语：“这是一个调整小棒方向的实验，你紧贴着这个观察孔往里看，就会看到里面有一个方框，框里有一根小棒，你调这个旋钮那根棒就能转动。现在让你把那根棒调得与地面垂直。调好后眼睛就离开观察孔，不要再往里看，等待下一次实验。每次开始前我都喊‘开始’，你就开始往里看，并将那根棒调到与地面垂直的方向。”

这个实验的目的是考察被试调整小棒时，他参照的是方框，还是自己的身体与地面的关系，借以说明被试人格方面的特质是场依存还是场独立，而这种特质很显然与人的认知过程密切相关。

还有一种涉及语言的实验，称为“猜谜测验中顿悟的ERP效应”[注13]。英文字母缩写ERP的全称是event-related potential，一般翻译为“相关事件电位”。该实验过程大致是：通过计算机逐条呈现上百条谜面，其中有比较容易猜到谜底的，也有不太容易猜到谜底的；然后间隔数秒后再呈现谜底。要求被试看到谜底后，确定谜底与自己猜的是否一致。如果一致，则摁确认键；如果不一致，则还要区分两种情况：一种是认为谜底更合理，则摁某特定键予以接受；若认为谜底不合理，或对谜面与谜底理解不清，则无需摁任何键。

该实验的主要目的是采用高密度ERP技术了解猜谜作业中顿悟的神经机制。实验材料有“因为路面不平，所以容易走了——盲道”“虽然它挡住了你的眼睛，但是你看得更清楚了——眼镜”等。实验过程中采用特定脑电记

注13　买晓琴等，心理学报，2005，37(1)：19~25

录仪监测、记录被试大脑皮层的电位变化数据。其实验假设是：若被试认为谜底与自己所猜一致，或者认为谜底不合理以及不理解谜底，这些情况可以归结为被试无顿悟；而如果被试无论猜出谜底与否，都认为谜底更加合理，则可推断被试有顿悟。那么，有顿悟与无顿悟两类情况下被试大脑皮层电位的特征就可以为研究顿悟的神经机制提供参照和依据。该实验由于采用了文字作刺激材料，显然与语言理解也具有一定的关联。

在认知科学领域，内地和台港澳的许多学者以及海外华裔学者也成就卓著、贡献良多。如美国加州大学伯克利区的王士元（William S-Y. Wang）与河滨校区的曾志朗（Ovid J. L. Tzeng）于20世纪七十年代开始进行了一系列具有开创性的研究，并建立了一门崭新的学科——汉语文神经语言学。王士元后来在香港中文大学的语言工程实验室主持“语言和脑波”研究计划，通过EEG（electroencephalogram，脑电波）信号来研究语言在大脑中的运作。曾志朗则在台湾阳明大学创立了认知科学与神经心理实验室，以最先进的fMRI（功能性核磁共振成像）等仪器来促成认知科学与神经科学的结合，着手人脑探索计划：从基因到认知研究。他们的研究已经在国际认知科学领域产生了非常重要的影响。

北京外国语大学教授刘润清等于20世纪末进行过具有场独立或场依存特质的大学生与外语学习关系的研究，研究结果显示，“场独立认知方式，内向型学习者具有语言学习优势”。另外，还有学者对认知方式与第二语言写作前计划时间的关系进行过研究，结果表明场独立认知方式与写作前计划时间存在着正相关，即具有这种认知特征的被试，写作前准备时间相对较长。

同样是第二语言教学，内地一些学者也围绕留学生的汉语学习问题进行过大量汉语认知及认知语言学基础理论方面的研究。比如北京语言大学崔希亮《欧美学生汉语学习和认知研究》，主要以欧美学习者为研究对象，以实证研究为基础，集中探讨他们在汉语习得过程中的语法和语篇习得问题。再如北京大学徐子亮《汉语作为外语的学习研究：认知模式与策略》，主要以语言认知原理和认知模式理论为基础，对汉语作为外语学习中的听觉感知模式、视觉感知模式、记忆模式、联想模式、演绎模式、归纳模式、整合模式和元认知模式等进行了详细的理论论述，同时通过课堂教学的实例分析，对汉语学习的每一个认知模式进行了具体的阐释，力求通过认知模式的研究了解外语学习的心理过程和心理规律。

以上这些研究，以对外汉语教学为研究本体，通过实验、观察以及理论思考等方法，丰富并拓展了认知科学领域的理论建设和应用范围。

与此同时，汉语作为母语的习得与学习过程，也是内地很多学者以认知理论开展研究与探索的重要领域。比如北京师范大学彭聃龄《汉语认知研究：从认知科学到认知神经科学》，主要从汉语字词识别与加工、句子与篇章理解、中英双语加工与表征、汉字识别计算机模拟和汉语识别应用研究等方面，比较全面地探讨了汉语认知的理论与实证研究。

第三节　汉字认知研究

汉字相对于其他文字符号具有独特的特征，汉字认知也是汉语认知研究，乃至整个认知语言学领域内的重要方面。

在这个领域，语言学、心理学和教育学等都有大量的研究文献，其中比较热门的一个课题是汉字认知与左右脑的关系，以及汉字认知与其他文字符号的认知相比所具有的特殊性。虽然目前尚未形成完全统一的意见，各种实验结果及结论的一致性程度也并不高，但是汉字认知涉及到左右脑联动与协调，这基本上是绝大多数学者的共识。这个结果告诉我们，汉字的学习、掌握与使用，一方面需要以处理语言符号特别是语音符号为主的左脑参与；另一方面，也需要以处理图形符号为主的右脑协动。也正因为如此，坊间才出现了不少声称通过汉字开发右脑的产品与机构，有些广告语吹得天花乱坠，一时间鱼龙混杂，让人难辨真伪。

实际上，就大的方面着眼，汉字认知与其他文字符号认知相比，在本质上并无显著差别，只不过由于构形单位不同，结构方式不同，其认知模式略有差异。举例来说，字母文字的构形单位是字母，而汉字的构形单位是笔画和部件；字母文字的结构类型以线性布局为主，而汉字的结构模式为方块形的上下、左右、内外叠加和组合。就认知过程看，有实验表明，字母文字除了以字母为单位并逐步形成单词整体的感知方式，也存在以单词为单位的整体轮廓感知模式；而汉字除了以整字为单位的整体感知，也存在以笔画或部件为单位的由局部到整体的感知。就整体的复杂性而言，字母文字的词形越长，也就是包含的字母数越多，认知操作也越难；同样，汉字的结构越复杂，包含的笔画数和部件数越多，认知操作同样也越困难。但是，单词或汉字的使用频度，对认知操作都具有比较明显的作用，常用与否与认知的难易呈正相关，常用的相对容易一些。当然，也有些实验表明，由于结构复杂的符号其区别性特征更突出、更显著，所以认知操作的难度并不大。

既然汉字认知与其他文字符号认知在本质上存在着共性，那么，书面形体与意义之间的联结形式也应当符合一定的共同规律。到目前为止，从感知书面符号到获得其含义，共形成了三种假设，也就是词义通达的三种理论模型。

第一种是语音中介理论（ Phonological mediation theory ）。该理论认为，词汇识别过程中，词形信息首先激活语音表征，然后由此激活词义，语音在词义通达中起着重要的中介作用。比如看到“水”这个字，首先在大脑中激活它的读音“shuǐ”，然后通过语音信息在心理词库中再激活“一种最简单的氢氧化合物”这样的意义。

第二种是直通理论（ Direct access theory ）。该理论认为，在词汇识别过程中，视觉输入的刺激被映射到词形表征上，词形表征的激活直接导致存贮在心理词库中的词义被激活，语音在词义通达中作用不大，或者说，语音的获得是词义通达以后的一个附加过程。该理论还认为，尽管在语言习得的初期，语义的习得首先要与语音信息相联系，但是随着阅读水平的提高，成人阅读者可以由词的形态特征直接提取词义。也就是说看到“水”这个字之后，直接在心理词库中激活“一种最简单的氢氧化合物”这样的意义。

第三种是双通道理论（ Dua-l route theory ）。该理论认为，在词义提取过程中，直通和语音中介两条通路同时并存，每条通道都有机会影响或引起词义的激活，但最终由哪条通道通达词义取决于以下因素：（1）词频，高频词倾向于由词形直接获得词义，低频词需要经过语音中介。（2）读者的水平，熟练的读者倾向于通过词形来达义，不熟练的读者可能经过语音中介。（3）任务要求，当要求对识别的词进行记忆的时候，读者会更多地依赖于语音编码。

下面尝试把三通道理论图示如下：

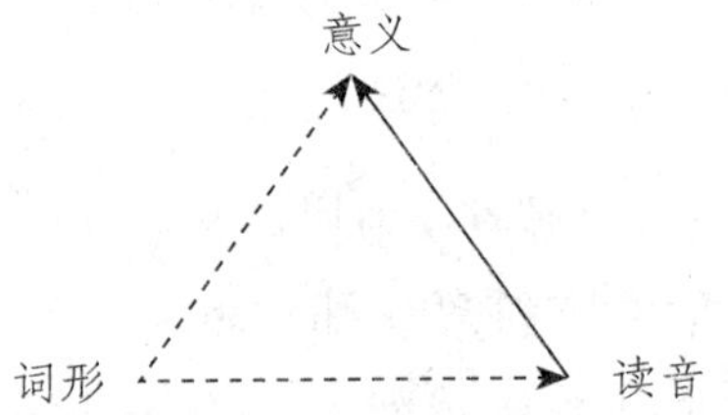

结合汉字认知过程，我们把上面三角形的三个顶点可以看作是汉字的形、音、义。现在再看三者之间线条的虚实。读音与意义的连接显然是最实的，说明由语音表征通达意义最稳定、最牢固。而形与音、形与义之间的连接则是虚线，表明其连接并不笃定，需要一定的条件。因此，可以说三通道假设中，由语音表征通达意义基本上是无条件的，而由字形直接通达意义或者先激活字音再通达意义均受到一定的制约。这种情况从三通道理论本身的阐述中不难看出。

当然，三通道理论在首先建立起理论假设之后，也有许多学者进行了大量的实验验证。比如语音中介理论，其假设一方面符合婴儿出生后，先学口语，然后逐渐学会书面语的事实；另一方面，在这种假设前提下，也出现了大量实验研究，比如Rubenstein等人首倡的词汇决定任务（lexical decision task）。

这项实验的作业任务是要求被试尽量迅速而准确地判断呈现给他的刺激是词还是非词。实验结果表明，被试拒绝同音假词的时间比拒绝非同音假词的时间要长。因此，可以推断这种结果的产生是由于视觉呈现的词语，在词义通达之前要转换成语音，然后由语音激活这一语音所代表的意义。正是由于存在这一转换，才使得同音假词激活了与其同音的真词，结果导致同音假词拒绝时间延长。

许多学者也以汉字词为实验材料进行过一些词汇识别实验，但实验目的与作业任务并不完全相同。比如张钦等人就考察过当干扰非词均由真字构成时，非词与真词的形音相似性对词汇决定过程的影响；肖壮伟等则以速度与准确率为指标，通过采用MRI技术，比较人脑对由两个汉字构成的真词和假词的认知加工过程。

围绕形义通达问题和三通道假设，中外学者进行过的实证研究还有很多，相关文献也难以计数，对此有兴趣的读者可以有针对性地选择阅读。

关于汉字认知，还有一个基础性的问题是认知过程是以整字为单位，还是以笔画部件为单位，然后合成整字。这就是所谓的“自上而下”亦或“自下而上”认知过程。针对这两种走向相对的认知过程，相应的实证研究中影响最大的就是在实验条件下验证“字优效应”还是“字劣效应”，或者分别考察与这两种认知过程相关的变量与因素。

所谓字优效应（word superiority effects），指的是在汉字认知过程中，整字是优先加工的认知单元，一般都先从轮廓上识别整字，然后再指向局部特征，强调认知过程中汉字的整体性。字劣效应（word inferiority effects）则是指笔画或部件在认知过程中是优先加工的认知单元，整字识别是建立在局部特征识别的基础上，先笔画和部件，然后才达到整字，强调局部特征对整体的作用。

实际上，这两种认知过程除了适用于以汉字为感知对象的情况之外，同样也适用于其他文字的识别加工过程。例如非常有名的“剑桥大学效应”：

> Aoccdrnig to a rscheearch at Cmabrigde Uinervtisy, it deosn't mttaer in what oredr the ltteers in a wrod are, the only iprmoetnt tihng is taht the frist and lsat ltteer be at the rghit pclae.The rset can be a total mses and you can sitll raed it wouthit porbelm. Tihs is bcuseae the huamn mnid deos not raed ervey lteter by istlef, but the wrod as a wlohe.[注14]

注14　引自http://bertc.com

相信这段文字中单词内部字母顺序颠倒的情况并不会对读懂这段话造成太大影响，而且读懂了这段话，也就能够捕捉到创作者的观点了。

计算机科学进入认知领域，也给“字优效应”和“字劣效应”的研究带来了新思路和新方法。比如艾轶博等就采用计算机模拟一种改进型的自组织特征映射模型（Self-Organization Feature Map，SOFM）——双向SOFM网络模型，研究测试字优效应和字劣效应。

该模型具有两层网络，分别为汉字认知过程中的整字聚类层和部件聚类层，在两层网络之间建立全连接，以形象地表示在汉字认知过程中整字认知与部件认知的联系。同时，这两层网络具有双向性，测试字优效应和字劣效应时，两层均可分别作为输入端或输出端，以分析在汉字认知过程中整字信息有优势还是单元信息有优势，以及二者之间的关系，从而掌握汉字认知过程中的某些规律。

该实验结果显示：当训练次数增加后，自上而下（即整字优先）测试与自下而上（即局部优先）测试的准确率都有提高，平均值分别由开始阶段的66.67%和56.67%提高到90.00%和96.67%。

这个结果说明了以下规律：首先，随着汉字出现次数（即训练次数）的增加，字优效应和字劣效应都有提高；其次，比较开始阶段各自的准确率以及提高的幅度，学习初期字优效应起主要作用，但随着汉字使用频次的提高，最终字劣效应反而优于字优效应。

这项实验还控制了其他变量，也得到了相应的结果，有兴趣的读者可以参照原文进行更深入的了解。

在汉字识别领域，还有一个比较令人关注的问题，这就是视觉通道和听觉通道接受刺激后，操作反应的特征比较。比如罗跃嘉等进行的研究——汉字视听再认的ERP效应与记忆提取脑机制。

该实验的预期目的是通过汉字单字词再认的ERP实验，阐明记忆提取中视听双通道的脑机制特征。实验采用经典的“学习——再认”实验模式。主要步骤为：在学习阶段，呈现40个单字词，要求被试尽量记忆它们。但是，只有其中20个称为“初现词”的刺激词将在再认阶段重复出现；其余20个则为填充词，不会在再认阶段出现。被试完成记忆作业后休息2分钟，然后进入再认阶段。这一阶段同样呈现40个单字词，其中20个为学习阶段曾经出现过的，称为再现词，亦称旧词；另外20个则是未曾出现过的新词。被试的任务是判断哪个是新词，哪个是旧词，并揿相应的按键。

实验分听觉与视觉两部分，分别进行5组学习——再认实验。实验结果显示：视听两种刺激模式下，被试再认操作的正确率没有显著差别；而反应时方面，听觉刺激则显著长于视觉刺激，表现出明显的差异性。利用ERP技术所做的记录与分析也说明了差别的存在，而且还反映出不同刺激模式下汉字再认操作的某些脑机制特征。

在认知科学领域，围绕汉字认知所进行的研究还有很多，上面所提到的只能算是冰山一角。这些研究一方面揭示了汉字认知的某些规律，丰富了认知科学的理论与实践；另一方面，其研究方法与研究成果也对识字教学具有十分重要的作用，某些情况下甚至能够指导识字教学向着正确的方向前进。

第四节 语言习得、汉字认知与识字教学

汉字认知研究对识字教学的贡献是毋庸置疑的，人的认知特点可以很好地为识字教学服务，比如用符合个体认知特点的方法来提高教学效率或学习效率，等等。与此同时，语言习得过程以及对语言习得的研究，对识字教学也具有十分有益的启示与帮助。

前面已经谈到，学龄前儿童的口头语言已经基本成型，词汇量也已经能够基本满足一般性交际任务所需，因此，当他们学习书面符号的时候，从某种意义上说，实际上就相当于把语音符号与文字符号建立起联系，好比他们在口语形式的心理词汇中已经有了“píngguǒ”这样的概念，那么，学习“苹果”这两个汉字构成的词语时，学生所学的大致是把字形与语音和语义已有的结合体建立起联系，从而达到对字形所表示的意义的把握。

对于内地小学语文识字教学，如何利用儿童的口语基础更好地开展教学活动，也就是与儿童语言习得相关的教学安排主要应考虑两种情况：一种是儿童已经具备一定的普通话基础；另一种是儿童基本听不懂普通话。在前一种情况下，儿童学习汉字的大致过程就像上面提到的“苹果”例子。而后一种情况就比较复杂，因为“píngguǒ”这样的语音符号所表示的概念儿童并不知道，在他的心理词汇中，“苹果”这个概念是和不同的汉语方言的语音符号联系在一起的。因此，在这种情况下，儿童学习“苹果”这两个汉字所构成的词语以及它所表示的概念时，文字符号本身以及它的读音和意义，对于他们而言都是新知识，他既要学习文字符号的形体，也要学习它的读音和意义，学习的任务和内容比第一种情况下的儿童就要多一些。他们学习的

主要内容除了识字，同时还要积累普通话语词，以便把汉字的形音义建立起联系。

当然，关于汉字的语音表征问题，识字教学中对于普通话基础比较薄弱的学生也摸索出一些行之有效的方法，比如在教学的初始阶段采用图画辅助呈现某些概念，或者借助儿童已有的口语基础逐步过渡等。这些方法一来可以降低识字教学起始阶段的难度，二来可以缓解识字教学起始阶段教学进度慢的问题。

近年来围绕汉字学习，也出现了一些与汉字语音表征相关的很有意思的研究。比如王士元在一次报告中就提到过两种情况：一种是他教自己女儿认汉字的过程；另一种是有些心理学家借助汉字改善母语非汉语的失读症儿童阅读能力的实验。这两种情况的共同点是学习材料都采用了汉字，但是这些汉字的语音表征都是学习者已经习得的非汉语语言，比如“妈妈”读成mother，“桌子”读成table，“妈妈放书”读作The mother put the book，等等。很显然，在这种情况下，学习者“认读”汉字的实质仅仅是借了汉字的形体，用汉字给他们已经习得的口头语言做了书面符号标注，或者说披上了视觉的物质外衣。

上述两种“教学”汉字的尝试虽然方法近似，但是其起因与目的却不相同。教儿童认汉字的尝试，主要是基于汉字难认的认识，担心再加上儿童不熟悉的汉语，会导致学习任务太过艰巨，从而影响认字的效率与效果。而以改善失读症儿童阅读能力为目的所进行的尝试，则是建立在失读症儿童拼读书面字母串能力缺乏的认识基础上，因此着眼于采用不需要经过拼读的汉字作阅读媒介，以弥补这些儿童拼读能力方面的缺失。这两种尝试，在各自的实验条件下都获得了比较满意的结果，达到了预期目的。

这两种尝试的理念、方法与结果带给我们许多有益的启示，其一，儿童已经习得的口语基础对识字具有非常重要的作用，它能帮助儿童比较顺利地建立字形与音义之间的联系；其二，汉字的字形特点适合进行整体加工，在人识字之初往往表现为对汉字进行轮廓感知式的记认操作。

关于轮廓感知式的认知加工，实际上与前面谈到的“字优效应”“字劣效应”有关，这些加工方式对识字教学有许多启发。首先，一些实验证实“字优效应”的确存在于汉字认知过程中，实验表明，在汉字认知整体优先情况下，整字特征的提取存在着一些比较显著的特点。比如整字左上角的信息多于右下角；在快速呈现条件下，左右结构字的识别速度高于上下结构字；上下结构字的部件结合比左右结构字紧密，因此上下结构字中部件的分解与组合都比较难，等等。

这些认知实验的结果或许可以使我们产生这样的思考：汉字左上角的部件或笔画在一般情况下对识别整字的贡献比较大，因此应当是人视觉集中的焦点，所以识字教学中一方面应当利用这一特点促进整字的记认，另一方面也应当适当引导学生关注整字的其他三个象限，以利于后面的再现操作。左右结构字的识别速度快，可能提示教学中记认合体字的练习应当避免平均主义，恰当的做法也许是上下结构字应当花更多的时间，以便促进学生在处理这类字时能够达到更高层次的自动化水平。合体字部件之间结合紧密，从一个侧面说明了字形分析的重要性，因为前面已经引用过清代文字训诂大家王筠的论述，人如果能够具备拆分合体字的能力，那么，记认汉字的准确性必然也会随之提高。

其次，汉字字形结构方面的特点对部件、笔画的认知具有显著影响。比如张积家等所做的汉字“整体与部分的关系对汉字的知觉分离的影响”研究。该研究主要采用命名整字或命名部件的方式进行，考察、记录的指标有反应时和正确率两项。实验材料既有独体字，也有合体字，而且所有独体字都是合体字的构字部件；合体字又分成两部件合体字和三部件合体字，同时还分相同部件合体字和不同部件合体字，例如“从、江、森、霜[注15]”等。

注15 因未看到该研究用作实验的材料，故所举例字皆为本书作者根据研究者的意图与说明推断而来。

这项实验的大致结果是，独体字命名操作的反应时间最短，正确率最高。相比之下，不论哪种类型的合体字，也无论是命名整字，还是命名其中的部件，其反应时和错误率均明显超过独体字，而且经t检验，其差异均达到显著水平。

这个结果说明汉字的结构越复杂，认知操作也就越复杂，基本符合人们的预判，当属意料之中。与此同时，两部件合体字和三部件合体字在命名部件作业中差异显著，两部件字无论反应时还是错误率均明显超过三部件字。这个结果让人颇费思量，只能推断两部件字部件之间结合得更加紧密，因此命名部件的时间相对三部件字就要长一些，而且出错的概率也多一些，也就是说两部件字的认知操作中整字对部件具有更强的抑制作用。当然，该研究所采用的两部件合体字，字形结构上既有左右结构，也有上下结构，如“从、林，昌、炎”等。而认知操作中左右结构、上下结构各自的特点被掩盖了，这是变量控制与结果分析方面应当再进一步探讨的问题。不过，无论如何，这项实验的结果提示识字教学应当更多关注两部件合体字的字形分析，培养学生形成更快处理这类字整字与部件之间关系的能力。

关于整字与部件在认知过程中的相互关系，曾性初等曾经尝试在单句语境中按不同比例省略笔画来考察人在多种条件下认知汉字的特点。这项研究的实验分两个层次：其一是以笔画为计算单位，在10%至60%比例之间，按10%的增幅省略整字的笔画；其二是按5%的增幅，进一步提高省略笔画的比例至65%到80%。省略的具体方式则分为三种：第一种是按笔顺省略整字最后面的笔画，称为略后式；第二种是省略最前面的笔画，称为省前式；第三种是人为省略中间的笔画，以能大致保留原字的框架为原则，称为保框式。实验过程大致是平衡被试以及不同实验材料及其呈现顺序等因素后，要求被试根据所呈现的省略笔画后的汉字单句，自主填出省略掉的笔画。这项实验的主要结果是：整字笔画的省略比例达到50%以上，恢复操作的平均水平以保框式最高，略后式次之，省前式则最低；整字笔画的省略比例在40%至60%之间，能够全部恢复省略笔画的被试人数，同样以保框式最高，略后式次之，省前式则最低。而且这两类差异经卡方检验均达到显著水平。

诚然，这项研究原本是通过考察汉字在一定语境中的冗余度，探讨汉字的简化问题，但其结果同样能够为识字教学提供启示和帮助。该实验告诉我们，人在阅读汉字文句过程中，提取整字特征的视觉焦点更多落在字的框架和前面的笔画上，中间和后面的细节则不是焦点，因此，教学中既要借助人的这种认知特征强化他们识别汉字的自动化水平，同时也要引导他们关注整字中位于中间和后面的笔画，以提高再认操作的准确性。当然，这项实验的主要目的是考察单句环境下汉字的认知操作，离开语境的单字条件下，人的认知特点又是如何，这就是需要深入探究的另外一个问题了。

与识字教学关系更加紧密的还有一个比较重要的汉字认知问题，那就是与汉字声符表音功能相联系的形音意识，以及与汉字形符表义功能相联系的形义意识。以形声字“湖”为例，学习者在什么情况下能够表现出通过“胡”尝试命名“湖”的行为；又在什么情况下，能够尝试通过“氵”推断出“湖”与水相关？针对这些问题，目前学界已经形成了许多共识，且大都以实证研究为基础。

舒华等针对形声字的认知过程进行了系列研究。他们的研究结果显示，人们在认知汉字的过程中，常常表现出借助部件读音命名整字的倾向；另一方面，这种倾向在不同被试身上表现出的程度存在差异。根据他们的研究结果，我们可以形成两个基本判断：第一，学习者学习汉字的策略之一是利用已经学过的汉字，将其读音迁移到包含它们或与它们有相同部件的生字中，例如“皇、惶”“掀、锨”。第二，学习者的这种迁移策略是随着学习的进程和知识的积累逐渐形成，并逐渐熟练的。一些针对外国留学生的汉字认知实验或学习过程研究也证实了这种现象的存在。

另外，张厚粲等采用实验方法对形声字形符在语义提取过程中的作用也进行了研究。根据他们的研究，人们在按照一定的语义范畴对汉字进行分类操作时，往往采用借助形符的策略，表现出依据形符与语义范畴的类属关系进行归类的倾向。也有学者以留学生为对象进行过类似研究，表明随着学习经验的不断积累，留学生对汉字形符表义的认识也由最初的空白逐渐萌芽产生，然后渐渐达到自觉程度。

汉字的声符表音、形符表义是汉字形音义关系的固有特征，识字教学如果适当利用这种特点，显然可以促进教学。事实上从古至今的汉字教学都注意到了这一点，并且在教学过程中多有借用。另一方面，从上面提到的实证研究看，就算教学过程中完全没有利用汉字的这些特点，学习者随着学习经验的积累也还是会逐渐形成这样的识字策略。这种不自觉但却自主形成某种学习方法、学习策略或学习习惯的现象，学界一般称之为“内隐学习（implicit learning）”。

内隐学习是认知心理学的一个概念，由美国心理学家Arthur S.Reber于1967年最先提出。所谓内隐学习，指的是人在无意识状态下获得刺激环境中复杂知识的过程。在这个过程中，个体并没有意识到或者能够陈述出支配他们行为的规则是什么，但是却掌握并使用了这种规则。内隐学习最主要、最根本的特征就是其本身是自动产生的，而并非有意识地发现；同时这种学习的概括性非常强，所获得的抽象规则能够在表面特征不同而深层结构相同的情境中发生迁移；还有，这种方式所获得的知识只有在部分程度上能够被个体意识到，而且这些知识的抗干扰性很强，不容易受到内外因素的干扰。

具体到汉字学习，通过内隐学习所形成的知识规则大概相当于语言学习中的“语感”，姑且可以称之为“字感”。字感是对汉字隐含的规律性的一种潜在直觉，它属于直觉思维，是对汉字的感悟，是在和汉字的不断接触中逐渐形成的。字感主要表现在对汉字形体的认识上，尤其是对汉字某些特点的认识，比如判断真字、假字和非字。当然，目前对字感的认识的研究还具有一定的模糊性和局限性，尚需更多领域的学者去开展广泛而深入的探究。

最后，应当说明的一点是，“字感”这类认知现象实质上也是一把双刃剑，教学中应当注意善用其长，规避其短。以形声字为例，先说在现行汉字系统中比较规则的那一部分，也就是声符基本表音，形符基本表义的形声字。这些汉字之间其实仍然存在着子类方面的差异，比如声符、形符的相对位置，既有左形右声、上形下声、外形内声的情况，也存在着右形左声、下形上声、内形外声的字例，例如“枫、茅、围，功、袋、闷”，等等。再如有些独体字充当合体字的偏旁时，往往在有些字里是声符，而在另一些字里则成了形符，像“火”字，在“燃、爆”等字中是形符，而在“伙、钬”等字中则是声符。这些现象使得形声字本身的规则还包含着不同的小类，因此，通过内隐学习的方式获得这些规则，毫无疑问也是非常复杂的，特别是当有些规则本身具有一定相对性的时候更是如此。鉴于此，识字教学中应当注意提醒学生有些规则本身的局限性或使用范围的条件限制，比如“左形右声、右形左声”同为规则，各自的使用范围却都有一定限制，而不是一条规则适用于所有汉字。

更复杂的情况是，由于汉字字形、读音方面的演变等原因，有些汉字的声符在现行汉字系统里已经失去了表音功能，形符也丧失了表义作用，比如“组、调、楷”等，其偏旁的表音、表义作用在以普通话为语音标准的现行汉字系统中已基本消失。另外，现行汉字中还存在着一些看似形声字，实际却不是形声字的“伪形声字”，如“若、季”等字，看似形符的偏旁其实根本不是形符，“若”中的“艹”的字源原本是描摹头发的形状，而“季”中的“禾”则是“‘稚’省声”所致；还有“拐、研”等字中的“另、开”同样是伪声符。因此，对汉字形声字规则的内隐学习就需要规避这些干扰因素。针对这些可以预料到的问题，在识字教学过程中教师显然应当提醒学生注意，帮助他们减少形成错误定势的可能。

第六章

识字教学的目标、理念及主要流派与方法

第一节　识字教学的目标与“四会”

每一个学龄儿童从入学开始就要通过老师和课本学习汉字，这似乎是司空见惯的事情，因此如果要问识字是什么，绝大多数人肯定会觉得这样的问题太简单了，不过是学会认字而已。

然而，实际情况远非如此简单。学界对“识字”的普遍认识是“建立形音义之间的联系”。这种看法本身没有问题，但是表述比较抽象，需要进一步具体化。

我们先来探讨形音义的具体含义。先说字形，现在由于印刷字形的标准化工作很有成效，如果忽略数见不鲜的错别字问题，报刊文献上的字形基本上具有高度的一致性，在通用字范围内更可以说具有唯一性，因此就认读而言，汉字字形所指确实比较明确。然而，识字还包括书写这一重要方面，书写中的字形具体指什么呢？一般情况下，大家都认为手写汉字以楷书或行楷为主，那么，这是不是意味着识字所指的字形，至少是书写所指的字形就以楷书或行楷为标准了呢？如果是这样，那么，由于楷书和宋体等印刷字形之间的若干差异而造成的手写体与印刷体之间的差别是不是就应当看作是错误呢？比如楷体的走之“辶”和宋体的走之“辶”，究竟以哪一个为规范，或两者都认为正确？这涉及识字教学中字形方面的具体标准。可是到目前为止，这个问题在实际教学中还并不明确。

读音的情况更加复杂。首先，汉字的读音既有普通话读音，还有千差万别的方言读音，识字教学中字音应以哪个为准？如果说普通话读音是大家共同的认识，那么带有不同程度方音色彩的“中介音”如何定位？另外，如何处理多音字，是要求掌握所有音项，还是只用掌握其中一个或部分音项？还有字音与汉语拼音的关系，掌握字音等同于掌握汉语拼音吗？汉语拼音是工具还是判断标准？教学评价如果以拼音对错作为判断读音正误的标准，那么拼音中的一些纯粹属于拼写层面的规定，如声调符号的标注位置、y和w的使用规则等是否也是判断标准的组成部分呢？

最后说一说字义。在前面我们已经谈到字义的独立性和依赖性，显性和隐性，多义性和同义性，本义和引申义，常用义项和不常用义项等不同方面。显而易见，字义问题是汉字三要素里面最复杂的，在识字层面要把字义具体化难度更大。现在我们从两个方面来探讨这种情况的复杂性。第一，虽然说的是字义问题，但实质上并不局限于字的层面，比如“传统”中的“传”和“统”，分别把它们的形音义建立起联系，并不等于理解了“传统”；反过来说，掌握“传”和“统”的意义不能局限于字本身，而要着眼于字以上的层面，进入更大的语境。第二，字义有实有虚，有静态的解释性意义和动态的应用性意义，而静态的、确切的实质性含义也并不意味着在理解层面同样坚实牢靠，完全铁板一块。同样，静态下相对比较飘忽的含义，往往也并不意味着在理解层面和应用层面一样不确定，例如“橘”，这个字是个有实义的语素，一般认为也不难理解，但是如果学习它就是要在形音义之间建立起稳定的联系，那么，字义是不是就是指“一种常绿乔木。枝细，通常有刺，叶子长椭圆形，果实球形稍扁，果皮橙黄色等，果肉分瓣多汁，味道酸甜。果皮、种子可入药，果实是常见水果”这一长串比较专业的辞书式解释呢？还是可以将其含义划分为“一种植物”——“一种常绿乔木”——“一种枝条叶片具有某种特征的常绿乔木”——“一种枝条叶片及果实具有某种特征的常绿乔木”——“一种枝条叶片及果实具有某种特征、且具有某种用途的常绿乔木”等不同层次？再如，“而”本身的字义和其充当连词所表示的语意相对而言都比较虚，但是将其放入一定语境后，它在应用中结合语境所显示出的意义却是比较明确的。那么，学习“而”的过程中，字义要素指的又是什么呢？当然，如果把现代汉语意义、文言用法意义和表示方言的语意等再包括进来，问题会更加复杂。例如“撵”，现在普通话里最常用的意思是“驱赶”，而在一些北方话里，它还有“追赶”的意思。

现在我们再退一步讲，即使形音义的具体化不存在问题，识字果真就如通常所说的那样，见形然后能够读出字音并通达字义，听到声音能够通达字义并再现字形吗？现实状况恐怕并不是如此刻板的。在此暂举几例，以期引起各方的思考与讨论。

第一，有些字在现实言语交际中，如姓氏、人名、地名、化学元素等用字，其具体意义并不一定要求掌握，例如“蒋、琪、喆、鄞、腈”等，遇到时能读出字音就可以认为达到基本要求了。第二，当学习者具有了一定的识字量，也具备了一定的识字能力后，有些字他能够在某种特定情境中无师自通，越过读音（当然包括读错）或者不需要借助读音而直接推测出字义，譬如“饕餮、耄耋”等等，这一点和一般阅读中根据上下文猜测词义还不相同，其中隐含着据形推义的因素，当然前提已经说过，据形推义需要具有一定的有关字形表义作用的潜在意识和知识。第三，有些再现汉字的任务，不一定必须通过读音和意义，比如根据“上面一个日，下面一个文”也可以写出“旻”，根据“左边是叉，右边是立刀”也能写出“刈”。

由此可见，把识字概括为建立形音义之间的联系，虽然表述没错，可是与现实之间有距离感，因此不妨换个角度，从识字的目的和任务、内容和方法、地位和作用等方面入手，展开一些具体讨论。下面我们仅就识字教学的目的与任务简单探讨一下这个问题。

大家都知道，文字是学习书面语的敲门砖，也是学习一切文化知识的有效工具，因此，我们可以从学习书面语和文化知识的角度，探讨它们对识字教学提出的要求。

首先，语言是一切文化知识的最重要的载体，因此语言学习可以作为学习其他文化知识的必要前提和必由之路，也由此可以认为学习书面语言就是识字的目的和核心任务。汉语书面语的学习，从学习者的语言背景和语言基础出发可以划分为两种情况：一种是以汉语为母语的学习者，另一种是母语非汉语的学习者。以汉语为母语的学习者又可分成第一语言是普通话的学习者和第一语言为汉语方言的学习者。在此我们暂不考虑母语非汉语的学习者，主要探讨母语是汉语的学习者。对从小学会普通话的学习者而言，识字之前他们已经具备了一定的普通话基础，已经积累和掌握了相当数量的汉语词语的普通话读音和意义，因此，识字的主要目的和任务就是把他们已经掌握的口语语词落实到文字符号上。例如，如果出示一张带有“苹果”字样的苹果图片，学生们都能够正确发出这个词语的读音，也明白它的意思，于是主要任务就可以确定为辨清字形，并把它们与读音和意义建立起联系。而对于不具备或基本不具备普通话基础的学习者，如果还是采用这种方法，他们虽然也能看出“苹果”这两个字的含义，却不能读出它们的普通话读音，因此，他们学习“苹果”这两个字的任务除了辨清字形，还要学习正确发音，并把字形、读音和意义建立起联系。从这里不难看出，只是把识字概括为在形音义之间建立起联系，主要是就结果而言的，容易掩盖产生结果的过程中某些实质性的差异。

根据上面的例子，在第一种情况下，识字的主要目的和任务可以说是构建口头语言向书面语言过渡和转化的桥梁，重心在文字符号本身；而在第二种情况下，其主要目的和任务除了构建过渡和转化的桥梁，还必须同时构建新的读音体系以及新的音义之间的联系，重心也变成文字符号和新的读音体系以及新的音义联系。很显然，第二种情况的识字任务相对更重一些，内容更多一些。当然，随着普通话的推广和普及，上述情况也会逐渐减少和变化。

关于识字的主要目标与任务，语文教学界还常常提到一个概念叫“四会”。一般认为，“四会”指的就是读、写、讲、用。展开来表述，意思大致是：看到一个汉字能读准字音；根据读音和意义能够准确再现字形；能够准确理解并讲出字的意思；能够根据阅读或表达等需要准确使用汉字。

很显然，所谓“四会”，如果分解成四个范畴，它们在学习和掌握汉字的要求上并不处在同一个层次，彼此之间在程度上存在着明显差异。就表层的认读和再现而言，前易后难，前者是后者的基础，这是不争的事实，因此，内地自2000年3月教育部颁布《九年义务教育全日制小学语文教学大纲（试用修订版）》起，明确提出识字教学的总要求是“认识常用汉字3000个左右。学会其中2500个左右，做到会写，并了解在具体语言环境中的意思”，并把这一思想和要求贯穿在每一个学习阶段，初步形成了认读和再现分别要求的格局。这种提法改变了以前“读准字音，认清字形，了解字义，并能正确地书写、运用”的教学要求，这种理念也已经延续到2011年颁布的新大纲之中。诚然，在2000年版教学大纲颁布之前，语文教学以及其他各界对“四会”提法本身以及“四会”同步走的做法已经提出了质疑，同时产生了许多不同意见和建议，如“四会”分步走等。但是相比之下，教学大纲的影响显然远远超过零散的意见和建议，它是以官方性质的文件形式落实对整个语文教学的统筹、管理和指导，具有很强的约束力和导向性。

然而，虽然教学大纲提出的认读和再现分别要求体现了一种认识上的进步，但是依然不能断言“四会”一说带来的问题已然解决。我们刚刚说过，认读和再现不过是最容易被人看到的表层问题，就像积极词汇和消极词汇，再认操作与再现操作一样，人们很容易看到它们的不同，但是，“四会”所隐含的深层问题却远比表层能看到的东西多得多，也复杂得多。在这里我们试着通过一两个具体问题略做讨论。

第一，什么是运用？按照一般理解，识字中的运用就是指使用汉字组词、造句以至作文，教学大纲中对此也并没有明确的界定。但实际上，阅读应当是学习汉字过程中对所学知识的最直接运用。以我国古代传统启蒙教育为例，启蒙阶段的“三、百、千”本身就融合了识字与阅读，而紧随其后的读经、读史就更加明确地显示了识字的最基本作用。现阶段的识字教学过程中，与识字相伴的识词、读句、读文等，也是识字成果应用的第一步。因此，识字如何与识词结合在一起，如何满足阅读的需求，这是需要深入思考并探讨的核心问题。举例来说，比较浅层的认读并不能成为进入阅读的充分条件，而字义的理解也必须和词语结合在一起才能真正成为阅读的必要前提和基础，也就是说读准每一个汉字的读音并不等于读懂了一句话，否则就不会有“小和尚念经”这样的俗语了。此外，一个句子的意思也不是构成句子的每一个汉字字义的简单叠加，因此，明白每一个汉字的意思也并不等于能够读懂一句话的意思。可见，我们非常有必要重新审视什么是符合识字教学实际需求的读、讲、用，明确它们的实质性含义。

第二，在前面谈及汉字字义问题的时候，我们曾说过，有些汉字的意义不止一种，其中有的意义是常用的，有的意义是不常用的，还有的意义是很罕用的，或者属于很特殊的用法。那么，笼统地提“讲”和“用”，或者像教学大纲中那样提“了解字义”或“了解在具体语言环境中的意思”是不是就足够和明晰了呢？答案恐怕不那么乐观。因为如果把字义理解成字的全部含义，那么大纲中的教学要求显然太高，甚至有点难以企及。例如在教“轮”的时候，如果一定要让学生同时弄懂“美轮美奂”以及其中的“轮”表示的是“高大”的意思，大概绝大多数语文教师都不会同意。另外，“在具体语言环境中的意思”这样的表述比较宽泛甚至空泛。姑且不论语言环境的难以穷尽性，就拿相对封闭的词语来说，具体语言环境是否指包含所学汉字的所有词语，涵盖文言、白话、新闻、政论、文学等各类文献？显而易见，这种解释并不现实，也难以形成一致性程度较高的操作性规程。因此，我们认为字义问题适合与词语问题一同提及，并主张编制供语文教学，至少是小学低年级语文教学使用的参考词语表，并把字义的学习和掌握初步限制在词语表范围内。当然初步限制的含义是为了明晰教学目标，并不是排斥有条件的或进一步的拓展和提高。此外，根据语言学等相关学科的研究成果，对字义的理解依照其常用与否、具体还是抽象等因素，可以探讨不同意义在要求学生掌握时如何体现出一定的差异性，例如设定高频词语范畴相对应的意义为最低限度掌握要求，其余则逐级扩大范围，设定为不同程度的扩展性要求。

对“四会”提法保有一定的不同意见甚至争议，这是非常正常的，但我们也应当看到，“四会”毕竟对识字的性质、目的和任务等做出了综合性、概括性的表述，虽然其中隐含着某种程度的妥协和不准确，但是并不影响它对识字教学所起到的积极意义和作用，同时也并不妨碍对识字教学的性质、目的和任务等进行更加全面、深入和细致的探究。

第二节 内地识字教学法概览

在明确识字教学的主要目的与基本要求之后，下一步就到了具体教学的过程与方法。纵观我国从古至今蒙学教育和基础教育中的识字教学，我们能够感受到教学方法的多样性和丰富性。以内地1949年以来小学语文识字教学的探究与实践为例，我们大致可以从三个层面简单探讨一下这个问题。

第一个层面是汉语拼音教学的作用与要求；第二个层面是识字教学的基本理念以及在语文教学中的定位；第三个层面是具体教学方法以及课堂教学的主要实践经验。

先说汉语拼音教学。1958年2月11日，全国人民代表大会批准公布《汉语拼音方案》。从那以后，汉语拼音便成为内地小学语文教学的重要内容。

《汉语拼音方案》主要有为汉字注音和拼写普通话两种基本目的与作用。因此，小学语文教学中，汉语拼音一方面是辅助识字的主要工具，另一方面也是学习普通话的重要工具。

根据汉语拼音的这两种主要作用，汉语拼音教学的基本要求也很明确：一是通过掌握汉语拼音的声母、韵母、声调以及拼读方法，帮助学生读准字音；二是通过正音以及词语积累，帮助他们学习普通话。但是在实际教学过程中，教学的具体要求还存在着一定程度的差异，其中最主要的差异是汉语拼音音节的熟练性要求。

声母、韵母、声调以及拼读方法，这是汉语拼音教学的核心内容，因为这些内容对于读准汉字的字音具有不可替代的作用，所以在任何识字教学方法中，它们都是必需的教学环节。而在此基础上，到了汉语拼音音节的层面，有些识字教学法基本上就不再提更多的拼音教学要求了；但在有些识字教学法里面，由于要借助汉语拼音开展阅读与习作训练，也就对拼音音节的熟练程度提出了更高的要求，大致要达到能从整体上认读音节，而不是仅仅停留在必须经过声韵拼合才能读出音节的水平。在这种教学思想指导下，汉语拼音教学方法本身也出现了一些卓有成效的探索与尝试，例如“直呼音节”“汉语拼音直读法”等教学理念与方法。

下面我们来谈谈识字教学在整个小学语文教学阶段中的基本定位。

毫无疑问，识字是整个小学语文教学中最重要的教学内容和教学环节，它和阅读教学、习作教学以及口语教学共同构成了语文教学的整体框架。只是，在不同教学思想和教学理念的指导下，识字与其他教学内容的关系，以及所有这些相关教学内容的序列，不同教学方法中存在着不尽相同的安排。

从大的方面看，小学语文教学的教学序列大体有两种：一种是线性推进式；另一种是板块联结式。当然，在具体教学实践中，一方面不会如此机械、刻板地编排教学内容，非此即彼；另一方面，所谓线性推进和板块联结，主要指的是识字与阅读和作文之间的序列。

先说线性推进式。这种教学框架的主要特点是稳扎稳打、步步为营，每一阶段都突出重点和难点，首先解决识字难题，为阅读打好基础；然后进入阅读，并在加强阅读理解训练的同时，大量积累书面语言表达的素材；接着利用识字和阅读的成果，开展书面语言表达训练。这种教学安排，其理论思考在于各项教学内容之间的逻辑关系。首先，识字是整个小学语文教学的基础，是开展阅读和作文等训练的前提；其次，就知识的输入与输出而言，显然输入是前提，只有通过输入建立起一定的基础，形成必要的知识储备，才能具备开展输出训练的条件。因此，教学中就形成了线性的环环相扣状态，先识字，然后通过阅读达到输入知识、储备知识的目的，接着再衔接以知识输出为主的作文训练。而且线性推进的每一步，都能够对上一环节产生明显的回馈效应，从而使每一项教学内容都可以做到层层落实。

而语文教学的板块结构，顾名思义，各项主要教学内容不再以时间先后为序列进行安排，而是突出语文教学的整体性，强调各项教学内容共时状态下的平面关联。这种教学框架的主要特点是从语文教学整体布局和语文能力综合训练的角度，统筹安排各项教学内容，强调彼此之间的平衡和协调，从总体目标和总体要求出发设定各分项目标与任务。这种教学模式的理论依据是语文能力的综合性以及人的言语行为和言语发展的整体性和综合性，强调的是不同教学内容在整个语文教学中的地位和作用，以及识字、写字、阅读理解和书面表达等各项技能在整个语文综合能力中的地位与作用，同时注重各项技能、各项教学内容之间的支持、制约与协同。

由于语言学习的最终目的是学习者能够掌握一种表情达意、交流信息的工具，形成与他人进行沟通、交流的交际能力。而就一般的交际任务来看，参与者需要调动多项言语交际技能才能完成，比如提交一份特定主题的调研报告，这里面就包含着对报告起草者识字写字、阅读理解、书面表达等多种能力的要求，而绝不仅仅是某种单项技能。因此，语言学习也应当是综合的，而非离散的，更不应该人为地规定和限制各项技能的发展阶段。在这种教学模式下，教学过程基本呈现滚动状态，例如某一教学单元，首先会设定总的目标和任务，比如“能够就一些比较熟悉的简单话题与他人进行基本沟通”；然后再列出分项目标与能力，比如要认识的生字有哪些，能够理解什么主题的言语内容，能够在什么方面、用什么形式表达自己的意图，等等。依此类推，直到完成整个教学框架。当然，每个教学单元的设计同样要服从整个教学的总体目标。

线性推进式教学模式的突出代表是“集中识字”教学法，而“分散识字”和“注音识字，提前读写”教学法则是板块联结式的主要代表。

“集中识字”教学法1958年在当时的辽宁省黑山县北关实验小学创立，其代表人物是贾桂芝老师。后来的又一个代表性园地是北京市景山学校，主持实验工作的主要有刘曼华老师等。对“集中识字”教学法研究最深入、贡献最大的当推中央教育科学研究所（现已更名为“中央教育科学研究院”）的张田若先生。他不仅主持了相关的课题研究，还组织了教材的编写，可以说为该教学法倾注了大量心血。

与“集中识字”教学法配套的成型教材主要有三种：中央教育科学研究所与辽宁黑山北关实验学校合编的五年制课本（文化大革命后又增加了合作单位），北京景山学校编的五年制课本，辽宁教育学院编的六年制课本。这几种教材从初版起就一直随着教学和科研的不断深化而进行修订，其中前两种教材在新课标实施后，仍然作为小学语文教学实验课本在一些地区和学校使用。

“集中识字”教学法诞生之初，很大程度上借鉴了当时如火如荼开展的扫盲教育的一些方法，也可以说是受到了这些方法的影响和启发，如祁建华的“快速识字法”等。黑山北关小学最初的做法是利用人人传唱的《东方红》歌词带同声同韵字，如“东”带出“冬、懂、动”等字，“方”带出“芳、防、房、纺、访、仿、放”等字，以汉字读音的声韵为线索，把生字联结成一些字组，按组进行教学。很快，这种方法就显示出快速认读生字的优势，当然同时也表现出了某些缺陷。最大的问题是歌词对识字而言的局限性和随意性，歌中出现哪些字不由识字的需求决定，可以说既不确定，又不系统，而且数量还非常有限。另外，生字之间虽然具有读音方面的联系，可以当作认读的线索，可是这样的线索很大程度上并不具有显性特征，学生无法观察和感知，只有通过教师讲授，学会了生字的读音后才可以了解，因此也就难以发挥对学习生字的辅助和促进作用。不过，尽管如此，这些探索还是为“集中识字”教学法走向成熟和完善做了开创性的尝试，从教学理念和具体方法上打开了一条思路、一条通道，为后续的补充和修订奠定了一定的基础。

经过不断探索与尝试，“集中识字”教学法终于形成了具有鲜明特色的按类分组、成串教学的识字方法，这就是“基本字带字”法。所谓“基本字”，指的是一些汉字中包含的能够独立成字的共同部件，这些部件一般都具有一定的表音作用，个别情况下也可能不表音，但是大多都不是形符，例如“顶、订、叮、盯、钉、打”中的“丁”。当然，这种教学汉字的方法只是“集中识字”教学法中最富有特色、适用范围最广的一种，除此之外，“集中识字”还有其他一些通过把汉字分类进行教学的方法，主要包括：从音归类，如同音字归类、形声字归类；从义归类，如近义字（词）归类、反义字（词）归类；以形归类，如形声字归类（也是同音归类）、形近字归类、同偏旁字归类等。

“基本字带字”的具体做法是：先教基本字，或者通过比较一组合体字分析出基本字，然后教它的读音，接着利用读音相同或相近的特点教学生认读其他字，同时重点指出读音不相同的例外。例如“巴——把爸吧疤肥”这组字，基本字“巴”或者已经作为独体字先学过，或者是整组字同时呈现给学生后，通过比较分析即时学习；学完之后利用读音线索认读其他字，同时着重强调不能类推的例外，如“肥”；接着利用偏旁“扌、父、口、疒、月”的表义作用讲解字义，同时结合每个生字后面的词语“一把、爸爸、好吧、疮疤、肥皂”等，让学生通过读词进一步辨清字义，真正把形音义之间的联系落到实处。

“集中识字”充分利用了汉字字形方面的某些共同特征和形符的示义作用，一方面通过共同部件的读音提示串联读音相同或相近的若干字，当然其中也包括个别读音完全不同的字；另一方面通过形符所表示的意义范畴限定每个汉字的语义范围，然后结合词语进一步明确每个汉字的意义。这种方法对学习严格意义上的形声字非常有效，甚至对学习者自主扩大识字范围都很有作用，例如他们可以借助已经掌握的基本字读音和某些形符的表义作用，自主学习“镊、镫、镰、蛔、蝈、蝗”这样的生字。当然，前提是学习者必须具备一定的语言基础。从这种方法中，我们不难发现概括、联想和迁移等学习技能或者说学习策略，而这些策略均依存于发掘汉字本身的特征要素，一来使零散的无序的生字变成以类结伴的、有序的字组；二来使无意义的或意义不明显的学习材料变得有意义或意义更加突出。这也正是“基本字带字”对识字教学的贡献所在。

除了“基本字带字”，“集中识字”教学法还旗帜鲜明地强调小学低年级以识字为重点；同时大力主张识字、阅读和作文阶段性分步走，每个阶段都突出重点并着重解决主要问题。而且在实践过程中，该教学法逐渐形成了“集中识字·大量阅读·分步习作”这样的教学体系。下面试以图示的方式诠释这种特点：

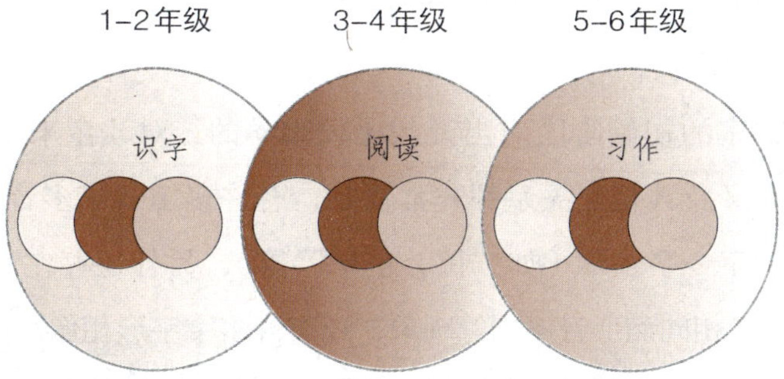

上图表示了两种意思：一是“集中识字”的总体教学过程是一种教学内容叠接另一种教学内容；二是每一种教学内容之内嵌套所有教学内容，并呈滚动式循环叠接状态。以“集中识字”低年级教学过程为例，该阶段是以识字为重点的阶段，识字是教学的主要任务；而在微观教学过程中，具体教学安排是先以“基本字带字”等方法识一批字，一般是大约几百字，然后接着读若干篇主要由这些字构成的短文，开展阅读训练，随后间或开展一点写话、写段训练；之后再接着识下一批字，读后面几篇文，并继续开展写作等训练。

这种教学过程把识字本身又划分了不同阶段，并在每一个阶段都配合阅读和写作教学内容。这样一来可以把比较机械枯燥的识字任务有计划地分解，二来也可以尽早开展语文能力的综合训练，不至于因为识字量的限制而人为地搁置其他教学内容，唯识字教学单项突进。

在有计划地分解识字任务方面，“集中识字”也采用了“四会”分步走的策略，不搞“一刀切”“一勺烩”。该教学法在“四会”问题上提出“分散难点，逐步占有”，并不急于用“基本字带字”等方法无一例外地解决每一个生字的“音形义用”等所有方面，而是根据具体情况，合理设定不同程度的教学任务。例如学习一些相对容易的字词时，一般要求同时达到会认，能解释意思，会默写并会连成词口头造句。如学习“人”字，就要求会读出字音，了解指的是什么，会默写，并能连成词语并造句。但有些相对复杂或意思比较抽象的字，学习的时候则不要求当堂当天默写，而是安排在以后不断学习，逐步达到要求。

汉字在识字的初始阶段应当说是比较难学的，对儿童来说不但数量庞大，而且形音义及其相互关系都非常复杂，有许多字一字多音，一字多义，甚至还有个别字一字多形（如“杧／芒果”等），另外还存在着读音相同而形义不同，意义相同而形音不同等现象，还有许多字字形相像，读音相似，意义相近，这些都给识字教学带来困难，儿童要一个一个地掌握汉字确非易事。

一般说来，认字相对而言比较容易，可以先做到；而写和用则相对较难，可以放缓。因此，“分散难点，逐步占有”不因为“四会”而拖住认字的进度，可以让学生多认一些字，早一点达到能够开始阅读的程度。如果每学一字必达“四会”方肯罢休，那就不可能尽快积累识字量，而识字达不到一定数量是不能独立读书的，不能读书就不易巩固识字，也就不易激发学生的学习积极性。因此，“四会”分步走有助于避免这种不利局面的发生，能够促成识字——阅读——再识字——再阅读这样的良性循环。

而“四会”分步走恰好也是“分散识字”明确提出的主张。

分散识字指的是把生字分散到一定的语言环境中，结合具体语境开展识字教学的一种教学方法，即所谓“字不离词，词不离句，句不离文”。它是相对于集中时间、集中教学内容专门进行识字的那一类教学方法而言的。实际上，并没有哪一种自成体系、并形成了完整教材的教学方法被称为分散识字，这种说法只是针对这种教学模式所具有的特点而进行的概括。

“分散识字”的代表人物是江苏省南京师范大学附属小学的斯霞老师。在以她为代表所进行的教学研究或总结中，一般都用“随文识字”或“随课文识字”来称说这种教学模式。另外，斯霞老师也主张“随课文分散识字”这一名称。不过，虽然目前普遍认为“分散识字”诞生于20世纪五六十年代，但实际上，分散识字这种教学理念是伴随着20世纪初白话文运动的产生而萌芽的，斯霞老师也曾在她的有关论著中明确提到“随课文分散识字是继承了“五四”新文化运动以来，小学语文以语体文为主，采用边识字边阅读、寓识字于阅读之中的方法”，而且还十分谦虚地说，她本人“不过是突破了‘三五观点’，克服了少慢差费而已”。（所谓的“三五观点”指的是一课书只学三五个字这种情况。）

分散识字的理念与方法之所以与白话文运动有关联，是因为当语文教学基本以文言文为主要教学内容的时候，书面语阅读与学童的口语基础之间存在着相当的距离，在这种情况下，识字如果要同阅读相结合，教学任务将会非常复杂，学童的负担也会很重，更重要的是阅读并不能起到帮助识字的作用，因为文言文的语境也要通过老师的讲授才能让学生理解，因此教学过程将变成双重任务并进。而一旦课本内容改成以白话文为主，那么，课文语言基本上就接近了学生的口头语言，在这种情况下，课文语言的理解不再成为新的学习任务，每句话、每个词语只要教师读出来，绝大多数都是学生已经掌握或能够理解的，因此也就不会阻碍和影响对字的关注，同时还会为推断和理解字义及用法提供一定的线索和依托，让学生在读音、字义与字形之间建立起初步的联系。

可见，识字既是学习文字符号的过程，也是结合语言明晰字义及用法的过程。因此可以说识字其实是结合语言学习汉字的一种综合过程，而不仅仅是孤立地、纯粹地辨识汉字和记忆汉字。

也正是基于上述这种认识，分散识字教学法主张识字教学应当是字不离词、词不离句、句不离文，认为识字必须和语言训练结合在一起，比如一些多音字，它们的任何一种读音只有在特定语境中才能与特定的意义联系在一起，当然这里并不包括“谁（shéi，shuí）”“露（lòu，lù）”这种自由变读或文白读等特殊情况。再比如一些意义比较抽象的字词，像“以、而、英明、热心”等，静态讲解肯定比不上结合语境明晰意义或用法的效果好。尤其是对学龄儿童来说，长篇大论“以”的含义和语法功能，肯定不如举“以某某同学为准，向右看齐”这样的例子，让他们结合例子体会句意、词义和字义，然后再依例进行模仿、替换和拓展练习。

分散识字在真正的随文识字之前，还有计划的进行了独体字教学，可以为日后的合体字教学打下基础，因为大多数合体字都是由独体字或独体字的变形充当部件直接构成，如“明、众、城、歌、加”等。这样一来，教学中遇到合体字的时候，就可以利用学生已经掌握的知识进行字形分析了。

与“集中识字”突出汉字字形的教学过程相比，“分散识字”更强调汉字的字义。采用这种教学模式的教师们认为，学生初学汉字，字形和书写是学习中的难点，因此，识字教学要抓住这个主要矛盾，从笔画笔顺入手，培养学生掌握字形的能力。但是，随着识字量的增加，掌握字形的基本能力形成了，这时教学中的主要矛盾便转化为字义，而一旦字义凸显为教学的重点和难点，结合词句明晰字义，把字融入特定语境，识字与阅读并举，就成为识字教学的必然。而且，语义理解永远是语文教学最根本的目的和最核心的任务。

正如斯霞老师所言，“分散识字”其实是自五四新文化运动以来，小学语文教学的主流。例如1902年和1904年，清政府分别颁布《钦定学堂章程》和《奏定学堂章程》，受此影响的教科书《识字贯通法》《文话便读》《字课图说》等，就改变了传统蒙学先识字后读书的“集中识字”法，而逐渐改用新的边识字边读书教学法。辛亥革命之后，中华民国教育部1912年颁布了

《普通教育暂行办法》，提出废科举，兴新学，废除读经讲经，将“中国文字”科改为“国文”科，传统蒙学逐渐被国文教科书所取代。虽然最初的识字方法仍然延续传统的集中识字经验，从看图识字开始，课数多，课文短，但识字量达到数百之后，便转入边识字边阅读教学。

1923年，“壬戌”学制之后颁布的《小学国语课程纲要》，对识字教学改革的力度最大，明确规定采用分散识字方法，边识字边阅读，识字阅读并进，每课的识字量减少。这些改革体现了“五四”新文化运动的历史进步，意义深远。作为新文化运动的主干，白话文运动实际上也是对历史的总结和沿革，例如我国唐朝时就产生过向百姓宣讲佛教的“变文”，宋代也出现过记录“二程”（指程颢与程颐）等言论的“语录体”和以说书形式讲述历史故事的“话本”等。

当然，不论“分散识字”还是“集中识字”，两种教学法虽然识字的理念与途径存在着一定差异，但它们都把汉字当作开展阅读和作文训练的必要工具。而1982年产生于黑龙江省的小学语文教改实验“注音识字，提前读写”，则提出了一种全新的思路和方法。

1982年8月，黑龙江省佳木斯市、拜泉县和讷河县各有一所学校的两个教学班开始实验一种名为“注音识字，提前读写”的小学语文教改实验。这项教改实验打破了阅读和作文必先识字的语文教学传统，从而引起了整个教育界以及全社会的广泛关注，并且在短短几年时间内从黑龙江迅速辐射扩展到内地各省市自治区，参与实验的学生一度达数百万人。

最先提出“注音识字，提前读写”教改思路和教学框架的，是当时黑龙江省教育学院省文字改革办公室的丁义诚、李楠和包全恩等。他们几位负责省文改办的日常工作，因此对推广普通话、推行《汉语拼音方案》和学校教育都非常熟悉，而且对相关研究及实际工作也都颇有心得。他们认为，既然汉语拼音是为汉字注音和拼写普通话的工具，那么，在小学语文教学中汉语拼音就既可以发挥识字正音的作用，也应当发挥学习普通话的作用，而学习普通话则可以与阅读和作文联系在一起。因此，汉语拼音也可以充当阅读和作文的一种代步工具，从而把学生从识字不多难以开展阅读和作文的窘境中解放出来，同时通过注音阅读，还可以使学生增加一种识字的途径，促进他们语文能力的全面发展和提高。

这项教改实验从一开始，就全力倡导在语文教学中充分发挥汉语拼音的多功能作用，主张强化汉语拼音教学，要求学生在汉语拼音教学中由拼读音节逐步达到直读音节的程度。随后又逐渐形成了直呼音节的概念和方法，强调构成音节的声韵母之间拼合发音时不能间断，不能像传统拼读教学那样“呼必有三”，先声母，后韵母，最后是音节。

除了直呼音节的要求和方法，这项教改实验还十分注重汉语拼音教学中的词语积累，通过大量认读拼音词语，一方面加强普通话学习，另一方面也巩固了汉语拼音，同时还为读句、读文打下了坚实的基础，使学生能够比较顺利地进入拼音阅读和注音阅读。

伴随着汉语拼音教学的逐步深入，学生除了认读拼音，同时也在加强拼音的书写训练，一方面在四线格里正确书写每个拼音字母的形体，另一方面则练习根据读音提示或其他要求准确书写音节和词语，包括声调符号的适当位置等。这就为学生借助汉语拼音自主表达创造了必要的条件。

由于借助了汉语拼音开展阅读与习作训练，因此正像这项教改实验的名称“提前读写”所表示的那样，在实验教学中，阅读和习作训练在汉语拼音教学过程中就已经开展，最初是读词读句、写词写句，而随着汉语拼音教学的完成，短文阅读和写短文训练马上就提上了日程，切实体现出提前读写的总体构想。

与此同时，由于拼音阅读很快就过渡到注音阅读，而注音阅读在继续训练学生提高阅读理解能力的同时，也向他们提供了充分接触汉字的机会和条件，使他们在阅读过程中能够自然、自主地关注和熟悉汉字，逐渐产生无意识记、“无师自通”式的习得汉字的效果。当然，拼音教学结束之后，教学中也开始有目的、有计划地安排识字教学内容。这样，课堂识字教学的有师指导和注音阅读中的无师自通相结合，就使得这项教改实验中，学生掌握汉字出现了一些新的情况，比如高频字由于在阅读中经常遇到，所以最先被掌握，而这种现象如果不借助阅读，一般是不太可能出现的。

这项教改实验在诞生之初就制定了实验纲要，明确了实验教学的总体目标和各分项目标，提出用三年时间完成一般语文教学整个小学阶段的读写任务，识字量达到2500，与一般语文教学三年的识字要求持平。

与此同时，实验纲要和实验教学还十分注重并坚持整体性、主体性和实践性三条指导原则。整体性原则的主要意思是语文教学中的各项教学内容、各教学阶段的目标和要求都要服从整个教学框架的建设，以至语文学科也应当同其他学科统筹安排，服从整个小学教育的要求；听说读写各种能力的培养必须满足学生综合语文能力的需求，满足学生智力开发以及全面发展的需求。

主体性则主要指的是“鱼”和“渔”的问题，主张教学的根本目的不是平均地给所有学生同等的知识，而是要教会他们学习知识的技能和方法，提倡摒弃填鸭式教学模式，不搞齐步走、一刀切，而是要充分调动学生的积极性、主动性和自觉性，激发他们的学习兴趣，引导他们自主地探求知识，使每个人都能根据自身的条件和步调不断进步。具体到汉语拼音的熟练程度、识字量、阅读量和习作量等，提出了上不封顶，下要保底的思路，在教学中实施一系列措施保障最低限度教学要求能够遍及每一位学生的同时，也提供多种途径与方法，让能力稍强且有意愿的学生有进一步提高的机会，创造一切可能的条件让有需求的学生尽可能多读书、多识字、多练笔。

实践性原则显然是为了突出语文学科的应用性本质，彰显了语言文字的工具性特征。它的主导思想是语文教学应当精讲多练、少讲多练，甚至是只练不讲，有些知识点到为止，课堂上尽量多留出时间让学生做应用性的操练，使他们在实践中学习，在实践中进步。

在实验纲要指导下，这项教改实验也非常重视教材建设。在实验进行过程中，黑龙江、广东以及湖北等省，先后按照实验纲要以及当时的小学语文教学大纲，编写出若干套实验课本，湖南省湘西土家族苗族自治州还编写了供当地少数民族学生使用的实验课本。2000年新的语文课程标准颁布后，黑龙江和语文出版社在实验教材基础上，又重新组织力量编写了新课标教材，而且已经通过审定，并在全国范围内投入使用。

多年以来，除了上述三种教学方法，还曾经出现过二十余种不同的教学法或教学实验，同样对我国小学语文教学，特别是识字教学产生了不同程度的推动作用，可谓是百花齐放、百家争鸣。例如由苏静白老师主持，河北省沧州地区孟村回民自治县首先开展起来，着眼于汉字结构与部件的“部件识字”；由贾国均老师提出，湖南省岳阳市最早开始试验，着眼于汉字字形与字义关系的“字理识字”；由鄢文俊老师主持，诞生于四川省井研县，着眼于汉字规律与短文阅读相结合的“字族文识字”，等等。这些教学法有的着眼于字形分析，有的着眼于语音线索，有的着眼于索求字义，有的则立足于形音义用综合处理，还有些是随着计算机等新技术的产生和发展，利用这些新技术与识字教学相结合。

对于这些教学法，限于篇幅，不再一一介绍和探讨，有关教学法的名称、发源地或主要实验地，以及主要代表人物，请参考下表。主要实验地空缺的情况或是可能有多个地区同时实验，不好确定主要实验地，或是该教学法还处于构想阶段，并没有付诸实践。

内地小学语文（识字）主要教学方法一览表

教学法名称	发源地（主要实验地）	主要代表人物
集中识字·大量阅读·分步习作	辽宁省	张田若、贾桂芝
分散识字（随课文分散识字）	江苏省	斯霞

续表

教学法名称	发源地（主要实验地）	主要代表人物
注音识字，提前读写	黑龙江省	李楠、包全恩
部件识字	河北省	苏静白
字族文识字	湖北省	鄢文俊
韵语识字	辽宁省	姜兆臣
字理识字	湖南省	贾国均
字谜识字	吉林省/河南省	辛连翔、俞景娥
生活教育科学分类识字	安徽省	黄剑杰
听读识字	天津市	谷锦屏
炳人识字	河南省	唐炳人
快速循环识字	黑龙江省	刘振平
奇特联想识字	浙江省	李卫民
猜认识字	天津市	张俊蘅
趣味识字	江苏省	郭洪
字根识字		张继贤
汉字标音识字	重庆市（原四川省）	魏大义
立体结构识字		赵明德
四结合识字		何克抗
双拼计算机辅助识字	北京市	扶良文
成群分级识字	湖南省	曾悠源、曾青云
多媒体电脑辅助识字		谢锡金
字拼法识字		张田若

第三节　港、澳、台地区小学语文教学概览

由于种种原因，内地和港、澳、台地区在小学语文教学领域，多年来都自成体系，名称也略有差异。内地一般称语文教学；香港、澳门则叫中国语文教学，简称中文教学；台湾一般说国语教学，有时候也称华语教学。此外，在香港和澳门，由于中文教学的教学语言主要是粤方言，因此与中文教学并行的还有普通话教学。当然，就汉字而言，内地按照国家的相关法律规定，教学中必须使用经过简化整理的规范汉字；而港、澳、台地区则使用繁体字，而且在字形方面还存在着个别差异。例如“胁”，台湾字形是“脅”，而香港字形是“脅”，二者下边的肉月有差别。

除了字形方面的差异，台湾和香港的汉语文教育，从课程标准开始，就体现出各自的特点。香港颁布的课程标准涉及若干个文件，例如《中国语文课程指引（小一至小六）（2004）》《小学中国语文建议学习重点（试用）（2008）》《香港小学学习字词表》等。台湾则以2000年颁布的《国民教育阶段九年一贯课程总纲纲要》的国语部分为标准。

我们先看香港的有关文件中对识字教学的定位与要求等。在香港教育局2004年的文件《中国语文课程指引（小一至小六）》中，关于中国语文科的学习范畴有这样一段表述：“中国语文教育的学习内容，可概括为阅读、写作、聆听、说话、文学、中华文化、品德情意、思维和语文自学九个学习范畴”。文件还明确提出：“中国语文教育，以促进学生这九方面的学习为主要任务。”

由此可见，与内地小学语文教学课程标准相比，香港的中国语文课程指

引，并没有直接把识字写字的内容以及相关要求反映在学习范畴里。难道香港的中国语文教学就没有识字写字方面的要求吗？其实不然。在香港教育局数度颁布的另一份文件《小学中国语文建议学习重点（试用）》里面，有关识字写字的要求也很明确。以这份文件的2008年版为例，在第一学习阶段和第二学习阶段的“学习重点”中就明确提到：

~认读常用字

~辨识字形、字音、字义

~认识常见的同音字；认识笔画、笔顺

~认识字形间架结构；认识常见的偏旁、部件

~认识字形的手写体、印刷体

~认识字形的正体、俗体

~认识造字法，如象形、形声、指事、会意

~认识汉语音节由声、韵、调组成

~书写常用字

~硬笔、毛笔的执笔和运笔方法

~正确的写字姿势和良好的书写习惯，如书写规范、端正、整洁

另外，关于常用字词，这份文件还明确规定参照《香港小学学习字词表》。文件中还提到，在小学一、二年级不宜学写毛笔字。

《香港小学学习字词表》是2007年公布的一份参考性文件，共收录常用词语9706条，而且划分为第一学习阶段（小一至小三）4914条和第二学习阶段（小四至小六）4792条两部分。所有词语中，总计出现汉字3171个。另外，该文件还包括六个附表，分别收录了四字词语、多字熟语、文言词语、专名术语、音译外来词语、人名和地名用字。但是，附表所涉及的汉字并不

包括在3171个汉字构成的字表中。

香港小学阶段的中文教学，显然更强调听说读写等语文综合能力，根据笔者与香港学界、出版界有关人士的谈话，以及有限的听课经历，笔者感觉到：香港对识字教学更注重具体的课堂教学方法，主张用多种方式激发学生兴趣、引导学生关注生活环境中的字词。这种理念与内地小学语文教学的实践经验完全一致，只是在识字教学法的宏观体系方面，内地可能做了更多的探索与尝试。

当然，香港在识字教学方法的探索方面，多年来也出现过一些很有成效与见地的研究与实践，例如香港大学课程学系的谢锡金等，就曾经报告过“多媒体电脑辅助学习汉字的理论与设计”等研究。此外，香港的一些学术机构和民间培训机构也有许多汉字学习方面的研究成果，探讨过的识字教学方法包括“全语文识字”“生活经历识字”等，也积累了不少出版物、学习软件等。

香港小学中文教学近年来最大的变化是，越来越多的小学开始用普通话作为中文教学的授课语言，即所谓的“用普通话教中文”，简称“普教中”或PMI。这种变化是1997年以来，香港中小学中文科与普通话科并存并行基础上的一种反思与探究，对有效整合教学资源、减少中文教学中的方言影响等，都起到了一定的推动作用。香港中文大学普通话教育研究与发展中心的林建平等香港教育界的众多同仁都致力于帮助、支持有需要的中小学开展这项工作，既提供师资培训方面的相关课程，也提供教学过程的具体指导与建议等。

用普通话做中文教学的授课语言，对于识字教学而言，最大的变化是汉字的读音。因为以粤方言做授课语言，绝大多数学生对字音并不陌生，虽然粤方言尚缺乏一种比较权威的注音方案，但是毕竟对从小习得粤方言的学生来讲，粤方言的语音系统是熟悉的。而学习汉字的时候，一旦换作普通话读音，就像我们前面提到的，汉字的形音义就都成了需要学习的内容，因此，识字过程也就包含了学习普通话的因素，特别是普通话的语词，教学内容确实增加了。但这也有积极的作用，因为香港中文教学多年的实践经验表明，香港学生学习中文过程中容易出现的问题是：口语表达，尤其是书面表达中，往往掺杂粤方言词语。而改成直接由普通话入手之后，语音、词汇系统都以普通话为准，预期能够对解决掺杂方言语词的问题起到一定的作用。

澳门小学中国语文教学比较特殊，主要在于直到20世纪末才有了课程指导文件，如澳门特区政府于1999年颁布的《小学（小一至小三）中文大纲及教学/学习组织计划》和《小学（小四至小六）中文大纲及教学/学习组织计划》。并开始出现有组织的教材编写，如1999年由香港大众控股集团旗下的教育出版社有限公司出版的《澳门今日中国语文》。这套教材完全针对澳门的现实情况，从整体设计到具体内容都进行了比较系统和全面的整理与编写，并且提供了多种辅助教学的配套材料以及电子光盘，稍后还开通了网络服务。

而在此之前，澳门小学中文教学基本上是“拿来主义”，大多数课本移植自香港，也有一部分使用内地或其他地区的教材。至于在澳门本地，则呈现不同学校与教师百花齐放的局面，各展所长，各尽所能，有条件的都可以自编教材。

具体到识字教学，上面提到的澳门地区中文大纲中，从识字、检字、写字和书法等方面提出了总体要求，例如：

~（一年级）认识约四百五十字

~认识课文中字、词的形、音、义，并懂得运用所学过的常用字词

~考查字形的辨别，字音的读法，文字意义的了解和运用的能力

~检查字典、词典、并能选择适当字音字义的能力

~写字工具的使用——硬笔

~执笔和运笔的方法；写字的姿势

~掌握笔画、笔顺和间架的能力

~硬笔字、毛笔字的练习，应用和欣赏

可见，在澳门小学中文教学中，识字写字方面的教学目标与要求都是比较清晰的，尤其在识字量方面比香港的要求更明确、更具体。

考虑到澳门社会中文、葡文和英文，以及粤方言、普通话、葡语和英语并存并行的特殊情况，小学低年段阶段的识字量要求显然比内地低，比如澳门小学一二年级的识字量目标是950字，而内地则是“认识常用汉字1600~1800个，其中800~1000个会写”。但就识字量总体而言，澳门小学阶段的教学目标基本上与内地相当，比如按照《小学（小四至小六）中文大纲及教学/学习组织计划》，到小学六年级，识字量的总体目标是2600字。

另外，2011年澳门特区颁布的《小学中国语文基本学力要求——第一语文（教学语文）（初稿）》中，再次明确提到识字教学的总体目标是：“培养学生正确使用繁体字及认识中华人民共和国法定的规范汉字的能力。完成小学教育阶段的学习时，学生认识常用汉字须不少于3000个，至少会写其中的2000个。”

这里面还明确提到了认识规范汉字的要求。不约而同的是，香港特区针对一般职业人群颁布推行的《资历级别通用指标》体系中，有关中国语文方面的文件《通用（基础）能力——中文》，也明确提出了“认识常用简化字”的要求。

随着两岸四地交流、交往的日益频繁与紧密，语言文字和语文教育方面的相互影响也必将越来越大。

台湾与内地一样，一直有制定、推行语文课程标准的传统。有关国语教学，台湾最新的课程标准是1998年9月30日公布的《国民教育阶段九年一贯课程总纲纲要》中的国语部分。在这份文件中，有关识字写字问题，文件首先明确了识字与写字能力是符合国民教育十大基本能力框架，而体现在国语课程教学目标中的六项基本能力之一，而且对阅读、作文等能力的发展具有基础性作用。其次，文件也规定了各学习阶段的识字量要求，同时明确了识字写字教学的具体指标。

台湾小学阶段识字量的总体目标是“能认识常用国字2200~2700字”。各学习阶段的具体教学要求与指引主要有：

~能掌握基本笔画的名称、笔形和笔顺

~能养成良好的书写姿势（良好的坐姿、正确的执笔和运笔的方法），并养成保持整洁的书写习惯

~能正确认识楷书基本笔画的书写原则

~能写出楷书的基本笔画

~能用硬笔写出笔顺正确，笔画清楚的注音符号和国字

~第一阶段识字教学，宜采部首归类，协助识字，第二、三阶段则配合简易六书常识，以辅助识字

~识字教学第一阶段应着重：部首与字义、笔画与笔顺、字形结构、生字组词之应用能力（组词、造句），并配合写字教学，相辅相成，以确实认识字体，把握字音，理解字义，扩充词汇

从上述基本内容看，在识字量方面，台湾国语教学的总体目标与内地以及香港、澳门基本一致，可以看出这是开展基础教育阶段读写训练的基本要求。而在识字写字教学的具体指标上，台湾地区比较突出的是明确提到了“六书”常识对识字的辅助作用。

实际上，就像本书第一章曾经探讨的，如果在识字教学过程中，适当

利用汉字源流方面的某些线索，对帮助学生理解和记忆、增强教学的趣味性等，都可以发挥非常明显的作用。目前在两岸四地小学识字教学过程中，许多教师也正是这样做的，有些教材也提供了相应的内容。但是在这个方面，目前系统性还有待加强，完善的空间仍然很大。特别是教材编写方面，还需要花大力气梳理相关内容，并形成比较合理的序列与布局。

具体到识字教学的方法，台湾教育界也进行了许多卓有成效的探索，例如“字词扩散思考识字”就是其中的一种。这种方法的主要着眼点在于借助汉语汉字本身的聚类线索，同时依靠人的联想能力，使它们在识字过程中产生联动，从而把零散的知识变成具有一定组块特征的知识。这种教学法先后摸索总结出数十种分类识字的具体操作模式，如“同音字学习法、同部首学习法、同义字学习法、字的联想学习法、字组合学习法”等。这种利用汉语汉字规律开展教学的方法，本身就是长期语文教学实践中已经证明了的一种行之有效的教学方法。

两岸四地，同宗同祖，语文教学领域原本就一直存在不同规模的交流与交往。近年来，这种交流与交往的势头愈加迅猛，因此可以预期，随着交往的不断深入与扩大，两岸四地间的相互影响与融合也必将越来越大，识字教学的成效也必将越来越高，越来越令人满意。

第四节 对外汉字教学管窥

两岸四地，无论是叫语文教学也好，称中文教学、国语教学也罢，其实质都是学习中国人自己的语言和文字。而与此同时，在两岸四地也都存在着教外国人学习汉语汉字的情况，这就涉及到对外汉语和对外汉字教学领域了。

对外汉语是个比较宽泛的领域，包含的因素太多，我们在这里主要谈论识字问题，自然也就把话题范围限定在对外汉字教学这一方面。

对外汉字教学的对象，既不懂汉语，也不识汉字，对汉语汉字所承载的中华文化更毫不了解，生活环境中接触汉语汉字的机会也少得可怜。因此教他们学习汉字，自然是一件极具挑战性的工作。

从事对外汉语教学和语言文字本体研究的学者们，虽然多年来一直关注对外汉字教学问题，但是由于第一语言非汉语的留学生学习汉语的实际需求，很多情况下都指向口头语言，而且就是在学习汉字的群体中，其背景情况也存在着较大差异，比如有汉字文化圈的学生，也有纯粹拼音文字背景的学生。因此相对于现代汉语语法和词汇等领域，对外汉字教学方面的研究要少得多，研究的系统性也比较弱。

不过，从20世纪末到21世纪初，上述情况已经有所改观。一是近年来外国留学生学习汉语的需求已经有所改变，越来越多的人要求学习汉语书面语；二是在对外汉语教学等领域，也有越来越多的学者把目光投向了汉字学习。对外汉字教学的研究也因此开始发力，从宏观的教学理念、课程指导，到微观的教材编写、教学方法等，都开始出现更加广泛和深入的探究。2004年北京大学对外汉语教育学院李大遂发表的文章《对外汉字教学发展与研究概述》，对这方面的情况做过较为详细的论述。

有关对外汉字教学问题，我们可以从以下几个主要方面来谈。

首先，从课程指导方面来看。国家对外汉语教学领导小组办公室1992年公布《汉语水平词汇与汉字等级大纲》，2001年又推出了修订版。在这份大纲中，共收录汉字2905个，其中甲级字800个，乙级字804个，丙级字590个，丙级字附加字11个，丁级字670个，丁级附加字30个。此外，孔子学院总部和国家汉办2008年公布了《国际汉语教学通用课程大纲》，并于2013年又公布了修订版。在这份大纲中，附件二《常用汉字表》共收录汉字2500个，并分成逐级增加的六个等级，其中一级150字，二级300字，三级600字，四级1000字，五级1500字，六级2500字。

从这两份文件看，对外汉字教学要求的识字总量接近两岸四地小学语文教育的识字量，可见大家对阅读和书面表达在掌握汉字方面要求的一致性。因为只有具备了一定的识字量，才能保证阅读和书面表达的正常开展。

其次，在对外汉字教学研究方面，大家最关注的问题一是面对几乎白纸一张的学习者，可能会出现哪些棘手的情况；二是有哪些比较适宜的教学方法，能够缓减汉字难学的问题；三是外国留学生在学习汉字过程中，经常出现的偏误现象有哪些规律性。

在第一个方面，基于汉字与拼音文字相比具有的特殊性和汉字本身的复杂性，许多研究者都发表过一些很有见地的看法。首先是汉字的字形和读音之间联系比较松散，不像拼音文字那样，看见符号就能联系到读音。因此汉字音形之间的对应肯定是教学的一个难点。尽管汉字的一些形声字里面存在着表音的部件，但也存在着不同部件读音相同或相近的情况，比如“义、衣、夷”都读成yi，那么，留学生在使用“议、依、姨”这些合体字的时候，可能就会出现误用表音部件的现象。特别是当学生学会了一个汉字的读音之后，很有可能倾向于用这个汉字代替一切与它读音相同的字，也就是我们语文教学中所说的同音替代、同音混淆，只是其表现程度可能会远远超过我们小学生在识字教学中出现的同类问题。对外汉语教学的实践已经证明了这些预判的准确性，一些留学生除了建立汉字音形对应关系的困难，也的确表现出同音替代的倾向。据石定果、万馨业1998年发表在《语言教学与研究》的一份调查报告指出，在一次范围较小的调查中，“汉字文化圈”与“非汉字文化圈”留学生遇到汉字时，见形不知音的情况分别占各自总人数的62%和84%。

再者，汉字的许多笔画之间和部件之间的区别性特征细微，笔画之间的关系和字形结构类型都比较多样，相比字母线性排列的拼音文字更为复杂，因此，如何记忆这种图画式的线条组合，掌握这种叠床架屋式的字形结构必然也是留学生学习汉字的难点。事实也完全证实了这样的推断，留学生书写汉字时确实出现了笔画或部件混淆、丢笔添笔、把笔画位置关系弄错以及把本来并非左右结构汉字的部件写成线性排列的情况。例如分不清“风”和“九”里面的横折斜钩和横折弯钩，分不清“己”和“已”，弄混“八”和“人”，把“多”写成“夕夕”等。

在第二个方面，有关对外汉字教学的方法，最初一般都是讲授一些汉字的基础知识之后，就把汉字教学融和到词语的教学之中了。涉及到的汉字知识，基本上是笔画、笔顺、结构类型等相对简单的内容。但到了20世纪八十年代以后，对外汉字教学开始出现独立的体系，比如外文出版社1980年出版，由当时的北京语言学院（现在更名为“北京语言大学”）编写的《基础汉语课本·汉字练习本》等。

更为难能可贵的是，国外一些从事汉语教学的人士也在孜孜不倦地探索对外汉字教学的途径。例如1989年，法国的白乐桑与人合编的《汉语语言文字启蒙》在法国出版发行。在这本教材中，汉字被当作汉语的基本单位，汉字的形音义和以字组词是教学的中心内容。可以说该教材首开以汉字教学为纲的对外汉语教学体系的先河。

稍后，张朋朋编写的《现代千字文》于1995年由北京大学出版社出版发行。这本教材最突出的特点是用1000个左右常用汉字，编写成常用词语、句子以及短文，融识字、学词和阅读理解于一体。

此外，北京语言大学的一些学者还采用“集中识字”的理念与方法编写了专门用于北美地区的对外汉语教材。同时期还有德国等国家和地区的学者，在一次国际心理学研讨会期间，对我们报告的“注音识字，提前读写”实验表示出浓厚的兴趣。

因此可以说，对外汉字教学的理论与实践，自20世纪九十年代以后，已经取得了长足的进步与发展。特别是进入21世纪以来，先后有孙德金主编的《对外汉字教学研究》、胡文华编写的《汉字与对外汉字教学》、李禄兴编写的《现代汉字及其对外教学研究》等专著问世。这几部论著大都从理论与实践方面，比较全面地阐述了对外汉字教学的重要问题，大大推进了这一领域的发展与进步。

伴随着对外汉字教学本身在理论与实践方面的不断推进，近年来持续升温的认知理论与方法也逐渐向对外汉字教学领域渗透，不少学者借助相关的理论与方法，开展了留学生汉字认知方面的一些应用型研究。这些应用研究的实证特色非常鲜明，例如留学生在学习汉字过程中，对形声字形旁表义和声旁表音等基本规律的认识，也就是所谓的形旁表义意识和声旁表音意识的形成等等。在这方面，徐彩华所著《汉字认知与汉字学习心理研究》，对相关情况的介绍和论述都比较丰富。

其实，从某种程度上说，以留学生为考察对象的汉字认知研究，一方面可以帮助我们了解第一语言非汉语的人士在感知、记忆等加工或处理汉字过程中的一些共同特征和规律；另一方面也能体现出他们在学习汉字的过程中，随着知识的增加和经验的积累，在加工和使用汉字时的某些变化与进步。而学习汉字时间的长短，的确影响着留学生使用汉字的准确性，并且往往表现出非常明显的阶段性特征。这一点，从一些着眼于留学生汉字偏误问题的研究中，也可以比较清楚地看到。

研究留学生汉字偏误现象，其核心问题无疑是偏误的类型及其产生原因，以及能够有效纠正、规避偏误的教学策略。因此，偏误分析的重头戏就是留学生在使用汉字的各类任务中，如抄写、听写和习作中，出现了哪些错误，这些错误具有哪些共同特征，它们能够划分成哪些不同的类型，等等。

综合一些学者的研究成果来看，关于留学生使用汉字的偏误情况，实际上就其类型而言，如果把我们在本书后面第八章第三节所总结的小学生错别字类别表挪到这里，大体上也是适用的。也就是说，留学生在学习汉字过程中出现的所谓偏误现象，与我们小学生在识字过程中产生的错别字现象其实如出一辙，其中存在着许多相同要素。

首先，不论是留学生还是我们的小学生，错字与别字都是他们使用汉字过程中出现偏差的两种最基本类型。所谓错字，其实从严格意义上讲，指的并不是“字”，也就是说我们的汉字系统里并没有这样的成员，例如把“修”里面的一短竖漏掉；把“式”外面的“弋”字框添了一撇，变成“戈”字框；把“敲”右边的“攴”误写成“支”；把“欢”左边的“又”和右边的“欠”颠倒换位，等等。而所谓别字，则实际上是“别的字”或“其他字”，也就是把甲字误写成乙字，或者甲字乙字互相混淆，例如“己”误写成“已”，“常”误写成“长”，“戌”“戍”不分，“象”“相”相混，等等。

其次，留学生或小学生在学习汉字过程中出现的不同类型的错别字，往往带有一定的阶段性特征，尤其是有些错误类型一般常见于初学汉字的时候，而另外一些错误类型则更多出现在认识了相当数量的汉字并积累了一定的汉字知识之后。比如根据一些学者研究，单纯的字形错误与同音混淆这两类错误，就呈现出此消彼长的状态与趋势。

初学汉字时，由于学习者对汉字字形的认识尚处于初级阶段，经验有限，因此他们对汉字的感知基本上局限于整体的轮廓式感知范畴，囫囵吞枣，甚至还有些混沌。对于笔画、偏旁等字形结构方面的一些细节，他们往往观察得并不仔细，精细分辨的能力尚未形成，所以才会出现把“耐”写成左“而”右“才”，把“艾”的下边写成“又”等错误，更别说“士”“土”相混、“人”“入”不分了。

但是，随着学习的进展，学习者对字形结构的感知越来越清晰，分辨能力也越来越强，这时他们就逐渐形成了一定的规避添笔、漏笔等“低级错误”的能力，比如再不会出现在“武”的右边多写一撇，或者把“拜”的右边少写一横等错误。

然而到了这个阶段，新的问题又出现了。其中比较突出的一个现象是音同、音近字区分不清，特别是当一些汉字读音相同或相近，同时形体也比较相似的时候，混淆的情况更是难以避免。前面已经提到，对于大多数只具备拼音文字经验的留学生来说，区分汉字同音字的意识与行为，基本上都是必须重新建立的处理语言文字的模式与习惯，其任务难度与艰巨程度可想而知。因此，当他们学习的汉字越来越多，其实也代表着其中的同音字也越来越多，这就给准确的分辨和使用带来了挑战，“在”和“再”、“向”和“象”之间张冠李戴的情形便也数见不鲜了。

据一些调查研究显示，留学生的汉字偏误的确表现为字形错误所占比例从初级阶段到中高级阶段逐渐递减，而音近混淆错误却持续上升的趋势。这种趋势恰好也和小学生识字过程中出现的错别字情形十分相似。

究其原因，精准的字形分辨可以看作是掌握汉字的“初阶”，这时候的重点应该是引导学习者从轮廓式感知的“混沌”状态中尽快走出来，关注汉字笔画、偏旁的主要区别性特征，留意字形结构的一些细节，比较差异，强化个性。而分辨音同、音近汉字，特别是音形俱近的汉字，这恐怕就是掌握汉字的“高阶”了，因为这种分辨往往连带着意义的理解，非充分积累而不可为，因此需要联系词语、句子等更大的语境来学习，例如“以致”和“以至”，“截止”和“截至”，还有“关怀备至”中的“备”和“难孚众望”中的“孚”如何避免同音替代等。

由此可见，表面上看，汉字学习似乎只涉及汉字的形音义等要素；而实际上，汉字的学习肯定离不开汉语，也不能脱离中华文化。正如对外汉语教学界绝大多数学者所认同的那样，对外汉字教学是对外汉语教学的有机组成部分，必须和听说读写等能力的培养与训练结合在一起，共同推进汉语汉字和中华文化的对外传播，让世界上更多的人知晓汉语汉字，了解中华文化。

第七章

识字教学与写字教学

第一节 汉字的书体与字体

汉字从甲骨文演变到现代汉字，不仅经过了漫长的历史岁月，其自身也经历了数次比较大的形体方面的改变。汉字形体的每一次改变，原因都是很复杂的，而且每一种大的形体在定形过程中，其针对性以及制约它的因素也都非常复杂。

从最宽泛的角度着眼，从古至今，汉字形体在几个大的历史时期的定型，可以说面临的主要矛盾并不相同。在古汉字时期，汉字形体的确定主要是解决线条状的文字符号如何描摹、表现事物的具象或特征，使人能够见形估义，让形义之间比较容易建立起联系。到了现代汉字，由于呈现汉字工具的变化，刻写、雕铸等方式逐步让位于纸笔书写，因此确定汉字形体所面临的主要矛盾也变成在保留汉字主要结构特征基础上，如何尽量使书写更加便利、更加简化，更加便于运笔。而到了印刷术发明之后，特别是到了以计算机为代表的信息革命时期，由于技术进步，计算机软硬件文字处理功能日渐强大以及计算机普及速度日新月异，人们使用文字的活动方式又出现了更大的变化，首先是文字的辨识效果与书写的便捷程度均成为形体变化的重要因素，而这两者既有和谐的一面，也存在矛盾的一面，比如从书写角度考虑，构字的笔画越少越方便书写，然而笔画太少则不利于辨识。其次，以前用纸笔书写汉字的形式目前正逐步被键盘输入等所取代，在这种形势下，汉字形体整理等工作所面临的主要问题显然不会、也不必再针对纸笔书写问题，而更应当关注汉字的识别层面。以识别为焦点探究汉字的形体，还可以进一步细分为两种情况：一种是人的汉字认知特点，另一种是高科技电子产品的汉字识别问题。当然，在字体应用层面还有印刷字体的设计和字模的制造、汉字点阵字库的建立等领域。

关于人认知汉字的情况，前面刚刚介绍了一些相关的理论研究和实证研究。其实，对于汉字识别来说，呈现刺激的汉字字体也是一个非常重要的因素。首先，若干字体相比较，不同字体汉字的认知过程、认知特点是否有差异？差异程度如何？其次，就现行主流印刷字体而言，各种字体内部，其形体方面的哪些要素对于识别的效率与准确性影响更大？字形整理是否应当考虑如何适应以至满足人的认知特点？这些都是值得研究的问题，而且它们一方面关系到人识别汉字的层面，另一方面对以视觉传输为主的文字广告和标牌制作等，也具有十分重要的参考作用。目前，已经有一些学者就不同字体呈现的汉字进行了认知实验，也获得了一些实验结果，大致结论是宋体、楷体和黑体三种字体比其他字体的识别情况更好一些。然而，相比汉字识别的其他问题，这个领域的研究还显得太少，只能算刚刚起步，还远远没有达到应有的深度和广度。

汉字的计算机识别可以说是一个新兴领域，主要包含两方面工作：一方面是静态的印刷文字材料通过扫描等方式输入计算机；另一方面则是以触摸屏等技术为代表的汉字手写输入。前者要解决的重点是如何对不同字体汉字的主要特征进行提取和匹配，让计算机软硬件系统尽可能做到对汉字精细分辨，提高分辨的准确性；而后者则主要解决如何根据汉字形体方面的基本特征对输入的汉字进行模糊判断并提供匹配信息，透过个性化的、千姿百态的输入信息，尽量准确地输出，为使用者提供便利。到目前为止，汉字识别技术距离100%准确率这样的目标，尚有很长一段路要走，所谓行百里者半九十，曙光在前，仍需努力。

汉字印刷字体设计等都是综合性非常强的汉字应用领域，它们既涉及文字学，也涉及认知科学、美学等，是视觉艺术与文字符号系统的结合。一些美术院校相关专业的教师与学生在这些领域颇有研究，但学术成果的数量还很有限，研究的整体性、系统性也有待加强。

除了应用层面，汉字字体本身的研究也是一个十分重要的领域。首先，汉字字体研究是否应当成为一门独立的学科或研究领域；其次，汉字字体的内涵与外延究竟如何界定；再次，汉字字体与书体如何区分，二者之间关系如何。这些都是研究汉字字体首先要面对并解决的问题。

从中国传统文字学研究看，既有从“六书”与形体流变入手研究形义关联、构字规律、形体演变的；也有从声训角度追本溯源，探究音义之间联系的；还有从书法着眼，研究笔画、间架结构的美观与表现力的。然而，所有研究均未专门涉及汉字的字体问题，而是把字体方面的探究当做汉字结构或书法表现等研究的一部分，隐含在汉字构形研究之中。因此，汉字的“体”也就承载了从不同角度赋予它的若干含义。王宁在《汉字字体研究的新突破——重读启功先生的〈古代字体论稿〉》一文中曾总结到：第一，“体”表示“文字的组织构造”，如称“六书”为“四体二用”，“体”指前四书，即指构形；一般所说的“独体、合体、正体、异体、或体、繁体、简体”的“体”也是就结构而言。第二，“体”表示“大类型、总风格”，启功先生所说的“篆、隶、草、真、行”指的就是这种大类型、总风格。第三，“体”表示某一书家、某一流派的艺术风格，以书家而言，如赵体、颜体、柳体等；以流派而言，如魏碑体、仿宋体等。

显而易见，汉字的字体的确存在着上述几种彼此有区别的含义，但正如大多数学者所认可的那样，意在汉字构形的“体”，如“独体、合体”之“体”等，应当属于汉字的结构研究领域；而着眼书法表现的“体”，应当归入艺术风格、艺术表现力等研究领域。最后只有针对汉字“大类型、总风格”的研究才是汉字字体研究本身的领域。

就汉字的“大类型、总风格”而言，一般认为，汉字从古至今共有“篆、隶、草、真（楷）”四种字体，当然这四种字体内部还各有小类，如第一章提到的隶书还可以分为古隶、汉隶和八分，草书本身也有章草、今草之别。至于行书，到目前为止看法尚未统一，有人认为它也是字体的一种，但也有人认为它不过是草书与楷书的融合，是借鉴了草书笔画连贯及连省等方式书写楷书，如北宋徽宗宣和年间由官方主持编撰的《宣和书谱》就曾说："自隶法扫地，而真几于拘，草几于放，介乎两者行书有焉。"因此，它只能看作是书体的一种，而不能与"篆、隶、草、真（楷）"相提并论。

另外，小篆之前的古汉字，到目前为止尚未发现字体意义上的名称，"六书"乃后人总结的造字、用字之法，并非字体名称。按照启功先生的观点，言"大篆"者，盖命名"小篆"后表示对古往的尊崇。至于"甲骨文""金文""石鼓文""陶文""玺印文""鸟虫书"等名称，则是后人或因呈现工具、或因功能等对古汉字的一种称说，并不是字体意义上的命名。

如果认可汉字字体"篆、隶、草、真（楷）"之说，那么考察这四种字体之间的承继关系，大致可以看到如下特点：一是字体的变化以方便书写为主要目的，如小篆到隶书，清代小学大家段玉裁认为"其法便捷，可以佐助篆所不逮"，这种看法与"以趋约易""隶书者篆之捷也"等论述均明确点出了新字体产生的主要目的及功用；二是任何新字体，在产生之初总是成为旧字体正体地位的附庸，往往被贬为俗体，如"隶书"，相对于当时仍处正统地位的标准字体"小篆"而言，相当多的学者认为单从名称即可推知其乃"徒隶"所用，肯定是难登大雅之堂的字体；三是汉字字体由一种过渡到另外一种，其过程均为渐变，所有新字体定型之前，必然经过最初留存旧字体特征，然后由细微变化逐渐彰显为鲜明的差异性特征，最终稳定为一种新字体的过程。

新字体一旦定型，其与旧字体的差异除了风格巨变，常常还涉及一些汉字基本笔画和结构关系的改变。这种笔画及结构间的差异其实从战国时期各诸侯国的字形差异中即可窥得端倪，例如：

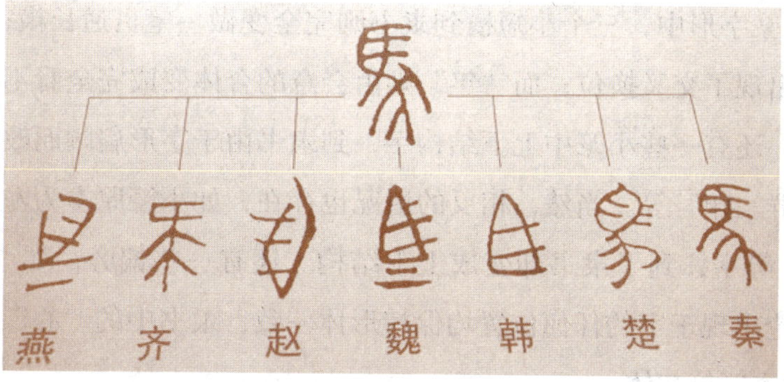

（自：百度百科）

	馬	金	則
鄂君啓節			
望山竹簡			（惻字偏旁）

（自：中国网）

再来看小篆与隶书的例子：

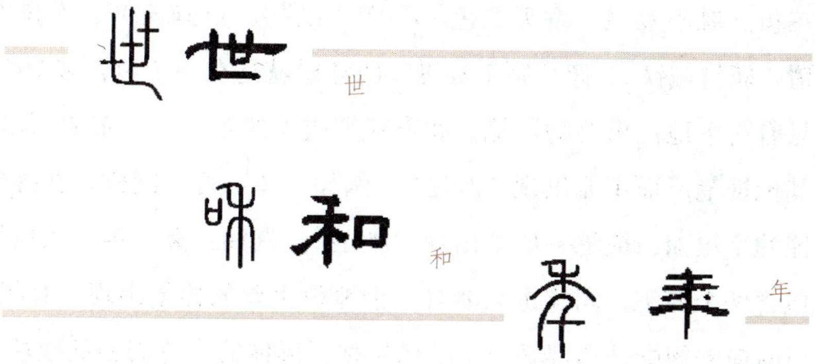

“世”的小篆字形中，三个小短横到隶书则完全变做一笔贯通长横；“和”的左右偏旁出现了交叉换位；而“年”则由会意的合体变成完全看不出形义关系的独体。还有一些小篆中上下结构字，到隶书由于字形扁阔而改成左右结构，如“群、印”等。当然，相反的情况也存在，如小篆原本为左右结构的“崩、垄”等字，到了隶书却变成上下结构。还有一些偏旁，如“心”，在小篆中无论出现于字的任何位置均保持形体一致，隶书中的“心”则分化为“心”与“忄”等变体。

显而易见，字体的变化不仅仅局限于某些局部的改变，而是一种系统性的变化，一种结字方式的革新，这些变化会体现在汉字字形的每一项构字要素中，如笔画形状、笔画数、笔画之间的相对位置、偏旁及偏旁的相对位置、结构类型，等等，进而影响到汉字形义、形音之间的关联。

一种新字体一旦基本定型，随之就会沉积、凝结出一些特有的结字规则，这些规则也涉及字形要素的方方面面，例如：笔画基本形状及其变体、笔画之间的交接离关系、偏旁及其变体、偏旁的相对位置及大小比例、间架结构，等等。隶书、楷书基本定型后，都形成了各自的结字规则。有关楷书的规则留待下一节展开，现在先简要介绍隶书的一些主要规则。

西晋书法家卫恒曾作《四体书势》，书中除了阐述自己的观点，还引述了其他人的一些看法，其中对隶书的特点有精妙的概述。后世一般认为隶书的主要特征可以用几句口诀总结：“方劲古拙，如龟如鳖。蚕头燕尾，笔必三折。雁不双飞，蚕无二色（一作“设”）。点画俯仰，左挑右磔。重浊轻清，斩钉截铁。”像“雁不双飞”的意思就是在一个包含多个横笔的字里面，只有一个地位重要的横笔，如贯穿笔或支撑笔等，一定要写出“雁尾”，而其他横笔反而不能出现“雁尾”，例如：工、卉；同样，在既包含横也包含捺的字里面，横笔一般不出现“雁尾”，例如：大、丛；其他如一个字里面包含两个捺笔，同样也只能有一个地位重要的捺笔出现“雁尾”。这些口诀所对应的规则基本都是出于结构匀称、形体美观等需要的硬性规定。类似的规则还有基本笔画形状的各种变体，如“点的变化16种”等；结构变化40种，如“比例相等、参差错综”，等等。

与隶书这种规则严整，甚或繁复的情形相对，草书却一直未能形成一套基本统一的结字规则。民国耆老于右任先生曾经拟议草书标准，试图总结出所谓标准草书的成规，却最终依然不了了之。其缘由大抵有这样一些：一是个性化的自由奔放实乃草书之灵魂，若以某种成规予以制约或设限，草书的生存根基也就不存在了；二是草书的目的原本就是用于非正式的个人记录等行为，后来才进入供人观赏的书法艺术行列，一般较少用于书面交际的流通领域，因此标准化的意义并不大，因为它并不是普罗大众通用的文字形体。由此也就引出了汉字的字体与书体这样一些并非只限于概念层面的问题。

前面我们一概以汉字的字体论及“篆、隶、草、真”，实际上这种说法并不严谨，因为一旦引入与“字体”并列的“书体”概念，许多问题都需要重新审视。比如我们今天常说的“宋体、黑体、仿宋体”等，它们显然都是印刷字体，基本不用于手写，而且都有自身的国家标准。“草、篆”则正相反，它们一般只用于书法、篆刻等非印刷类艺术领域，字体本身没有统一标准。隶书、楷书的情况则又不同，它们都既用于手写，也具有印刷字形，特别是“楷书”还有与之并列的“楷体”一说，而且楷体目前已有正式的国家标准，如“GB/T 13445—92 信息交换用汉字256×256点阵楷体字模集及数据集”等；隶书则有教育部、国家语委公布的语言文字规范“GF3004—1999 印刷隶体字形规范”。

就手写体而言，我们都知道楷书艺苑中几位巨擘的大作——颜体、柳体、欧体、赵体等，它们于细微之处常常表现出个性化的特点，例如：

颜体“国”

颜体“观”

柳体“国”

柳体“观”

繁体“国”字里面的“∠”笔，颜体似乎拆分成了两笔，而柳体则更像一笔连贯；繁体“观”字左上的“艹”，颜体将两个短横处理成类似左右对称呼应的两个“点”，而柳体则维持短横形体。这种情况表明，从书写着眼的汉字书体，在维持结构框架大致统一的基础上，往往于大同处求小异；而以方便辨识为目的的印刷字体，则必然追求形体结构方方面面的标准化。当然，汉字印刷体的标准化并不是排斥一切变体，而是在标准化框架下统领针对印刷需求的所有变体，比如宋体还有长宋、扁宋、中宋、粗宋、书宋、报宋、标宋等变体。但是，印刷字体的变体一般只涉及笔画粗细、整字轮廓长宽比例的变化，而很少涉及笔画形状及位置关系、偏旁形体及位置关系和比例关系的改变，也就是说基本不触及汉字的主要构形要素。

有人主张汉字的字体与书体应当是截然分开的两个概念或次范畴，如沃兴华在其《中国书法史》中就提出：“字体是汉字的点画结构在不同历史时期所表现出来的不同形态，如甲骨文、金文、篆书、分书和楷书等；书体是被社会民众承认的特殊书写风格，如颜体、柳体、欧体等等。两者概念不同，书体属于个人的创造成果，而字体却是约定俗成的社会实践结果。”这种看法固然有一定道理，但仍有补充和完善的必要。应当进一步探究和明确的问题主要是：其一，书体与字体都非常重要，而且彼此有关联，既然要划分为两个概念，就必须尽量厘清两者之间的关系，而不能仅仅限于一分了之；其二，由于楷书在现代汉字中的重要地位，汉字字体与书体的划分，还必须系统研究手写楷书与印刷楷体之间的异同，进而探讨印刷体与手写体的本质特征和区别性特征。

当然，汉字的书体与字体肯定不是楚河汉界，也不会泾渭分明。事实上从汉字演变过程看，应当说书体在前，字体在后，书体是字体的“母体”，比如楷书就是楷体、宋体以及一切印刷字体的基础；而印刷体反过来也对汉字的书体产生反拨效应，比如宋体字形“辶”与楷体字形“辶”差别显著，然而，许多人在以正楷或行楷书写时，“辶”的形体却往往呈现出近“宋”而远“楷”的特点。可见，字体与书体在某种程度或某种意义上，完全是你中有我，我中有你，表现出包融、和谐的一面。

第二节　识字写字教学的重要载体——楷体和楷书

“隶变”与“楷定”都是汉字发展史上的大事件，前者成为现代汉字的发端，后者则成为现代汉字一切字体之源。可以说隶书基本确定了现代汉字的结构体系，而楷书则是在此基础上，进一步确定了包括笔画基本形状、位置关系、结构布局等诸多构字要素的根本形态。

启功先生在《古代字体论稿》中说：“从晋到唐，真书经过长期试用，证明它在当时最为方便。构造上可以加减……‘馬、魚’的四个点，可以变为一横；‘覆、復’去掉偏旁，只剩‘复’字，也可以代表那两个字。诸如此类，不待详举。它还可以接受不同的风格，如方圆肥瘦、欧褚颜柳等。笔画稍微活动或连写，可以成为行书，再活动可以成为草书。到了宋代以后，把它再加方整化，又成了木版刻书的印刷体。由于它具有这些优长，所以长期地被使用，成为一千多年来汉字字体的大宗。”

这段论述，更加明确了楷书在现代汉字体系中的重要地位。可想而知，作为知识传承、文化传承的主要园地和中枢环节，语文教育和识字教育显然与楷书具有不可分割的联系。目前的汉字教育中，尤其是识字教学的初始阶段，毫无疑问是以楷体和楷书为主的。

和隶书不同的是，楷书一经产生，便很快确立了自身的正统地位。这一方面是由于隶书作为开路先锋，已经通过由俗体到正体的艰难跋涉，逐渐让官宦阶层、知识阶层和社会大众接受了改换小篆正统地位的客观现实，理解了汉字形体应当方便书写的必要性，从而扫清了汉字正体言必小篆的障碍。另一方面，楷书字形结构方正匀称，端庄沉稳，笔画形状与中国的毛笔特性非常契合，书写过程比隶书更加便捷，如隶书的逆锋、藏锋等繁复技法不再成为必须，再加上一批声名卓著的书家推波助澜，创作出许多令人赞叹的楷书作品，自然让人们对楷书青眼有加，这些珍贵的手迹，时至今日依然是中华传统文化不可或缺的瑰宝。

关于楷书的起源，史说纷纭，许多史料都称东汉（亦说秦）书法家王次仲首创楷书。王次仲，名王仲，东汉上谷郡沮阳县（今河北省怀来县大古城一带）人。东汉蔡瑁《劝学篇》说："上谷次仲，初变古形。"宋《宣和书谱》亦称："字法之变，至隶极矣，然犹有古焉，至楷法则无古矣。东汉章帝建初（76—84年），有王次仲者，始以隶书作楷法，所谓楷法者，今日之正书是也。"很显然，王次仲应当是楷书形成过程中一位十分关键的代表性人物。当然，楷书的形成不可能完全是他一人的功劳，而应当是多人协力、社会推动的结果。

此外，楷书萌芽之初，应当还带有隶书的印迹，至于"至楷法则无古矣"一说，应当既指古文字，也指古隶，而古隶之后的汉隶、八分必然与楷书有时间以及形式上的交叠。卫恒在《四体书势》中言及王次仲等，有如下一段："上谷王次仲始作楷法，至灵帝好书，时多能者，而师宜官为最，大则一字径丈，小则方寸千言，甚矜其能。或时不持钱诣酒家饮，因书其壁，顾观者以酬酒值，计钱足而灭之。"值得注意的是，这段融正史、逸闻于一体的叙述是包含在谈论隶书的一大段文字之中的，显然，作者以为"王次仲始作楷法"尚未完全脱离隶书的大范畴。这一点从后人临摹三国真书大家钟繇的作品中也能窥得端倪，如右图所示，显然字形尚未完全脱离隶书的影迹。同样的道理，东汉时期王次仲辈的楷法雏形，其所书字形也应该是在隶书框架下显现楷意。这一推断从文献资料以及不断发掘的碑帖及其仿作、摹品中不难得到佐证。

楷法既立，并受到一定程度的追捧，也促使楷书向着定型、规范的方向发展。当然，就像隶书具有构形规矩一样，楷书本身由于字形齐整，笔画清晰，同样也适合概括出一定的结字规则。

根据目前的史料，最早比较系统地探究楷书结字规则的，当属唐代书法大家欧阳询，但他的《楷书结体三十六法》，流传至今的版本据考并不完全是原作，其中有宋人及宋以后的人补充增益的内容，因为篇中出现了宋代著名文学家、书法家苏东坡论笔墨之事的名言“大字难于结密而无间，小字难于宽绰而有余”等。

欧氏楷书结体法，意在系统总结楷字间架结构的各式规矩，在实践基础上开楷书结字理论之先河。篇中既有宏观规则，如，“相让：字之左右，或多或少，须彼此相让，方为尽善”“救应：凡作字，一笔才落，便当思第二、三笔如何救应，如何结裹，《书法》所谓意在笔先，文向思后是也”等；也有微观规则，如，“补空：如‘我’‘哉’字，作点须对左边实处，不可与‘成’‘戟’诸‘戈’字同”“覆盖：如‘宝’‘容’之类，点须正，画须圆明，不宜相著，上长下短”等。此外，每述规矩必附例字，将抽象的规则与实例结合在一起，这是欧氏楷法理论的又一特色，而且这种铺陈方式对后世影响极大，俨然成为书法结字理论的范式。

除三十六法之外，欧阳询关于楷书由实践到理论的建树还有《八诀》《传授诀》《用笔论》等篇。其中《八诀》最具体，类似第一章提到的“永”字八法，主要内容是简要概括“点、卧钩、横、竖、斜钩、横折钩、撇、捺”等八种笔画的基本特征，实际上也就是给出了这些笔画的书写规矩。例如：“‘点’如高峰之坠石；‘卧钩’似长空之初月；‘斜钩’劲松倒折，落挂石崖。”《传授诀》《用笔论》则是比较宏观抽象的阐述，例如：“每秉笔必在圆正，气力纵横重轻，凝思静虑。当审字势，四面停均，八边俱备；长短合度，粗细折中；心眼准程，疏密被正。最不可忙，忙则失势；次不可缓，缓则骨痴；又不可瘦，瘦当枯形，复不可肥，肥即质浊。细详缓临，自然备体，此是最要妙处。”“夫用笔之法，急捉短搦，迅牵疾掣，悬针垂露，蠖屈蛇伸，洒落萧条，点缀闲雅，行行眩目，字字惊心，若上苑之春花，无处不发，抑亦可观，是予用笔之妙也。”

欧阳询之后，明人李淳在元代陈绎曾一部书法技法论著《翰林要诀》（徐庆祥注）基础上作《大字结构八十四法》，进一步细化了大字楷书结构的一些基本规律。

李是明皇朝臣，自幼习字，后以研究名世。他于景泰二年（公元1451年）给代宗皇帝朱祁钰奏《大字结构八十四法》：“臣幼习大字，未领其要，后获儒僧楚章，授以李溥光永字八法，变化三十二势，宝而学之，渐觉有得。后又获王右军羲之八法诗诀、共三昧歌玩其妙用，亦转觉有所进步也。虽然，运笔之法近得颇熟，结构之道，实有未明。因取陈绎曾所述之书法及徐庆祥所注之书法，求其蕴奥，见有天覆、地载、分疆、三匀、及勾努、勾里之目，总而辑之，共有一百一十三目，用而为法书之。庶几近于规矩，惜其紊乱，中间犹有未尽善者。则去而不取，止选五十八目成法。缘未尽书法之道。臣忘其固陋，窃取陈徐二家法外之意，续添二十六目，如二段、三停、减捺、减勾之类，同前共八十四目，就题曰大字结构八十四法。又每法取四字为例，作论一道，以开字法之奥。今集既成，固知僭踰，罪莫能逃，臣不胜战栗之至。臣谨言。”

李淳之后，清人黄字元集前贤书论，再续己见，又成《间架结构摘要九十二法》（以下简称《九十二法》）。

黄字元声名渐起与同治皇帝不无干系。同治帝母亲病逝之后，经人推荐，黄自元奉诏进宫为同治生母书《神道碑》。他的字秀雅美观，工整亭匀，深得同治皇帝赏识，当即赐以“字圣”称号。自此黄氏名声大振，效仿其书者不计其数，一时蔚然成风，渐至成为社会上的通用字范和书生们考取功名的书法标准。他临写的字帖也一时洛阳纸贵，成了人们竞相追捧的摹本。史书记载，黄自元“书名满天下，妇孺皆得知”，“数十年来，碑碣之文，祝颂之作，皆得以先生书为荣，零缣片纸，人争藏弃，或诡冒模龚以弋厚利，虽穷荒鲰孺，无不知有黄先生书者”。

然而，在中国书法史上，以楷书而成大气者毕竟不多。因为楷书法度森严，其规整的结字和用笔缺少随意性和流动性，这在很大程度上限制了书家个性的表现和情感的抒发，压缩了书法家的创造空间。所以，写楷书最难突破前人窠臼，最难成就一家风格。另外，清代文化界以康有为为代表的一拨人，在书学研究中持批判传统的态度，他们崇碑贬帖，对二王开创的帖学，特别是唐代书法不屑一顾。在他们的带动下，世人大都放弃帖学传统，改弦易辙取法金石碑版。光绪年间，这股风潮更是甚嚣尘上。黄自元的书法作品及其书法见解在这样的大背景下，自然也遭到贬损，被斥之为与“八股文”同类的“馆阁体”。

如今回头审视那段历史，康、黄书法理念的碰撞并非孰是孰非那么简单，而是代表了不同的追求。康派所为更多在于书法艺术的百花齐放；而黄氏耕耘，意义更在于楷书共通规则的建立和书写基本功的训练，同时对于印刷楷体字形的规范化、标准化也具有十分重要的参照作用。

《九十二法》称得上楷书结字规则的集大成者，其影响一直延续到今天印刷楷体字模的设计与制作等。与前述楷书结字的几部巨著一样，《九十二法》也是规则阐述与字例相结合，其中还有规则内容阙如，只有字例的情况，如图所示（见下页）。此外，有些规则的描述体现了丰富的想象力和深厚的文学功力，比如“宝盖之钩如鸟之视胸乃妙”等。

从以上介绍中我们可以看到，作为汉字最重要的一种书体，楷书的结字规则在历史上一直受到高度重视。这些规则总结起来大致可分成两个方面：第一个方面是楷书的基本笔画。代表性产物有“永”字八法和欧阳询的《八诀》等。第二个方面是楷书的间架结构，也就是组成楷字的各个部分按其结构特征在字中的布局安排，其中又包括部件的相对位置和大小比例。这方面的代表性产物先后有欧阳询、李淳和黄字元各自概括的楷书结体法等。

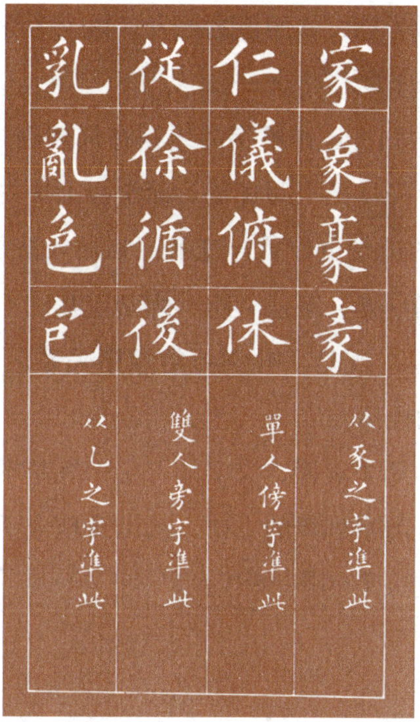

“永”字八法的创始人目前说法不一，主要有崔子玉、钟繇、王羲之说，智永说及张旭说。崔子玉是东汉书法名家，尤擅章草。智永姓王，名法极，是王羲之第五子徽之之后，由于在山阴（今浙江绍兴）永欣寺为僧，人亦称“永禅师”。他曾以真、草两体书《千字文》数百篇，并赠予各大寺院。可惜流传至今的《真书千字文》目前仅发现唐代流入日本的墨迹本和现存于陕西省西安碑林的北宋董薛嗣昌石刻本两种。钟繇、王羲之和张旭三位书家名气更盛，想来不必详述。

所谓“永”字八法，主要意图是借助“永”字详解楷书基本笔画的本质特征（八法具体名称请参见第一章相关内容）。该法问世之后，后世多人曾对其所述法则加以诠释，其中清末民初学者诸宗元《中国书学浅说》中的解释相对而言较为通俗易懂。诸著的具体论述为：“点为侧，如鸟之翻然侧下；横为勒，如勒马之用缰；竖为努，用力也；钩为趯，跳貌，与跃同；提为策，如策马之用鞭；撇为掠，如用篦之掠发；短撇为啄，如鸟之啄物；捺为磔，裂牲为磔，笔锋开张也。”

不论是笔画书写法则，还是整字的结构布局规则，他们共同指向一点，那就是楷书笔法和楷字结体的书写训练。而学习书法先由楷书入门，已成为普遍的共识。这其中的道理可以这样理解：临帖入楷是学站立，行书是走，而草书是跑。若弃立而学走，甚或学跑，则必定基础不牢，学而不精，难有作为。楷而行、行而草，既是一种学习的顺序关系，又是从结字运笔上对真、行、草三种字体的概括。

几千年的汉字书写历史表明，汉字的习字训练基本无一例外，都是从楷书起步的。那么，传统习字训练的主要方法以及现今识字教学中书写训练应当注意的主要原则与方法又有哪些呢？

第三节　书写训练的主要原则与方法

前面第三章第四节谈到传统启蒙教育与当今识字教学关系的时候，曾引崔学古《幼训》："何谓纸上识字？凡训蒙，勿轻易教书，先截纸骨，方广一寸二分，将所读书中字，楷书纸骨上。"这种所谓"纸上识字"法其实就包括了用楷书写生字的训练。但是，这种训练的主要目的还是识字，而不是习字。至于习字一项，传统语文教育还有一套专门的训练方法。

据考证，古人关于写字练习最著名的方法是颂扬孔子的二十四字歌诀描红："上大人，丘乙已。化三千，七十士。女（古通"汝"）小生，八九子。佳作仁，可知礼[注16]。"

这二十四个汉字从总体面貌上看，独体字占了绝大多数，因此可推断，其主要作用应当与"永"字八法相似，均着眼于基本笔画训练，其中尤以横、竖、撇、点为多。这一情况与隶变之后汉字字形方面总的形体特征比较吻合，因为汉字在二维平面的方形轮廓必然需要一定的水平笔画和垂直笔画作保证，因此就形成了现代汉字横、竖笔画比例较高的局面。

有关基本笔画在现代汉字中的分布情况，吴建国等曾经以1980年国家标准局《GB2312—80 信息交换用汉字编码字符集基本集》所收录的6763个汉字为样本，对相关数据做过统计分析。根据他们《汉字笔画若干数据的统计方法研究与应用》一文所列出的结果，这6763个汉字中，基本笔画出现频率

注16　"丘"一作"孔"；"女"一作"尔"。结尾处亦有加"也"成二十五字一说。

排前四位的正是“横、竖、撇、点”[注17]。

对该文所列数据重新加工后，可以得到如下结果：第一，仅“横”一种笔画所出现的频率就超过“竖、撇、点”之外其余笔画频率的总和；第二，“横、竖”两种笔画在这些字里面出现的次数约占总笔画数的45.4%；第三，“横、竖、撇、点”四种笔画所占比例大约是75.1%；第四，“捺、钩、提、折”四种笔画的主附笔形以及变体出现频率合计不足25%。

现代汉字横竖笔画居多，这也给印刷字体的设计带来了便利；与此同时，汉字认知领域相关研究结果也显示，横竖笔画于字的识别有一定作用。对这些方面有兴趣的读者可以进一步查阅有关资料。

现在再回到传统启蒙教育的习字训练。二十四字楷书描红首先是解决基本笔画的书写问题，比如横平竖直等笔画特征，具体训练过程中就会让学童体会到“横”之“平”并非“水平”之“平”，而是“平直”之“平”，是强调运笔过程及运笔轨迹的挺直之态的。实际上楷书的“横”都不是水平的，而是向左倾斜，运笔要有一定的上扬度和下压停顿力，只不过在不同的字里面或不同的位置向左倾斜的程度有差别。其次，笔画的书写是置于整字之中的，这种方法的理念类似把汉字学习融于词语和句子等语境，一来有助于借助环境的限定性作用更好地明晰个体的本质特征以及在特定环境中的特殊性；二来也可以通过环境明确构成整体的每个部分之间的关系。举例来说，书写“上”字，“横”与“竖”这两种基本笔画的平直和挺立特征均可以结合字例充分表现出来；同时，该字长横、短横皆备，“横”在这个特定环境中短、长笔形的特殊性也得到了体现；另外，该字三个笔画之间的位置关系、交接关系、接点位置以及相对长短等，在书写整字过程中也能得到相应的训练。最后，由于习字内容多为独体字，而这些独体字恰好都能充当合体字的构字成分，因此它们对于将来学习合体字的书写，无疑能够起到打基

注17　按该文处理方式，“横、竖、撇”都指的是主笔形，不包括附笔形，如“点”“竖钩”等均单独计数，而不同“撇”“竖”等合并计算。

础的作用。

由此可见，古人对于习字起始阶段的训练问题，已经形成了比较系统的理念，同时也摸索并固化出一整套行之有效且经得起时间检验的方法。目前从敦煌发掘出土的一些文物中，已经找到二十四字习字歌诀的残篇，表明这种习字方法至少不晚于唐代已经开始出现。

另外，比较有意思的是，二十四字歌诀现在还以一种纸牌游戏的形式流传于我国湘鄂渝交界地区的土家族之中。这种纸牌牌面一共有二十四种图形，每种图形有4张牌，图形均为艺术化了的文字，整副牌共96张，在有些地区也称其为“九十六”。据传这种有教化功用的二十四字纸牌起源于清朝康熙年间，由鄂西州容美土司王爷田舜年发明。田舜年才智过人，崇拜汉文化圣人——孔子，他为了对当地土家族人进行汉文化的宣扬和普及，发明了这种纸牌娱乐，以达到寓教于乐的目的。这种纸牌游戏可以两人玩，也可以三人或四人玩，以四人同玩最经典，称为“四家飞”。具体游戏规则比较复杂，在此不再赘言。

除了结合独体字进行基本笔画及其变体、笔画在整字中的位置关系及相对长短等练习，同时为合体字训练打基础之外，传统启蒙教育习字训练也非常注重字的间架结构，而间架结构练习正是上一节提到的欧阳询《楷书结体三十六法》、李淳《大字结构八十四法》和黄宇元《间架结构摘要九十二法》等书学经典的主要内容。下面以黄著为主，择其要者略举几例。

关于左右结构，黄著有：“左旁小者齐其上（如：吸、呼、峰）；右边少者齐其下（如：和、知、细）。”关于上下结构，则有：“天覆者凡画皆冒于其下（如：宇、宙、定）；地载者有画皆托于其上（如：至、孟、圣）。”这些规则或者表明合体字部件之间的相对位置，如涉及左右结构的两条规则；或者明确合体字部件之间的宽窄比例，如涉及上下结构的两条规则。如果从不合规矩的角度诠释这几条规则，则是：左偏旁小的字，书写时左偏旁不能与右偏旁的下面齐平；而右偏旁小的字，书写时右偏旁不能与左偏旁的上面齐平；有字头顶盖的字，字头不能窄于下面的部件；有字底承托的字，则字底不能窄于上面的部件。对于这些规则，参照印刷楷体字形也能得到验证。例如：

呼　和　宙　孟

这四条规则只是黄著内容的一小部分，其余规则绝大多数都针对楷书结体的各种细致情况，几乎涵盖了楷书间架结构的各种特殊性。

具体到学童练笔的序列，古人亦摸索出先描红、次影写、再临帖，直至于方格中及脱离方格后自主书写的路径，而且在此过程中非常重视由大楷入门，最后才写小楷的次序，因为担心先写小楷会导致学童写的字拘谨不舒展，而且于细节处也难觅得楷书的真谛。

从笔画技法、结体规矩的丰富与详致看，古人于习字一门的确是非常重视，因为在当时社会，写出来的字可以说是识文断字之人的脸面，代写书信、代写春联等都是读书人以己之长帮助他人的荣幸，而作为脸面的“字”自然马虎不得，不能掉以轻心。此外，在封建时代，书写技能的高低有时也会直接影响读书人逐科举、求功名的结果，倘若字写得端正漂亮，在科举中就能争取到很大的优势：“字而端楷，则主司阅文时，先已动其欢心，即五六分文，便作十分看矣。”“殿廷考试，专尚楷法，不复论策论之优劣。”[注18]

抛却封建科举制度的弊端不谈，单从古人重视写字技能这一点看，这种传统是非常值得称道和继承的。除了弘扬书法艺术国粹的意义，也对培养现代人爱国情怀、尊重传统文化、陶冶情操、提高人文修养与文化素质等意义

注18　转引自：刘静芳《科举制下的明清蒙学研究》。

深远。

当然，在当今社会，由于社会发展等原因，再要求现在的中小学生在语文学习中使用笔墨纸砚，也是不现实的。继承传统可以考虑两方面的措施：一是专门的毛笔书法训练；二是在识字教学中加强硬笔写字练习。

内地小学语文教学历来重视写字要求，小学语文教学大纲数度修订，其中有关写字训练的目标与要求一直是非常重要的内容。以中华人民共和国教育部制定的《义务教育语文课程标准》（2011年版）为例，课程总体目标即提出：能正确工整地书写汉字，并有一定的速度。具体学段目标中则又进一步明确：能按笔顺规则用硬笔写字，注意间架结构；能使用硬笔熟练地书写正楷字，做到规范、端正、整洁；硬笔书写楷书，行款整齐，力求美观，有一定速度，等等。

按照课程标准的要求，写字训练的主要目标可以归结为：硬笔楷书，单字与行款并重，有一定速度。根据这一训练目标，识字教学中书写练习的基本原则应当是：注重正确的写字姿势，突出笔画、笔顺、间架结构的规范性，强调连续性书写过程中字间、行间的工整性，追求熟练基础上的速度保障。

围绕写字训练的主要目标与基本原则，目前在内地小学语文教学中，大家都在继承并探索更加有效的写字训练方法，这些方法在实践中都取得了不同程度的良好效果，并且丰富了写字教学的具体内容。但是，如果从全局着眼，现行的各种训练方法还不够全面、深入，系统性也不那么强。这其中的原因既有对硬笔书写训练缺乏足够的、较为系统的研究与探索；也有硬笔楷书本身结字要素的一些通用规则、根本特征尚缺乏能够形成体系的研究基础。因此，加强写字教育的提法固然好，同时还应当加上深化、拓展硬笔楷书结字规则的探究，以便使写字教育沿着正确的轨道前进。

第四节　写字练习在识字教学中的重要作用

写字是识字教学的重要组成部分。从传统启蒙教育习字训练考察，习字的训练方法有描红、影写、临摹和自主书写。再看现在语文教学的写字情况，既有抄写任务，也有听写、默写和书面表达等使用汉字的形式。实际上，不同类型的写字任务在层次上存在着明显差别：一种是为了书写而书写，主要目的是训练手眼协调，追求的是如何根据楷书汉字的结体特征，把字写得合乎规矩，美观工整，当然同时也有让学生通过动笔帮助记忆的目的；另一种则是为了再现而书写，其目的可能是复习巩固，也可能是在表达中使用。一般而言，抄写类任务对于培养书写、运笔的技能作用更大，主要体现了引导学生了解楷书汉字的结体特征，建立规范、正确的书写规矩等目的，同时兼具让学生通过书写加深字形记忆的作用。而另外一类，不论是听写、默写，还是自主表达用字，其目的主要是考察学生记忆字形的能力，而且这种记忆是对构字要素的精细记忆，已经高出了识字之初对生字混沌的、轮廓式的记认。因此，第二类书写任务不像第一类那样更关注学生的书写技能，但却必须建立在第一类书写任务基础之上。反过来看，第二类书写任务，实际上对第一类书写任务也具有很强的反拨效应，例如，当学生以追求速度为主要目的，完成书面记录或自主表达等任务时，要把字写得清楚、明晰，尤其是要让其他人看明白，甚至是让自己完成任务之后还能看清楚，那么能够满足这些需要的基本构字要素有哪些？写出来的字在什么程度上不影响识别？这些问题的答案显然应当由第一类书写训练任务来给出，或者说它们应当蕴含在第一类书写训练任务之中。然而，令人遗憾的是，目前这方面的研究还太过欠缺，尚不能满足现实的需求。

把语文教学中的汉字书写按其主要功能分作两大类，这对深入思考识字教学中的写字问题，以及教育体制下学生的培养目标如何与教育后的现实需求挂钩等，都有很大帮助。举例来说，学生在识字教育基本结束后，在面对用字任务时，特别是一些文字记录类任务，用正楷书写的可能性实在是微乎其微，用字的主流书体显然已经转换为行书或行楷等。而一旦行书等取代楷书成为学生写字类任务的主角，那么，再要像教学过程中那样训练学生基本结字规矩就会变得难上加难。因此，可以说学生关于基本结字规矩的概念以及相应的技能，基本上都来自识字教育阶段的培养，是植根于识字教学之中的。

结合上一节提到的习字训练自楷书始，楷书是行、草等书体的基础等内容，现在需要反思的问题是，识字教学中以正楷为主的写字训练，究竟在哪些方面为满足将来汉字书写任务的实际需求打下了基础？目前教学中的基本措施与方法适用性又如何？还有，应当如何看待汉字书写正楷教育、行楷应用这样看上去似乎脱节的奇怪现象？

要回答这些问题，寻求答案的途径可能不止一条，我们在这里选择由人们日常用字的主流书体——行书入手。

首先，我们可以观察到的是，行书与楷书最大的不同之处在于笔画之间的连与断。楷书的基本特征是笔画清晰，每一个笔画的起笔和停笔都极其分明，笔画之间的位置关系和长短比例也非常清楚。而行书的笔画则附着了一定的随意性，一些笔画之间有明显的连接线条过渡痕迹，而另一些笔画的停笔和起笔则掩蔽在笔画之间的衔接处，把原本的两个笔画写成带折点的折笔，笔画之间的位置关系和长短比例也表现出较大的弹性和灵活性。例如：汉字楷体/汉字行楷。

究其实质，笔画的定义原本就是针对非连笔书写的汉字书体的，因此从这种意义上说，可以认为笔画的狭义定义本身就不适合行书，也可以认为行书本身并不完全具有这种严格意义上的"笔画"要素。

其次，从识别角度看，尤其是在识字教学阶段，笔画清晰的字体具有更适宜的识别度，而具有连笔特征的字体相对就要差一些，因此，识字教学阶段的主要字体均为楷体，一些读物所呈现的字体也是源自楷体的宋体等。在这种情况下，配合识字教学的书写训练自然非楷书莫属，而行书则由于书写更流畅等原因，成为后识字阶段或识字后自主用字阶段的重要书体。

最后，再来考察楷书与行书在结体方面的共同要素。先看笔画层面。虽然汉字行书笔画的清晰度不如楷书高，但是二者在笔画的基本走向、笔画的上下左右位置关系以及笔画之间的交接离关系等方面，一致性程度都很高。再看部件层面。无论楷书还是行书，各自体系内部部件的区别性特征均比较鲜明，而且彼此之间的一致性程度同样较高，例如：皿、目/皿、目。"皿"的底横长，"目"里面是两短横，这是它们区别于"罒、日"等部件的主要特征，行书、楷书这两个部件的区别性特征高度一致。此外，部件在整字中的相对位置及大小比例，行书与楷书的基本特征也大致相同，例如：明、唱/明、唱。而这些根本性特征进入了整字的布局层面，明显已经属于汉字字形间架结构的性质了。

从上述简单分析中，我们可以看到，楷书汉字基本的结体特征与行书具有较高的一致性，因此，从楷书到行书，汉字结体特征的一些根本性要素基本相同，所以彼此间的过渡就有了比较坚实的基础。由于教学中识、写汉字在字体方面的同步要求，也由于汉字楷定之后，楷书无可替代的正统地位，从传统启蒙教育一直到现代识字教学，楷书既是教学中生字的载体，也是写字训练的载体。而行书又恰好是以楷书为基础，加以笔画连贯以及少量的连省演化而成，因此，学生通过楷书训练打好写字的基础之后，当需要提高写字速度的时候，行书的萌芽自然而然就会出现，不需要重新建立一套全新的书写体系，其间的转化常常是在学生不自觉、不经意和下意识的状态下自然产生的，相信大多数并非专门接受过行书训练的人都有类似的经验与体会。当然，行书作为一种书体，其结体规则也有自身的特殊性，如果要写好行书，在条件允许的情况下，能够接受专门训练自然是最稳妥、最有效的途径了。

行书与楷书既然无脱节之嫌，那么，楷书显然在某种程度上应当具备或承担奠定行书基础的功能。上面谈到的两种书体之间在构字要素方面的一致性，显然就是楷书发挥这种作用的稳固基础。为了应对用字的需求，识字教学中的书写训练，必然要着力于整字框架中的笔画及其位置关系和长短比例，部件基本特征及其相对位置与大小，乃至字与字之间的匀称与均衡。这些基本要素应当成为识字、写字教学满足应用需求的根本目标，也是教学过程的重心所在。

现代识字教学中，写字训练有许多比较成熟有效的训练方法。这些方法有的涉及到字的对错，比如笔画在特定汉字中的交接离关系、形近部件的区分等，像“八”与“入”、“田”与“由”之所以成为不同的字，就是因为某些笔画之间的交接离关系不相同；而“衤”“礻”和“攵”“夂”两组部件各自间的不同，则取决于某些构形细节的差异。此外，还有些训练方法主要关系到字的美观，比如合体字部件之间的宽窄高矮以及大小的相对性，像“请”的左窄右宽，“到”的左宽右窄，“吹”的左小右大和“加”的左大右小，等等。

这些方法对于用字需求的适应性也不完全相同。就写字训练中区分对错的内容而言，楷书状态下，一切规则都是必须的，然而到了行书，一些规则却表现出弹性的一面，例如：祈、衬，它们的左偏旁变得基本看不出差别了。这就牵扯到汉字的区别性特征，而且还涉及到两个方面：一是单字层面的区别性；二是特定语境中的区别性。在第一层意思上，主要影响要素是部件组合的可能性以及组合出现的频率，比如“衤”与“斤”在汉字系统中是否具备组成合体字的可能性，如果答案是否定的，那么“祈”就不会引起歧义；而如果答案变作肯定的，那么就要看“衤”与“斤”组成的合体字使用频率如何，若使用频率极低，那么“㪿”引起歧义的可能性也微乎其微；而如果该合体字的确不是罕用字，那就要借助语境的限制性作用了，也就是“礻”与“斤”组成的合体字同“祈”分别充当构词成分时在词语方面的差异。

主要涉及美观程度的结字规则，由写字教学到书写汉字的应用型任务，规则的灵活性特征一直得以延续。但是，汉字间架结构的匀称、均衡却并不是可有可无的，这一点必须在相关规则弹性范围内，同时关注忽视规则的极端情况，比如部件位置关系、大小比例严重失调等。

识字教学中的写字训练，除了对书写汉字的应用型任务具有比较直接的作用之外，它对加强字形记忆同样具有非常重要的作用。2005年，香港大学语言学系曾经公布一项研究结果，称该系在北京进行了一项有关儿童阅读能力的研究，研究对象为131名年龄在7~10岁的儿童。研究者经过三个月的测试，发现儿童在学习中文时，写字技巧对阅读能力有极大帮助。该研究指出：写字能促进儿童对汉字字形结构的分析，加上重复练写的手部活动，有助于儿童建立对汉字的动作记忆，因此可以为治疗阅读障碍提供一种新的方法。

此外，在识字教学过程中，教师们也常常采用“书空”等方法加强学生对字形的记忆，使学生通过书写了解汉字的构字要素，把握汉字的字形特征，以书写促辨识，以书写促记忆。实际上，学生用正楷书写汉字的过程，其形式与作用非常接近口头上对汉字进行的字形分析，也属于一种对汉字字形的精细分辨，而且还伴随着动作记忆，以及由动作记忆共同形成的字形表象。这种过程毫无疑问会增强学生记忆生字的效果。

当然，能认识的字与会书写的字终究是存在着一定差别的，再认操作与再现操作毕竟也不处于同一水平，而且一些比较罕用的生僻字就算鼓励学生能够认识，但是从用字现实以及学习效率等方面考虑，再现要求的确不一定提倡。这种情况正像人所掌握的词汇量，其中既有积极词汇，也有消极词汇。如果类比词汇量中的“积极”与“消极”现象，我们也可以说人在识字过程中，自然会形成能认会写的“积极字”以及会认不会写的“消极字”。那么，通过书写训练逐渐达到能够再现的汉字显然就是学生识字过程中的“积极字”，这些字的数量对每个人来说都是在能够辨识的字的基础上不断积累和增加的，辨识必然在前，然后才跟随着记忆与再现，二者具有层次上的差别。

古代启蒙教育的实践经验告诉我们，传统语文教学中，识字与习字是各成体系的，各自的目的、要求、过程、方法以及结果与作用均明显有别，一个重辨识、理解与记忆，一个重结字规则与写字技能，任务划分非常清楚。但是，从第三章相关内容中不难发现，教学过程中识、写完全分开的做法并不足取。一来写字的目的本身也不只是训练“写”的技能，其中还包括通过学习结字规则准确把握字形、记忆字形，赋予书写过程理清字形线索的作用；二来作为再认操作的识字与作为再现操作的用字，原本就是交互作用的，如果单纯强调识归识，写归写，那么，学生在识得相当数量汉字之后，当自然产生用字需求时，很可能由于尚不具备书写汉字的基本能力，从而无法满足这种需求，或者在放任自流状态下自己尝试书写，从而导致由于缺乏正确指导而出现写字基础薄弱等现象。因此，无论从哪方面看，识、写同步进行对于识字教学都是有百利而无一害的。

另外，写字与识字在教学过程中交互作用的同时，对学生习惯与态度的养成和建立也具有十分重要的作用。正确的写字姿势、工整的书写结果、一丝不苟的认真态度和良好的学习习惯，这些都是可以在严谨的识、写训练中逐渐培养的。因此，教学前制定适宜的训练计划是非常必要的。

第八章

识字教学评价与识字教学的未来

第一节 教学评价的目的、意义和作用

根据教学目标，参考相关学科的理论与实践探索，构建起识字与写字的具体教学框架之后，就面临着教学计划的实施。然而，实施教学计划的过程，并不像运行编制好的计算机程序，一定是一次性运行完毕，然后再总结、分析运行结果，找出程序设计方面的漏洞与问题。教学实践的特殊性在于，教学目标的实现情况和实现程度等，伴随着教学过程随时要面对和监控的问题，而这些问题也引出了教学评价的概念与方法。

教学评价这个概念出现的时间不算很长，但是这种理念与方法已经有很长的历史，比如《礼记·学记》中就已经记载："比年入学，中年考校。一年视离经辨志；三年视敬业乐群；五年视博习亲师；七年视论学取友；谓之小成。九年知类通达，强立而不返，谓之大成。夫然后足以化民易俗，近者说服而远者怀之，此大学之道也。"另外，从比较宽泛的角度说，我国古代的科举制度也未尝不是一种评价手段，只不过这种评价是与选拔任用结合在一起的。

如今，教学评价已经是一切教学实践、教学活动必不可少的重要组成部分，也可以说是一项十分普遍的教学工作，同时也是教学计划的一部分。虽然目前对教学评价的定义还存在着不同看法，但对其主要目的是服务于教学与学习的认识却非常一致。

此外，不论存在着何种分歧，教学评价的核心内涵就是通过测试、观察、调查等方式收集、记录教师和学生在教学过程中的各种信息与数据，从而尽可能客观有效地监控教学，这种理解目前基本上也已经形成共识。

既然是监控教学，就应当明确主要监控什么；既然是服务于教学，也应当弄清楚怎样进行有效的服务。一般情况下，教学目标是教学评价最重要的参照，也是判断一切教学中所出现的现象的最高标准。由此可见，厘清教学目标，并以此为依据观察、考察教学过程，这便是监控教学的主要内容。根据观察或考察的结果，改进和完善教学，就成了教学评价为教学服务的最直接体现。而监控教学、服务于教学正是教学评价的最根本目的。

关于教学目标，目前影响比较大的是布鲁姆教育目标分类体系。该体系在教育教学领域的应用有着浩如烟海的论著与成果，在此只结合识字写字教学的特殊性略做探讨。

首先，要特别强调教学目标的系统性和层次性。以识字为例，虽然小学语文教学大纲或课程标准一类文献都已经明确了总体目标和分学段目标，但这些目标对具体教学过程而言，还是太宏观，需要进一步具体化。比如，认清字形、读准字音就是比较低层的教学目标，而更进一步的目标则是理解字义、扩展词语，最终的目标则是准确使用、灵活使用等。与此同时，教学过程中分解目标还应当与教学方法与学习策略结合在一起，比如读准字音可以借助汉语拼音，也可以联系词语，还可以遵循汉字的形声规律，等等。而这些方法与策略恰好也可以供教学评价参考，比如通过汉语拼音了解学生的正音能力等。

其次，评价中要特别注意不能仅仅局限于知识与技能，还要关注过程与方法、情感态度价值观等方面的目标。例如，学生是否具有根据字形线索推断生字表义范畴的能力，是否表现出能够利用口语基础区分多音字的倾向。还有，学生主动识字的愿望如何，识字的兴趣大不大，等等。这些目标虽然不直接等同于学生掌握教学内容的特定层次，但是它们对于学生学习效果的影响却不容忽视。

再次，由于教学评价所着眼的范围更加广泛，因此，评价手段也不应只停留在测验一种方式，而应当是多种形式并举。比如观察记录表、调查问卷等，都是可以采用的评价载体。同时，就是在测验方式下，测试题目考核的要素也应当涵盖不同层次的教学目标，而且每种层次的题目在评价中都应当占有适当比例，比如理解字词基本意思的题目占多少，综合运用型题目占多少，等等。

以教学目标为参照，围绕教学目标开展教学评价，一方面可以考察教学目标的实现情况，比如是否实现、实现程度如何等；另一方面也可以审视不同教学目标对实际教学的适切性与合理性，比如汉字的文言含义与用法是否适合成为小学语文识字教学的目标之一等。这两方面的考量，既有助于了解在特定教学程序、特定教学过程中达成教学目标的具体情况，从而促进教学实践的改进与完善；也有助于发现和了解教学目标在实践检验中暴露出的问题，掌握教学目标自相矛盾或者目标设定过高过低等情况，比如不同教学阶段识字量的规定是否恰当，识字教学的目标能否满足或适应阅读教学目标的需求，等等。从而更好地检视已经拟定的教学目标，不断完善目标体系，使教学日渐走向理性发展、良性循环的轨道。

由此可见，从某种意义上说，教学评价的目标实际上就是教学目标，那么，评价过程既是考察教学目标的实现情况，也是核查评价体系是否实现了对教学目标的评价，也就是说评价本身也需要一定的自查或自诊措施。

一般情况下，针对评价体系自身的评估主要有三个方面：一是信度，二是效度，三是可操作性。信度高的意思是指评价指标一定是客观可靠的，在实际操作中确实表现出稳定性和一致性特征，这些指标不会由于时间、场合的变化而改变，也不会由于受测或施测人员的不同而产生波动。效度高指的是评价结果必然准确反映评价目的，评价指标所衡量的东西就是评价本身所要衡量的内容。可操作性指的是一套评价指标和评价方案是否具有实施的可能性，或者说是否方便实际操作，比如采用一对一读字表的方式考察学生识字量，它的效率如何、便利性如何，等等。

如果一种评价系统，它的信度和效度都比较理想，同时也具备一定的可操作性，那么，这个评价系统的质量就可以认为比较高。具有这种特征的评价体系，它的作用主要体现在以下几个方面：

第一是它的诊断功能。通过评价，我们能够发现学生在知识掌握、能力形成以及习惯建立、兴趣养成等方面的表现情况；同时了解教师的教学效果和学生对教学过程的看法等。然后就可以以此为依据，向学生和教师提出改进学习和教学的具体建议。

第二是它的甄别功能。通过评价，我们能够发现对某些知识已经掌握的人和尚未掌握的人，或者已经为大多数学生掌握的知识点和极少有人掌握的知识点等，从而根据这些情况，在教学中采取相应措施，比如组织有针对性的帮学小组、淘汰某一学段可能存在的揠苗助长类知识等。

第三是它的选拔功能。通过评价，我们能够发现学生在天赋、能力等方面的特殊性或倾向性，这类信息可以成为某些兴趣小组或课外活动遴选参与者的参考，如校园记者站、朗诵小组等。

第四是它的导向功能。通过评价，能够让学生在参与过程中了解评价体系，调整自身去接近和适应这个体系。这样，评价就产生了引领学习方向、明确发展方向的作用。比如，评价体系中不仅重视知识与技能，也重视过程与方法，这就能够使教师与学生都明白，积累知识、形成能力固然重要，教学过程中思考问题、解决问题的方法、途径与策略也都非常重要，这些内容也是教学目标的有机组成部分。

第五是它的激励功能。通过评价，着重从积极的一面呈现和肯定学生所获得的成就，同时指出需要努力的方向，这就形成了对学生进行正确的正面引导的态势，能够激发学生的求知欲望、进步欲望，有助于他们产生较为持久和强烈的学习动机。

只要明确并牢记教学评价的目的，善用评价，注意发挥它在教学中的多种作用，评价体系就一定会在教学中成为合理、有效的调节器，为实现教学目标提供必不可少的帮助。

第二节　教学评价理念和评价方法的发展

教学评价虽然具备多种功能和多种实施方法，但它的核心只有一个：通过收集客体在某些方面的客观情况与数据，并以一定的规则为依据分析这些情况和数据，最终形成结论或推论，为教学提供参考。

实际上，评价的实例在我们日常生活、工作和学习中随处可见，例如：医生可以通过人体的某些生理指标诊断人的健康状况；调琴师能够根据乐器发出的声音调节它的音准度；学校的期中、期末考试可以告诉学生他们的学习情况……这些种类繁多的评价，有时也称为评估、评测等，英文中相应的概念也包含evaluation和assessment等。事实上要精确区分它们也比较困难，况且不论使用哪种概念，只要所指清楚，应该不涉及原则问题。

任何评价体系，其自身都可以从相对性和绝对性两种角度去检视，比如“作文中出现错别字的数量”就是绝对评价指标，而“作文中出现错别字的比例”则属于相对评价范畴。可见，教学评价同时具有相对性与绝对性两种特征。具有绝对特征的评价一般有明确的参照标准，重在发现客观事实与标准的关系，如达到与否。有些情况下，绝对评价描述的是客体外显的或隐含的变化量，比如某个时段教学后学生的识字量增加了多少。具有相对特征的评价一般都是人为规定的参照系，重在发现客体在一定参照系中的相对位置，比如同班学生或采用不同识字方法的学生在识字量方面的差异等。

相对性评价也好，绝对性评价也好，它们都可以既用于教学过程中，也用于不同层次的教学阶段结束时。而教学过程中和阶段性教学结束时所施行的评价在教学评价领域分别属于“形成性评价（formative evaluation）”和

“总结性评价（summative evaluation）”。“形成性评价”亦称“过程性评价”，而“总结性评价”也称“终结性评价”。

就时间先后看，总结性评价出现比较早，其关注点主要是教学的结果，因此也被看作是传统的评价方式。形成性评价则产生于20世纪三十年代前后，其基本理念是教学评价不能只重视结果而忽视过程，并且认为教学过程中的评价更加重要。它是基于学生日常学习过程中的表现、所取得的成绩以及所反映出的情感、态度、策略等方面的情况，通过全过程的持续观察、记录和反思，最终做出的发展性评价。因此，有利于帮助学生有效调控自己的学习过程，使学生获得成就感，增强自信心，激励学生学习。

诚如上一节所讲，教学评价的理念与方法虽然可追溯的历史十分久远，但这个概念的正式提出还是伴随着形成性评价的产生而出现的。目前认为最早提出并比较系统地阐释这种理念的当属美国课程理论家拉尔夫·泰勒（Ralph W.Tyler）。

泰勒提出了一套以教育目标为核心和依据的课程和测验编制原则，试图以此把社会的要求、学生的需要等都反映在课程与测验中。根据泰勒的理论构想，教育评价就是衡量教育活动达到教育目标程度的一种活动，而教学评价是指以教学目标为依据，制定科学的标准，运用一切有效的技术手段，对教学活动的过程及其结果进行测定、衡量，并给以价值判断。

泰勒理论产生之前，现代教学评价虽然还没有固定的名称，但其区别于古代教学评价的实践已经有几十年历史。现代教学评价的实践一般认为开始于19世纪末20世纪初。这些实践的最突出特点是各种测验量表的编制，如莱斯（J.M.Rice）的“缀字测验”、斯顿（C.W.Stone）和戈蒂斯（S.A.Courtis）的“算数标准测验”、桑代克（（E.Thorndike）的“书法量表”以及各种智力量表等。在我国，受这种量表思潮影响，俞子夷1918年编制《小学国文毛笔书法量表》，其后陈鹤琴编制《小学默读测验》和《小学文法测验》等。

与教学相关的量表其实是一种学习成就测验，它的集中涌现虽然是在20

世纪初，但其萌芽应当以1864年英国格林尼治医学院教师费舍尔（G.Fisher）写就《量表集》为标志。在此之前，涉及教学的测验一般都以口试方式进行，教师等充当考官，根据主观判断决定考试者的成绩。自《量表集》问世之后，纸笔测验才取代口试正式登上历史舞台，并在西欧与美国等地区流行，带动了标准化成就测验向着客观、科学的方向迈进。

泰勒模式、量表风潮虽然都对教学评价产生了积极的推动作用，但是就像所有新事物的产生都会打上时代的烙印并受到历史的局限一样，它们在产生之后，一方面自身也在不断完善，另一方面也由于种种问题而引起质疑，并因此又促发了新理论与新方法的诞生。例如，CIPP评价模式，亦称决策导向或改良导向评价模式，目的游离（goal-free）评价等就是针对泰勒模式的不足而提出的新的评价构想和评价模式。

CIPP模式是美国教育评价专家斯塔弗尔比姆（D. L.Stufflebeam）倡导的课程评价模式。它认为评价就是为管理者做决策提供信息服务的过程。背景评价（Context Evaluation）、输入评价（Input Evaluation）、过程评价（Process Evaluation）、结果评价（Product Evaluation）等几个模块构成了CIPP评价模式。

目的游离（goal-free）评价是斯克里文（M.Scriven）针对目标评价模式的弊端而提出来的。他认为，评价者应该注意的是课程计划的实际效应，而不是其预期效应，即原先确定的目标。他主张把评价的重点从“课程计划预期的结果”转向“课程计划实际的结果”上来。

当然，这些新的模式自身也是长短并存的，因此需要在实践中不断检验与发展。

就教学评价几个主要方面看，现代教学评价发展到今天，可以梳理出以下一些基本情况：

第一，目前教学评价的主导思想中，发展性观点、多元化理念、诊断性作用以及个性化指导可以说是几个比较显著的特征。

第二，评价领域在持续关注知识与技能的同时，更加关注教学活动、学习活动的过程与方法以及学习者的情感、态度、价值观，重视学习者自主学习能力、学习兴趣和学习习惯的培养与形成。

第三，评价手段除了传统的测验法，还主张问卷调查、观察记录、完成任务、自我评价、同伴评价等互相配合、互相补充。

第四，测验理论与方法本身也有了长足进步，经典测试理论（CTT）之后，概化理论（GT）、项目反应理论（IRT）相继出现，推动测验本身向着更深、更广的方向发展。

在教学评价的主导思想中，“发展”无疑是居中心地位的。这是因为一切教学过程中，学习者在知识与能力等方面均表现出鲜明的积累与发展特征，所以，任何评价都应当具有描述这种发展趋势的功能，把阶段性的形成性评价置于知识与能力的连续性链条中和总体目标的大背景下。美国的斯坦福学习成就测验（Stanford Achievement Test Series）、年级当量（grade equivalenee）在教学评价中的应用等，都是“发展”思想的具体体现。

多元化理念实际上渗透在教学评价的方方面面，既包括指导思想，也包括评价的具体领域与评价方法。在多元化指导思想方面，美国哈佛大学教育研究院心理学家加德纳（H.Gardner）1983年提出的多元智能（Multiple Intelligence）理论影响较大。

加德纳认为以前对智力的定义过于狭窄，未能正确反映一个人的真实能力。他认为，人类的智能至少可以分成以下七个范畴：

语言（Verbal/Linguistic）

逻辑（Logical/Mathematical）

空间（Visual/Spatial）

肢体运作（Bodily/Kinesthetic）

音乐（Musical/Rhythmic）

人际（Inter-personal/Social）

内省（Intra-personal/Introspective）

自然探索（Naturalist）（后来增加）

生存智慧（Existential Intelligence）（后来增加）

根据他的理论，学校在发展学生各方面智能的同时，必须明白每个学生只会在某些方面比较突出，所以当学生在有些方面表现欠佳时，应当视为正常，不能让学生因此而受到不理智、不公正的待遇。

诊断性理念的核心之一是教学评价应当着眼于帮助学习者进步和发展，而不是给他们附上优良中差、合格不合格等等标签；核心之二是教学评价应当追求满足每一位学习者由于个体特殊性而产生的个性化需求，就像不同人的身体特质不同，寻医问药的需求也存在一定差异一样。按照这种理念，近年来有许多新的数据采集与分析方法出现，比如美籍日裔学者龙冈（Tatsuoka）和他的同事提出的“规则空间模型（RSM）”等。这是一种应用统计方法，将被试在测验项目上的作答反应归为某种与认知技能相联系的属性掌握模式。通过这种研究可以了解不同学习者在学习某些知识过程中认知方面存在的差异性特征，并以此为基础拟订个性化解决方案。

显然，个性化指导的想法正是建立在诊断性理念的基础上，其根源在于每一位学习者都是千差万别的个体，他们在学习过程中表现出一定的个体差异，而教学评价可以通过一定的数据收集与分析发现这种差异，从而针对不同学习者各自的具体情况，提供改进学习的策略与方法。例如，方音影响、读字读半边、多音字区分不清等因素都可以造成汉字读音掌握不准的情况，通过评价对症下药，往往能够取得事半功倍的效果。

第三节　识字写字评价的主要范畴与方法

按照学界目前对教学评价的基本共识，识字教学同样要贯彻发展性观点、多元化理念、诊断性作用以及个性化指导等教学评价的主导思想，以科学性原则构建评价框架，那么，具体到评价范畴与评价方法，以下一些方面可能应当特别关注，它们是识字教学的目标，同样也是识字教学评价的目标。

先从“情感态度价值观”说起。内地小学语文教学大纲非常重视学生在教学过程中的习惯养成，重视在语文实践活动中培养学生正确的态度、高尚的情操、健康的品味和积极的人生观、世界观等。因此，教学评价也要适应这种需要，采用多种方法、通过多种途径了解学生在这些方面的相关情况。例如：学生是否有主动识字的愿望与兴趣？学生书写汉字的态度是否认真？学生能否认识到汉字的形体之美？而这一方面需要教师留心日常观察，另一方面也可以通过设计一些调查问卷收集相关数据。

再来看教学实践中的“过程与方法”。教学评价中的测验法在以前很长一段时间内大都注重学生掌握知识和形成能力的情况，其中既有定量分析，也有定性分析，比如学生的识字量和区分形近字的能力等。但随着大的教育观和教学观的发展变化，现在教学评价中也非常重视学生掌握知识和形成能力的方法与过程，比如学生记忆生字的策略、推断生字字义的途径等。这方面的评价可以通过多种渠道实施，比如课堂提问、观察，简单而有针对性的小测验等，像“你打算用什么办法记住‘蝴’这个字？”就是比较有效的问题，随后可能就会收集到“这个字跟我们学过的‘湖’偏旁不一样”“这个字由虫字旁和‘二胡’的‘胡’构成”“这个字是姓胡的‘胡’加上虫字旁”

等答案。教师将学生的这些答案归类、分析，就可以得到学生记忆汉字时的大致策略。

诚然，“情感态度价值观”“过程与方法”都是教学评价中十分重要的领域，但知识的积累与技能的形成以及知识与技能的实际运用，依然是一切教学实践最重要的部分，因此也是教学评价中分量最重的领域。

识字教学总的任务可以分为识和写两部分。识的方面又可以从量与质两种角度去考察；写的方面也可以从抄写和再现等角度去考察。较大的层面还能进一步细分出较小的类别，比如再现操作就还可以细分为听写、默写和自主用字等。

识字量常常是衡量一个人识字水平高低的主要标志之一，也是识字教学中一个具有连续性发展特征的指标与目标，标准清晰、具体、实在。但是，涉及识字量的评估可就不是那么简单的事情了，一些常常被采用的评估方法，也都是尺有所短，寸有所长，只能达到尽量准确。

以前有一种“读字表法”，大致是以一对一的面试方式让学生读一份字表，同时记录其读音的对错，然后累加学生读正确的字，所得到的总和看作是识字量。这种方法准确性尚可，却费时费力。另外，仅把读音是否正确当作判断标准，一方面有漏洞，因为识字不仅仅局限于能读准字音，恰恰有些时候利用汉字的某些特征却很容易“蒙”对读音，比如“遑、囊”等；另一方面，由于对错判断均根据人的主观感知，这也给评估的信度带来巨大挑战和考验。

与这种比较机械的“读字表法”相对，许多学者也一直致力于探求一些客观、简便的评估识字量的方法。此类研究中，比较通行的一种方法是借助数学统计的一些理念与技术等，抽样建模，形成分级字表，然后再以不同层级字表为基础，再次抽样生成评估试卷，并于实施测试后再采用统一的推算方法估计受测学生的识字量。多年来，两岸四地的许多学者在这个方面建树颇丰，艾伟、朱作仁、陈良璜、李辉、胡志伟、黄秀霜、王琼珠等当为其中的代表，有兴趣的读者不妨搜索他们的相关文章进行拓展性研读。当然，这种以概率事件为基础的评估方法，本身在精确性方面也存在一定的局限，况且其判断“识”与“不识”的标准也颇有值得商榷之处，因此，采用任何评估方法，都要对其所获得的结果的适用范围有比较客观的认识，而且须做出必要的说明。

与识字量评估并行的还有以汉字各种要素和汉字应用任务为指标的知识掌握水平评估，例如：汉字的正确读音、汉字的基本含义以及特定语境中的适当字形等，这些都是评估的基本要点，而每一项评估要点又可以进一步细化。比如读音方面，除了所有生字读音都应当成为评估项目外，还应当考虑评估的经济性原则与效率，因此就需要进一步思考：造成学生不能正确掌握汉字读音的因素多种多样，教学评估首先要分析这些原因，并预设针对这些教学重点、学习难点的评估细目，然后根据评估细目编制测试题目，再根据实测结果汇总出具有现实参考意义的诊断性信息。

一般情况下，针对汉字读音的评估细目大致有：容易受方言读音影响的字、容易受部件读音影响的字、容易受形近字读音影响的字、多音字，等等。而这些细目中的每一项，具体操作时还可以再细分，比如多音字，如果忽略层级体系，均做平行关系的平面化处理，则最终的评估点为：每个读音都可以自由运用的多音字，如“长、和”等；有些读音的使用受一定条件限制的多音字，如“薄荷”中的“薄”，“拾级而上”中的“拾”等；只在姓氏、地名中使用的多音字，如“番禺”的“番”，用作姓氏的“区”等；书面语读音和口语音并存的多音字，如“血、露”等；由于古汉语“破读”现象造成的多音字，如“衣、王”等。当然，评估以及教学中都应当注意多音与“异读”的区别，因为普通话“异读词”已经公布了国家标准，识字教学中应当按照国家颁布的审音标准执行。

另外，在某些情况下与读音相关的评估项目实际上考查的是综合性能力，比如“晋升、金榜题名”中的“晋、题”常常被误作“进、提”。这样的考查项目除了提醒学生注意音同、音近汉字之间的差别外，也具有辨形、别义等作用，属于一种综合性考查。

纯粹字形层面的考查一般都限于错字，而错字几乎都是书写问题，需要通过书写进行考查。这一问题留待下面讨论写字评价部分专门探讨。而辨识层面的字形问题大都属于综合性考查，主要针对别字，一般都要结合特定的语境，其中只有一小部分属于纯粹的字形问题，例如："己/已/巳、戊/戌/戍"这类形近字以及包含形近部件的合体字"晴/睛、冶/治"等，相关的考查基本不涉及音义要素。

除了音义基本无关的形近字，其他涉及字形的考查项目一般都为综合性考查，比如辨别"磋商、急燥、修炼、严峻"这组字用字的正确与错误；在限定语境条件下"生活必（ ）品：需　须"，选字填空等。这样的考查项目与汉字的形、音、义都有关联。

需要注意的是，这类涉及语境的考查项目，之所以提供语境，原因就是单字层面无法考核对错，因为别字本身也是汉字，脱离语境就无所谓对错，因此，语境的限定性作用非常关键。也正是由于这一特点，教学评价中对语境问题一定要慎之又慎，必须避免模棱两可的歧义情况，比如"启示/启事""以至/以致"等，要考查学生对这类用字现实的掌握情况，一要设定更大语境，二要仔细斟酌语境限定性作用的清晰和有效，像"寻人启示/寻人启事"在一定条件下都成立，因此，要考查学生区分"启示"与"启事"的能力，还需要改换限制性更强、更有效的语境。

字义的考查一般也离不开语境，因为就像第一章谈到的，汉字的多义情况比较普遍，而且离开语境静态地考查字义掌握情况，基本变成了考核对工具书的记忆，而考查理解的作用成疑。常见的涉及字义的考查形式一般都集中于判断特定语境中某个汉字的适当含义，比如文言文考查中，经常用到对句中加点字的准确意思进行判断等方式，具体题目不外乎在给出的若干解释中找出合乎语境的一种，或者判断同一个汉字在不同语句中具体含义是否相同等。

总之，识字教学中，纯粹的字形、字音、字义等单个因素考查与综合性评价项目都非常必要，相对而言，综合能力评价更加普遍，因为汉字本身就是形音义的统一体。

在识字教学评价中，涉及汉字书写的考查项目，一般情况下都属于综合能力评价，而且几乎都从汉字的再现着手。比如目前涉及写字情况评估的最常见形式大致有听写、默写、改错、填空以及习作中的用字考查等。所有这些评估方式，大体上都以错字、别字为考查点。其中，针对错字的考查是书写与辨识两种评估范畴最显著的不同，因为后者受呈现条件等制约，不容易造出能够比较自然地“混迹”于现行汉字系统中的“错字”，因此很难考查对错字的辨识情况。

错字与别字都可以整理归并成一些不同的类别，其成因也各不相同。从诊断性需求出发，这些用字错误的类别及其所对应的成因信息，对教学与学习的反馈作用非常大，因此，教学评价的结果应当能够尽可能提供这类有巨大实用价值的信息。

按照汉字应用过程中的实际情况，错别字的类别经过简单整理，大致如下表：

错误类型	例字	备注
添加笔画	翰 步 奥	
减少笔画	蒙 恭 冢	
拆分笔画	凸 鬼 长	
合并笔画	禹 丢 段	
笔画形状不正确	夭 飞	“夭”第一笔误作横；“飞”第一笔近似“乙”
笔画间位置关系不准确	叟 卜	“叟”中间的竖下边不出头；“卜”的点和竖交叉

续表

错误类型	例字	备注
笔画间相对长短不准确	土　末	
部件混淆	初　鼻	“衤/礻”“丌/廾”混淆
部件移位	晰　贰	“日”“木”位置颠倒；“二”移至“弋”上
结构类型错误	愿　荡	“愿”误作上下结构；“荡”三点水误作左偏旁
自造字（类推简化）	韭　獾	“韭”误作“艽”；“獾”右边误作“又”
使用异体字	准　焊	準　銲
繁简部件混用	论　经	左繁右简
同音混淆	在/再　合/和	
形近混淆	戌/戍　徒/徙	
字义理解不准确	金榜题名　计日程功	“题、程”误作“提、成”
综合因素或其他	象/相/像　度/渡	

除了上表概括的情况，其实从汉字楷书的结体规则以及识字教学中写字训练目标等角度考查，写字能力评估还有若干范畴。这些范畴大致有：笔画基本形状及其变体、部件变体、间架结构、行款、书写速度等。

行款与书写速度方面的评估，一般只涉及能力高低，不涉及字的对错。因此相关的评价应当提供以教学目标为参照，学生按要求完成作业的结果与目标的距离程度等信息。而楷书的结体规则既关系到字的对错，也关系到字的美观程度，比如“足、刀”等充当某些合体字部件时变作“⻊、⺈”，原字形与作部件时的变体差异显著，书写时不能混淆；而有些部件的变形，如“土、木”充当合体字左偏旁时最后一笔分别变作“提”和“点”，还有合体字部件之间的大小比例等，这些结体规则一般只影响字的美观程度。因此，以楷书结体规则为指标评价学生写字能力，情况比较复杂，既要考虑影响对错的刚性规则，也要考虑影响美观程度的弹性规则。

就书写文字符号的美观程度而言，桑代克的“书法量表”和俞子夷的《小学国文毛笔书法量表》等，均是这类评价的代表。这类评价基本都是相对性评价，大致做法是收集大量书写样本建模。建模的主要规则是由专业人士判断样本与设定的标准书体之间的接近程度，或者说相似程度，然后划分等级。现在有些书写能力评价也都沿用了相同的理念与方法，如《台湾区书法量表》等。

这种以与设定的标准书体的接近程度为指标的书写等级评定理念，其实践结果表明确实具有一定的效果，但是，以相似性评价写字能力，显然是一种模糊评价，只能在程度上人为划分等级，却无法起到满足诊断需求和有效反馈教学、指导书写练习等作用。而要满足诊断需求并有效反馈教学、指导书写练习，就必须有具体的评价标准，而且要提供学生的书写结果与标准之间清楚、具体的差异信息，而不能只是模糊的描述。

显然，要构建这种理念指导下的写字评价框架，首先是设定用于评价的字形标准；其次是针对标准字形梳理、确定结体规则；再次是明确不同规则的性质，比如是影响对错的规则，还是影响美观程度的规则；最后，根据结体规则制定评价细则和评分标准。

在这种理念基础上，由于有些规则，比如笔画之间的相对位置及相对长短等，只有借助计算机等工具才能实施准确性较高的评价，所以计算机等技术介入识字教学评价已成为一种必然的趋势。

第四节　以计算机为代表的现代技术在识字写字评价中的应用

计算机科学的飞速发展，对认知科学等一大批新兴学科的建立起到了必不可少的作用。与此同时，它对语文教学和语文学习的渗透也有目共睹，甚至带动了许多传统观念的革新与转变。在这种形势下，识字教学评价与计算机技术相结合，显然也会成为一个大有可为的领域。

从框架体系总体着眼，计算机与教学评价相结合，最令人期待的目标是实施测试和阅卷评分的稳定性和一致性，此外还有相关数据和信息储存、查阅、使用的便利性。

计算机进入识字教学评价领域，除以上提到的这些特点之外，其他方面还有许多值得探讨的地方。

首先进入讨论范围的是教育心理测量领域长期以来一直热度不减的自适应测试（adaptive test）问题。自适应测试顾名思义，是一种通过计算机程序与应试人之间的互动，不断调试评估项目以适应应试人在评估范畴的能力、水平等个性化特质，从而提高测试的针对性与效率的新型测试形式。自适应测试的关键在于评估项目的层级体系和灵敏度，以及与之相配的计算机判断筛选程序。举例来说，如果有一种经过严格建模过程构建的识字量评估系统，其评估体系为500、1000、1500三个识字量等级，那么，自适应测试理念下，首要任务就是编制与三个识字量等级相对应的一整套分层评估项目，每个项目本身也都具有明确的与特定等级相关联的特性。随后，在实施评估阶段，一般总是从水平等级较低的项目开始进行，先向应试人呈现与500

识字量相关的少量项目，视其作答情况，再按项目的等级信息调整后续项目。如果应试人基本答对了最初呈现的项目，那么紧随其后呈现的项目大致就会属于最高水平等级的项目，然后再根据作答情况调整项目呈现序列；如果应试人基本答错最初呈现的项目，一般情况下计算机还会再呈现若干同一水平等级的项目，如果作答结果仍然是错，则停止测试，并形成应试人还不具备达到这种评估最低要求能力水平的判断；如果应试人基本答对后来增加的这些项目，计算机程序则返回上一步，再呈现最高水平等级的项目。而应试人在最高水平等级项目上的表现，同样具有筛选作用：基本答对，则继续呈现一定数量同一等级水平的项目；基本答错，则开始呈现稍低一个水平等级，即1000识字量等级的项目……如此循环往复，呈现项目——判断作答情况——筛选后续项目——再次判断作答情况——再次筛选后续项目，直至得到最终判断结果。这就是自适应测试的大致过程。当然，这种只通过表面情况概括的运作模式，远远不能表现这类测试的复杂程度，因为仅项目的编制与使用一项，实际操作过程与需要遵循的规则就很繁复，比如项目使用过程中要关注曝光率指标，哪些项目的曝光率指数达到一定临界值，这些项目就要冷藏甚至淘汰。

从以上描述中可以看到，自适应测试与教学评价，特别是形成性评价的诊断性理念非常贴合，如果构建过程科学、得当，完全可以成为教学评价的一种利器。

自适应评估之后，接着进入讨论范围的是计算机评估题库使用的严密性和便利性。只要构建题库过程中，不同能力水平、所有知识内容的题目都有一定数量，而且每个题目的指标标注具体、周全、合理，那么，计算机就能够根据要求生成能力要求基本同等、知识结构基本相同的若干评估复本，以保障评估的科学性，提高教学评价的标准化水平。

再次，如果主要从汉字结体规则角度审视、考查学生的写字能力，并预期能够向学生提供有针对性的评估信息，能胜任这种评估工作、承担执行任务的也非计算机莫属。

前面已经谈论过一些楷书结体方面的主要规则，如果要判断某一个人用正楷写出的字与这些规则是否相符，符合程度如何，在很多情况下由于评判者不同，评判结果也就不同；而且就算同一个评判者，对近似情况的评判，或者对同一种情况在不同时间的评判也极有可能出现波动。总之，操作的客观性、稳定性和一致性必然存疑。

此外，有些涉及到美观程度的结体规则，比如在特定汉字中笔画之间的相对长短，人的判断肯定难以做到精确，也不太可能在程度上区分得多么细致和准确。而写字教学的要求，除了明确要把字写正确，同时还有工整、美观等指标。因此，写字评价若要在书写的工整情况等方面做出比较客观的评判，借助计算机归纳、总结汉字楷书结体方面具有较强操作性的具体细则就十分必要了。下面试以笔画为例做一点简要说明。

按照相关的规范标准和语文类工具书，目前识字教学中比较通行的做法是把汉字的基本笔画包括主形笔画和附形笔画在内，一共处理成20余种。然而，如果要满足对书写工整程度的判断需求，把楷书笔画分为二十几种显然是少了。先来看一些楷书字例：

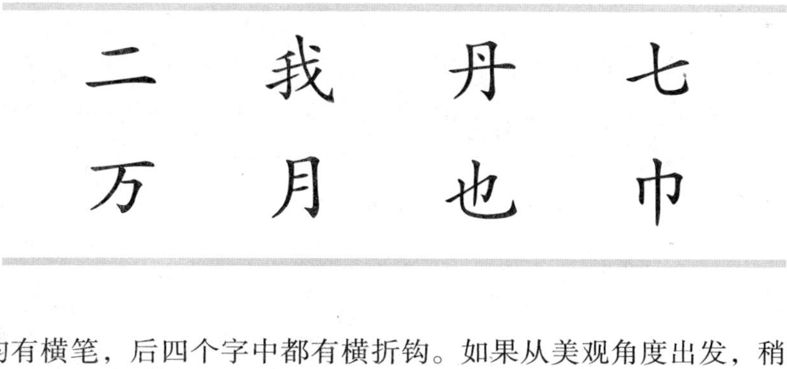

前四个字中均有横笔，后四个字中都有横折钩。如果从美观角度出发，稍加审视就可以发现，前四个字中的“横”与水平轴均存在不同程度的夹角，而且角度大小并不相同；而后四个字的横折钩，起笔段横笔与折点后的竖

笔之间夹角度数也不一致。那么，如果涉及这些字的书写评估中包括结体方面的美观要求，就势必不能忽略它们之间的这些细微差异，否则，对错判断之后就会遇到缺乏足够的评分依据的窘境，美观程度评估也就成了一句空话。

再来回顾第七章有关楷书结体规则的部分内容，所谓“天覆、地载”等结构类型，均涉及到合体字上下部件的相对宽窄。现在识字教学中，遇到“清、到”一类字，指导书写时教师也会提醒学生注意左右部件的相对宽窄。那么，这类涉及部件相对宽窄的结体规则，特别是书写评估过程中对部件宽窄比例需要把握的尺度，仅凭人的肉眼肯定难以做到准确、一致。因此，综上所述，计算机在写字能力评估方面不仅能够承担评估工具的角色，而且还能发挥提供楷书结体规则参数的重要作用。

第五节　教学法的融合与跨学科协作

计算机对教学评价的作用已经无需多言，教育心理测量等学科也与教学评价息息相关。因此可以非常肯定地说，教学评价已经成为一种跨学科的研究和应用领域。而实际上，识字教学原本就具有鲜明的跨学科性质，最明显的特征莫过于语言学、文字学和教育学的融合与协同。

与多学科理论基础本质相类似，识字教学的具体实践过程也具有多样化、多途径的特征，呈现出条条大道通罗马的情形。

从第六章识字教学的不同理念、多种流派和各具特色的方法介绍已经能够感觉到，每一种具体的教学方法都有着适宜的产生土壤和时代背景，也都有着严谨的理论思考和实事求是的教学实践，各自形成了系统的教学框架。

从识字的终极目标看，无论采用哪种教学理念与方法，其服务于阅读与书面表达的本质是完全相同的，因此，为达到读书、作文的目的，基本能够满足这种需求的识字量，从古至今都维持在3000上下。与此同时，教学内容中围绕汉字的根本要素，不同教学方法也趋于一致。比如字形方面的笔画、偏旁、结构以及形近字等，在各种教学法中都是必不可少的教学重点。

我们曾经对分散识字、集中识字和注音识字三种教学方法所对应的语文课本进行了简单考察，它们在识字量积累的过程方面各具特色。按照分散识字、集中识字和注音识字这样的序列，一年级的生字量大致是：450~500，900~1000，400~450；而三年级的生字量则是：550~600，400~450，650~700。

很显然，三种教学方法所对应的语文课本，其生字量在每个年级的分布并不一致，各自有自己的疏密部署。这种状况表明，在总识字量基本一致，也就是2500~3000这个共同目标下，不同教学法殊途同归，相互之间的差异主要体现在过程上。其中的原因是，不同教学法在识字总量基本持平的前提下，为适应各自教学体系的特殊性和不同教学阶段的具体任务，识字教学的进度并不追求整齐划一，不同学段的识字目标与识字进程各有特色。

如果只从不同教学法的主线或者说主要特征观察、概括，识字教学的基本思路与方法大致可以这样归纳：

第一类是充分利用汉字本身特点与规律的教学理念与方法。这类方法注重汉字的形音义要素，主张充分发掘汉字的构字规律、字形源流与理据、形音联系和形义联系的特点等，尝试用汉字本身的规律性驾御和引领教学，力图让学生发现规律，建立生字理解与记忆的线索，提高学习和记忆的效率。

第二类是充分发挥汉语承托汉字的作用，促进汉字学习的教学理念与方法。这类方法重视汉字与汉语的关系，主张识字任务与语言学习结合在一起，强调在词句、篇章等语言环境中识字，或者以选篇为纲，根据需要提炼识字任务；或者借助汉语拼音开展阅读教学，同时通过注音阅读增强随意识记汉字的效果；或者以识字为主，拟文谋篇串联生字，体现出识字、学词学句和阅读协同共进的特点。

第三类是借助其他学科领域的理论、方法与技术，开辟新的识字途径的理念与方法。这类方法突出新学科、新理论、新技术的主要特色，或者用新的理念与方法重新整合教学内容；或者以新的技术辅助教学过程；或者借新学科的理论指导某些教学环节，等等。

不论哪种识字理念与方法，实践表明，它们在满足按照一定系统模式推进的前提下，都对识字教学做出了有益的探索与贡献，但与此同时，它们也都显现出吸纳、融合其他理念与方法的空间与需求。比如着眼汉字规律的识字方法和注重汉语作用的识字方法，它们之间就不仅仅局限于差异性的一面，反而在具体教学过程中存在着许多互补性的因素。强调汉字规律的方法，其识字目的终归要落实到阅读书面语言；而注重联系词句学习汉字的方法，其识字过程或者复习、巩固环节也完全可以借助汉字规律组织教学内容，从而提高实际教学的效率。因此，表面上看起来存在一定差别的识字教学方法，其实彼此也都存在着某些共性的东西，存在着取长补短的可能性。也正是由于这种特点，一些融合多种方法的识字教学尝试才有了用武之地，并取得了不俗的成绩，比如第六章提到的“字族文”教学法等。

与不同教学法互相融合的道理相同，与识字教学密切相关的多种学科和领域同样也存在着相互融合、共同促进识字教学的可能性与作用。

从前面有关章节内容中，我们可以看出，语言学、文字学、教育学、心理学、计算机科学、文化研究等对识字教学都具有非常重要的辅助与促进作用，而且这些学科之间的协作对解决识字教学中的一些根本性问题，更具有十分重要的现实意义。

现在以识字教学若干基本要素为例，简单探讨一下影响识字教学的几个主要问题。

问题一：在操作性层面，如何界定识字的“识”。

何为“识字”，这是个说简单也简单，说复杂也复杂的问题。言其简单，妇孺皆知能读书、会写字就算识文断字了。说它复杂，是因为对于每一个具体的汉字来说，达到怎样的程度才算是认识它、掌握它了，是没有统一的答案的。例如，“中”从字形上看算是一个比较简单的字，但它是多音字，普通话的读音有两种，读阴平时除了比较常用的“中心，中间”等意思，还有相对不常用的“适合”等意思，如“中看、中听”等。那么，识字过程中，“识得”（仿“习得”而成的临时性结构）“中”字的标准如何确定呢？是承认音义逐步掌握，认为“识”是一种不断积累和拓展的过程；还是只承认全部音义都掌握了才能算“识”，完全把“识”当作一种静态的刚性指标？

这些问题除了学术层面的研究意义，对于教学实践和应用研究也都具有十分重要的作用。比如汉字的多音多义情况，文字学的本体研究只能说为识字教学奠定了一种必要的基础，而结合语料库研究、认知研究等，进一步收集分析多音多义汉字的不同读音与不同意义在实际使用中的分布情况，人对多音多义字的认知特征等数据，才会使识字教学的目标与要求更加具体化，才会产生更加具有针对性地用于识字教学的语文工具书。在这类工具书中，多音多义字的读音与意义都会有取舍，一些现实语文生活中基本很少用到的读音与意义都不会出现，比如“采、哈”读作去声的情况，“会”表示“付账”、“上”表示“民乐记音符号”的意思等。

这类通过多学科协同所形成的研究成果，对识字教学有巨大的辅助与推动作用，有助于教学目标与教学要求的科学化与系统化。

问题二：如何在识字教学过程中强化策略要素，利用人的内隐学习特性等培养学生的“字感”。

把识字单纯看作知识积累的观念可以说已经与时代脱节了，识字过程中除了积累识字量，学生对汉字形音义及其相互之间规律的认知与把握，现在也已经成为令人关注的要点。因此，根据识字的需求，整理并统合文字学对汉字基本规律的研究，认知科学在汉字认知领域的研究，计算机科学在汉字静态动态数据统计分析方面的优势，总结、归纳教学中可以利用的理解、记忆汉字的线索，比如形符、声符对汉字表义范畴、基本读音的提示，部件认知对整字认知的作用等，这些在某种程度上能够提高识字效率的方法，教学中如果采取一定措施对学生加以引导和训练，就可以转化为学生学习汉字的策略。当学生逐渐能够下意识地运用某种策略帮助识字的时候，他们就具有了一定的“字感”。

问题三：在教学过程中，如何更好地发挥教学评价的诊断与导向作用，促进教学向着更加高效的方向发展。

诊断始终是教学评价一种最重要的功能。识字教学中的每一位学生都是具有鲜明个体特征的学习者，因此他们在学习汉字的过程中，会带有明显的个性化特点。如果教学评价能够比较准确地提供学生在识字过程中的个性化信息，无疑有助于教师采取针对性的解决方案，有的放矢。

目前，已经存在一些能够满足在教学过程中采集学习者个性化信息的方法与途径，比如认知诊断测验的理论研究与实践。这类研究虽然起步时间不长，但是已经产生了许多探索性的分析模型。它们的共同之处是通过采集一批被试参加某些知识或技能范畴的测验结果，然后根据为这些知识或技能构建的层级属性体系，再利用预设的数学模型处理收集到的数据，最终把被试按照认知特征归类，并向被试提供个性化的诊断报告。

认知诊断测验是数学、计算机、教育心理测量和认知研究的结合，应用前景广阔。当然，目前这个领域还处于摇篮期，一些方法还有待成熟。但如果识字教学能够利用这类新的理论与技术进行一些有益的尝试与探究，相信会得到许多新的启示。

第六节　以诊断评估为基础的个性化识字指导方略

按照认知诊断测验的理念与方法，被试在测验中的表现显然体现了他们在认知方面以及知识掌握方面的某些特点，根据这些特点，就可以在教学中采取相应措施，因材施教。

因材施教是教育界几千年来始终追求和提倡的目标和方法。远在春秋战国时期，教育家孔子就已经开因材施教之先河。据《论语·述而》："德行：颜渊、闵子骞、冉伯牛、仲弓。言语：宰我、子贡。政事：冉有、季路。文学：子游、子夏。"这就是所谓的孔门四科，每科教学完全针对学生特点而开设。因此，北宋理学家程颐说："孔子教人，各因其材。"朱熹也释之曰："圣贤施教，各因其材。小以小成，大以大成，无弃人也。"

比孔子稍晚的另一位儒学巨擘孟子也曾根据学生的不同特点概括了五种教育方法："君子之所以教者五，有如时雨化之者，有成德者，有达财者，有答问者，有私淑艾者。"

到了当今社会，多元化的理念已经渗透到社会的每一个角落，事关树人大计的教育更是愈加重视在教育过程中促进每一位受教育者依照自身情况个性化发展、全面发展，让每一个个体都获得进步，最终提升教育的总体水平和整体水平。

个体的认知特点只是个性化的一个方面，其他如人格类型、兴趣、动机、爱好、情感和态度，等等，均影响个体获取知识的过程与结果。现在我们仅就个体在获取知识过程中所表现出的知识掌握特征，结合识字教学粗略分析一下教学中应当如何采集并利用相关信息，促进个体发展。

汉字的读音和字形都是识字教学的重要内容，同时也是教学评价的重要范畴。在形成性教学评价中，学生在评价中的表现从某种程度上说，其实可以视同身体的某些生理指标，如血压、心律、体温等，而这些生理指标正是诊断的依据和基础。目前，关于学生在评价中的表现，最主要的、最关键的问题是各种表现的客观和真实含义，也就是说它们代表了学生的什么情况。只有弄清了真实的状况，教学中才可以针对不同学生和不同问题采取相应的对策。而要弄清楚这些情况，仅凭学生在评价中的表现或单一的测验结果还不充分，更重要的是梳理和构建合理的知识架构，然后根据学生的表现或测验结果，通过某种程序处理，将其还原到先前建立的知识体系中，考察学生的表现在知识体系中的具体情况。例如，有学生甲和学生乙，他们在识字教学某阶段的一次测验中，得了同样的分数，而且在考查读音和考查字形两部分，得分也完全一样，只是所答对的题目不尽相同。那么，根据预先构建的汉字读音和字形架构，经过系统分析[注19]，可以得知学生甲对某些字音掌握不牢固可能是受到方音影响，而学生乙则是容易出现“读字读半边”现象；学生甲的字形问题基本出现在偏旁混淆，而学生乙则是错误地增减笔画。

显而易见，以上述分析结果为基础，足以形成针对性很强的诊断报告，这样的报告比单纯的成绩报告更加有效，能够帮助学生了解自身状况，也能使教师和学生都明确随后的改进方向。

然而，在教学过程中要达成这种常态性的个性化诊断目标，除了融合多种学科建立合理、严密的知识体系框架，计算机技术的使用和恰当的支持程序也是必不可少的。当学生的表现结果呈现给计算机之后，相应的程序就应当能够即时运行，稳定一致地处理数据，并最终生成成绩报告和诊断报告。如果再进一步，类似计算机自适应测验与诊断性评价的结合，学生面对计算机为载体的测验，人机对话，测验终止的最重要标志之一便是计算机呈现诊

注19　系统分析的方法有多种，按照认知诊断测验的模型，分析过程比较复杂，在此略去。

断性评价报告。

下面以写字评估为例，大致展望一下这样的愿景。

写字评估，涉及到的因素很多、很复杂。首先是考查范畴是否包括再现操作，如果包括，则涉及汉字记忆以及字义的理解等问题，比如让学生听写或组词造句，学生如果遇到再现“考查”这两个字，那么，除了要能够记清字形，还必须知道字义词义等。其次是评估的主要目的是考查书写结果的对错，还是考查写得是否工整和美观，这涉及到评估标准的确定。因为对错判断是是非问题，非对即错，评估标准只有一条达标线；而工整和美观是程度问题，评估标准分成多少个层次完全根据需求人为确定，不会只设一条达标线。

有关涉及再现操作的汉字书写评估，本章第三节已经探讨了一些问题，主要针对错别字。下面我们人为忽略记忆因素，单纯从书写操作的直观结果是否符合汉字的结字要素来谈谈写字评估，重点探讨计算机融入评估、辅助评估的问题。

结合前面谈到的有关汉字结字问题，字体是关系到结字规则的最重要因素，不同的字体，其结字规则存在着显著差异。再结合汉字书体的实际应用情况，楷书显然是识字教学中写字训练的最主要形式。因此，下面探讨的写字评估完全围绕写正楷字展开。

从楷书结字特征角度评估写字情况，首要的是先确定标准字形。按理说，因为识字教学中的写字训练基本是硬笔楷书，所以设为参照标准的标准字形也应当是硬笔楷书。然而，目前现代汉字字体中，还缺乏成为标准的硬笔楷书，而涉及楷体的国家标准，一来是印刷字形，二来是以毛笔一类软笔楷书为基础。在这种情况下，用于写字评估的标准字形只有先暂用标准楷体。

忽略标准楷体的笔锋、笔画粗细等因素后，硬笔楷书的结字要素大致可以分成笔画、部件和间架结构几个层次。另外，书写过程中还有汉字的笔顺。

在笔画层面，首先是笔画的基本形状；其次是整字中笔画之间的相对位置关系；再次是笔画之间的长短比例。

笔画形状涉及若干要素：第一是笔画与水平轴或垂直轴的夹角，或者说笔画的斜率，还有行笔轨迹是否有拐点，比如横与竖不同，竖与竖钩不同等；另外，同一种基本笔画，它们在特定的字里面，斜率也不统一，比如横、竖、撇等笔画，它们在不同字里面的斜率甚至倾斜方向并不一致，请对比“二、七，川、田、山，人、千、月”等字。第二是有折点的复合笔画折点前后行笔轨迹的夹角，不同笔画的夹角一般都不一样，而且同一个笔画在不同汉字中这类夹角也不一致，表现出变体的特性，比如“乙、又、且，万、也、月”等字。第三是有折点的复合笔画折点前后行笔轨迹的长短比例，这种特征与笔画之间的长短比例基本类似，稍后一起探讨。

笔画在整字中的相对位置关系基本只有三种情况：相离、相接和相交。这三种情况一般说来不能混淆，比如“儿、几、九”。然而，更加复杂的是，这三种基本情况各自都存在着一些更细致的特性，例如：六，第一笔点和第二笔横的相对位置除了是相离关系，它们之间的距离以及点与横两端的距离都影响该字的美观程度，甚至影响对错，比如点平移至超出横的左端或右端，这种情形恐怕就不止是美观程度的问题了。相接和相交也存在着同样的情况，像笔画之间的接点或交叉点也涉及位置，例如：“目、且”，这两个字形体上的差异基本就是最后一笔横与第一笔竖和第二笔横折的接点位置不同；而“十、廿、卅”等字，其横向笔画与纵向笔画的交叉点也有一定的规矩。

笔画之间在整字中的长短比例一般情况下只涉及美观问题，但是，比较严重的或极端的比例失调情形有时也影响字的对错，例如：“土、士，未、末”这两组字，各自内部原本就是通过笔画之间的相对长短来区分彼此的。再比如“处”和“盒”，前者的第三笔捺如果写得太短，后者的撇和捺如果向下延伸涵括了“皿”字底，那么，这两个字的结构类型都将发生改变。有折点的复合笔画，折点前后行笔轨迹的长短比例与笔画之间的长短比例情况类似，一般情况下只涉及美观问题，但是也有例外，比如“欧、旭”这两个字，前者第二笔“竖折”折点后的横笔部分如果写得过长，而后者第二笔“横折弯钩”中的“弯”写得太短，也都会使这两个字的结构类型发生改变。当然，笔画在整字中的相对位置以及长短比例往往直接影响部件和间架结构，这些情况下面再做铺陈。

在部件层面，由于其来源大致都是独体字，因此刚刚谈到的笔画问题均会影响其对错或美观程度，比如“田、甲、由、申”就是通过笔画之间不同的交、接、离关系来区分的。此外，汉字的部件由于存在着形近情况，一些部件若不加以细致分辨，常常也会由于种种原因产生书写错误，例如：“衤”与“礻”，“攵”与“夂”，“丌”与“廾”，“己、已、巳”和“戊、戍、戌、戉”，等等。和笔画在整字中的情况一样，部件在整字中也存在着彼此间相对位置和大小比例等问题，这一点放在间架结构部分讨论更合适。

在间架结构层面，楷书结字规则的出发点均为形体的规整、紧凑和匀称等，其规则往往通过笔画、部件的相对位置关系与大小比例来体现。但是，如果书写中出现极端的失调情况，就像上面谈笔画层面问题时提到的那样，也会影响字的对错。部件在合体字中的位置关系和大小比例同笔画一样，如果书写过程中出现不严谨等问题，很可能既影响字的美观程度，也能引致错误。例如：“好、明”这类左右结构字，如果部件之间距离过大，很可能就被看作是两个独体字了。还有“昶”这样的字，如果部件之间距离过大，除了被看作是两个独体字之外，还可能被判断为把半包围结构错写成左右结构。其他如“昌、品、和”等，如果各部件大小比例失当或者任意错位，也会导致混乱的情况。

当然，从间架结构角度看，笔画及部件在位置关系、相对大小等方面出现极端的书写失调情况，其可能性毕竟微乎其微。一般情况下，不同程度的失调只限于字的美观范畴。也正是由于间架结构的这种特性，如果衡量人的书写作业符合楷书结字规则的程度，并由此判断书写作业在工整、美观方面的优劣，那么，聘请专业人士充当评判者进行主观评定虽然也是比较常见的方法，但是，人的主观评定毕竟蕴藏着不稳定、不一致的风险，评估的信度难以保证。此外，人的书写作业中一些细微之处，有时单凭肉眼也很难做到精细辨识，比如“士”的两个横笔，如果书写结果是两个笔画大致落在长度相等这个临界点的上下，那么，仅仅用眼睛核查恐怕难以精确区分。因此，为了应对这种情况，计算机就有了广阔的用武之地。

把计算机引入写字评估，最重要的一个环节就是制定严密的评估规则，并把这些规则实现为计算机程序。评估规则中最重要的又首推对错判断标准，因为任何书写作业只有通过对错判断被认定属于正确之后，下一步才能进入工整和美观程度等评判环节，否则，评估一个写错了的“字”在工整、美观方面的情况，无论如何都会给人背离本源、有悖常理的感觉。比如书写任务是写“田”字，那么，首先就要根据对错判断标准中有关中间的竖笔与其他笔画位置关系的规则等，判断书写作业对这些规则的符合程度；如果计算机扫描监控的结论是竖笔的上端或下端跟横折笔的横部分或底端横笔形成了相交关系，那么，计算机就会终止判断操作，并输出“书写错误”一类评估结果；反之，如果计算机所有涉及对错判断的程序运行后，其扫描监控结果都是书写正确，那么，计算机则自然进入下一个步骤，运行工整和美观程度等评判程序，对书写结果进行评估。

计算机充当评估者，其收集书写信息的途径大体有两种：一种是扫描纸笔书写结果；另一种是手写屏等输入设备直接用作书写介质。这两种方式主体框架基本一致，但是也存在着一些不一致的地方，其中最突出的是手写屏直接与计算机连接，具有动态过程跟踪记录功能，因此，当一些书写活动要素需要监控、记录的时候，只有后者才能胜任，这类跟踪记录任务。

记录书写活动的动态过程，其必要性大致体现在三个方面：

第一，汉字的笔顺。严格说来，汉字书写并不仅限于点画构成的结果，而是同时包括点画的书写顺序，而纸笔书写一般只能呈现结果，无法有效显示书写的过程，因此，如果把笔顺当作写字评估的要素，利用计算机动态记录特性对书写过程予以跟踪就成为自然的选择。

第二，笔画的行笔方向。汉字笔画并不仅仅是静态的点和线条，所有的线条都有方向性。字体设计讲究矢量，这是字体设计的特性；而书写活动却着重点画的方向性，线条均有起点和终点，比如“竖”就是从上到下行笔，反过来就错了。计算机恰好可以跟踪记录点线的起止过程。此外，有些笔画，比如撇和横，行笔方向在楷书里必须区分，而有的书体则不必区分，像“毛”字，楷书和行书的第一笔行笔方向有时刚好相反：毛/毛。这类特殊性也是书写楷书时必须注意的问题。

第三，笔画的分与连。汉字中带折笔的笔画有许多，其中一些笔画的折点还不止一个，如“乃、凸”等字中的“横折折折钩、横折折折”等。这类笔画原本是一笔写就，但是有的人在书写过程中却人为出现了断点，把一个笔画拆成了两个甚至三个；与此相反的是，有些部件或整字中，本来分明是两个笔画的情况，却被误写成一个笔画，比如“辶”，本来是三笔，有人却常常容易把第二笔与第三笔连起来写。此外，有些特定汉字中，不带折笔的一些笔画也常常被拆成两笔书写，比如“鬼”字，第六笔本来是一个长撇，有的人却把它拆成了“竖”和“撇”两笔，并分别于第五笔和第七笔书写。这类误拆、误连笔画的情况，有时在纸笔书写作业中很难判断，而计算机动态跟踪却能恰当的予以记录。

把计算机引入写字评估，首先是能够使评估更加客观、稳定，有助于提高评估的信度；其次是能够使评估更加精细，尽可能穷尽一切相关要素，有助于评估更加有效，更加具有针对性。而基于这两点，更重要的是评估结果的诊断性明显提高。因为计算机通过收集信息、分析信息，可以判断特定书写者的书写特征，从而能够给出改进建议。比如针对某位书写者，书写中的主要问题是合体字各部件的大小比例失当，那么，依据评估结果给出的相应建议就会非常清晰明了，而且如果已经开发了相关的书写训练课程与训练程序，也很方便把评估与这类训练课程链接在一起，从而实现个性化的评估与个性化的指导。

识字教学和一切教学活动一样，所面对的学习者千差万别，在保证基本教学目标和教学要求前提下，着眼个体发展，提供个性化指导方略，这是满足不同需求、促进所有学习者在力所能及范围内普遍增长知识和提高能力的最有效措施，因此，也应当是识字教学的主要目标和主要追求之一。

当然，重视个性化教学，并不等于放弃宏观的、统一的教学目标与要求，而是应当理解为：第一，达到目标的途径有多条，不同的个体可以选择适合自身情况的特定路径去行进，例如，有些学生习惯于按字形特征记忆汉字，而有的学生则倾向于结合词语进行学习。第二，应当把教学目标设定为或看作一种基准，使其具有最低限度性质，而在其之后，应当有明晰的措施促进个体依照自身情况不断发展和提高，使每个人都在自己的基础上向前推进。例如，汉字的字义中，有些是现代汉语中常用的基本义项，这些内容就是教学的基本范畴；而有的义项文言色彩较浓，如“盖”表示“承上文说明理由或原因”等，这类意义就可以设定为个性化指导的目标，不要求整齐划一地掌握。

基于同样的理由，写字训练也要顾及个体差异，各项要素的训练次序可以因人而异；同时，工整美观的要求也不必一刀切，应当允许学习者之间存在着或者表现出能力方面的差异。

总之，识字教学如果能够充分发掘和借助汉字汉语的规律性，继承发扬古代启蒙教育的经验与传统，关注现行规范汉字的相关规范与标准，融合各种教学法的不懈探索与有益尝试，整合相关学科的理论研究与实践资源，进一步明确自身定位，我们相信，更加有效、更加富有创造性的教学理念与教学实践，指日可期！

【主要参考文献】

曹先擢. 1992. 汉字文化漫笔[M]. 北京：语文出版社.

冯丽萍. 1998. 汉字认知规律研究综述[J]. 世界汉语教学,（3）：97-103

戴汝潜. 2000. 汉字教与学[M]. 济南：山东教育出版社.

黄光扬主编. 2012. 教育测量与评价[M]. 上海：华东师范大学出版社.

李大遂. 2004. 对外汉字教学发展与研究概述[J]. 暨南大学华文学院学报,（2）：41-48

陆宗达. 2002. 训诂简论[M]. 北京：北京出版社.

裘锡圭. 1988. 文字学概要[M]. 北京：商务印书馆.

佟乐泉，张一清. 1999. 小学识字教学研究[M]. 广州：广东教育出版社.

王力主编. 2008. 中国古代文化常识[M]. 北京：世界图书出版公司.

王宁. 2001. 汉字字体研究的新突破[J]. 三峡大学学报（人文社会科学版）,（3）：25-29

徐彩华. 2010. 汉字认知与汉字学习心理研究[M]. 北京：知识产权出版社.

于龙，陶本一. 2010. 识字教学的问题与对策[J]. 语言文字应用,（1）：114-124

左民安. 2005. 细说汉字. 北京：九州出版社.

呢？说要‘回老家’是什么意思呢？”“回满族老家？不就是结束近 270 年的清朝统治吗？”

载沣这一番话，竟不幸得到了应验。到了 1911 年，溥仪当皇帝不到 3 年，辛亥革命就爆发了，在重重压力下，隆裕皇太后不得不替溥仪宣布退位，大清帝国就此宣告灭亡了。

辛亥革命

同盟会成立后，以孙中山为首的革命派积极宣传革命思想，夺取思想阵地的领导权，为推翻清朝做舆论准备。与此同时，革命派组织和发动了一系列武装起义，由于群众基础薄弱，这些起义都相继失败了，但它有力地冲击了清朝的反动统治，扩大了革命影响，激发了全国人民的斗志，鼓舞了更多的志士仁人投身于反清斗争。

武汉地处长江中游，号称“九省通衢”，是当时的水陆交通中心，又是帝国主义侵略中国的重要据点和清朝统治的一个重心，也是资产阶级革命党人活动非常活跃的地区。1904 年，武汉成立了第一个革命团体科学补习所，随后又成立了日知会、文学社和共进会等革命团体。革命党人在武汉长期进行革命宣传和组织工作，大批青年学生、群众加入革命队伍。革命党人深入新军中进行宣传，把反革命武装变为革命武装。到武昌起义前夕，新军中已有三分之一的士兵参加了革命组织，成为武昌起义的主力军。

1911 年的广州黄花岗起义和四川保路风潮，推动了革命形势的迅速发展，尤其是四川保路运动爆发后，清朝调湖北军入川镇压，统治阶级在武汉的兵力减弱，武昌起义的时机成熟。9 月，在同盟会中部总会的推动下，文学社和共进会在武昌召开联席会议，成立了起义临时总指挥部，推举文学社领导人蒋翊武为总指挥，共进会领导人孙武为参谋长，并制定了起义计划，预定在中秋节起义。同时，拟定文件，绘制旗帜，制造炸弹，为起义做准备。起义前夕，孙武在汉口俄租界赶制炸弹时不慎爆炸受伤，革命机关遭到破坏，革命的旗帜、文告及党人名册全被搜走，起义计划暴露。起义总指挥部及其他机关也被破坏，起义领导人大批被捕或逃亡。革命党人和新军中的革命士兵见事态紧急，决定自行秘密联络，提前发动武装起义。

10 月 10 日晚，武昌城内新军工程第八营的革命党人和广大士兵在熊秉坤率领下首先发难，打响了武昌起义的第一枪。他们杀死镇压起义的反革命军官，冲出营房，占领楚望台军械库。各处响应的起义士兵齐集楚望台，并临时推举吴兆麟担任指挥，向总督衙门发动进攻。湖广总督吓得惊魂丧胆、走投无路，急忙从总督署后围墙上打开一个洞逃之夭夭。各起义部队在统一指挥下，经过一夜激战，攻占了总督衙门，占领了武昌，武昌起义胜利了。随后，起义军又占领了汉阳和汉口，革命军在武汉三镇取得胜利。

武昌起义胜利后，由于同盟会主要领导人孙中山、黄兴等均不在武汉，革命党人便推举新军协统黎元洪为都督。湖北军政府成立后，宣布国号为“中华民国”，废除大清年号。同时，号召各地发动起义，共同推翻清朝的统治，建立共和制。

辛亥革命是以孙中山为首的资产阶级革命派领导起义以来第一次取得的胜利，它在中国历史上第一次竖起民主共和国的旗帜，是一次完整意义上的资产阶级民主革命。作为反帝反封建的伟大革命，辛亥革命极大地影响了各国的民族解放运动，掀起了各国人民反抗压迫的民族解放热潮。

中华民国成立

武昌起义后，革命风暴席卷全国。在不到两个月的时间内，全国半数以上的省区已经宣布独立。各省的起义和独立汇合成巨大的革命洪流，清朝的统治土崩瓦解。全国革命的迅速发展，迫切要求建立统一的革命政权，改变各省独自为政的状态，巩固和发展已经取得的胜利成果。

1911 年 11 月，武汉和上海两地分别致电各省，要求派代表商议组织临时中央政府。后经反复协商，才决定各省代表会议在武汉举行。

12 月底，长期在国外领导反清革命的孙中山回到上海。由于孙中山的崇高声望，各省革命党人大都主张推举孙中山为临时大总统，立宪派和旧官僚也认为孙中山堪称总统的最佳人选。12 月 29 日，各省代表在南京举行会议，正式选举孙中山为中华民国临时大总统。

1912 年 1 月 1 日，孙中山从上海乘专列到南京赴任。当晚，孙中山宣誓就职；中华民国临时政府成立，以 1912 年为民国元年；选举黎元洪为副总统；通过孙中山提出的各部总长名单；成立临时参议院作为立法机关；规定南京为中华民国临时政府所在地。中华民国临时政府的成立，标志着中国历史上第一个资产阶级共和国的诞生。

南京临时政府成立后，在短短的 3 个月内，颁布了许多改革法令，推动了中国社会的进步和发展。在政治方面，临时政府颁布了《中华民国临时约法》，这是中国历史上第一部资产阶级民主宪法。约法明确规定中华民国的主权属于全体国民，实行三权分立的政治体制；宣布中华民国公民一律平等，公民享有选举、参政等政治权利和居住、信仰、集会、出版、言论等自由。在经济方面，保护工商业；废除清朝苛捐杂税，鼓励人民兴办农业；奖励华侨在国内投资。在文化教育方面，提倡以自由平等博爱为主要内容的公民道德教育；禁用清政府颁行的教科书；提倡男女同校，奖励女校等。在社会习俗方面，废除历代沿用的跪拜和“大人”“老爷”等称呼；规定男人一律剪辫，妇女禁止缠足；严禁种植、吸食鸦片和赌博。在对外政策上，主张关税自主；为换取各国对中华民国的承认，避免列强干涉，主动承担过去的外债和赔款，承认清政府和各国签订的一切不平等条约。这些措施有利于维护民主政治和发展经济，但临时政府没有提出明确的反帝纲领，也未有触动封建土地所有制。

⊙ **上海各界欢送孙中山赴南京就职**

1912 年 1 月 1 日上午 10 时，孙中山与各省代表汤尔和、王宠惠及军事顾问荷马李等，乘沪宁铁路专列赴南京就职。

中华民国成立后，遭到了反动势力的联合进攻。袁世凯在帝国主义的支持下，采用武力威胁和政治欺骗的两面手法，迫使革命派交出政权。孙中山在内外压力下被迫妥协，让位给袁世凯。袁世凯就任临时大总统，开始了北洋军阀的独裁统治。辛亥革命的胜利果实，最终落到了北洋军阀官僚集团手中。中华民国的成立标志着清王朝的灭亡，标志着中国持续 2000 多年的封建帝制的结束，有力地打击了帝国主义和封建势力，使共和体制深入人心，鼓舞人们前仆后继地争取国家的独立和自身的解放。